JN412387

세상을 변화시키는 52주 구역공과

칭송받는 구역

편찬위원회

아가페문화사

칭송받는 구역

구역부흥은 교회부흥

구역

이름

주소

교회 전화

칭송받는 구역
성장하는 교회

교육 이념

1. 하나님의 영광을 높이는 구역
2. 하나님의 교회를 섬기는 구역
3. 하나님의 사랑을 실천하는 구역
4. 행복한 가정을 이룩하는 구역
5. 변화하는 시대를 선도하는 구역

구역공과 일러두기

하나님은 세상을 밝혀 기쁨과 즐거움을 주시려 빛을 창조하셨습니다(요 1:1-5). 세상의 빛이신 예수께서 이 세상에 오셔서 어둠을 밝히시고, 우리를 구속하시고, 삶의 지표를 제시하셨습니다. 다윗은 "여호와는 나의 빛이요 나의 구원이시니 내가 누구를 두려워 하리요"(시편 27:1)라고 고백했습니다. 우리도 주신 은혜에 감사하여 주님을 위해 생명을 바치고 참된 제자로서의 사명을 다 해야 합니다. 따라서 우리의 특별한 헌신의 삶을 통해 주님과 세상으로 부터 칭송받는 성도가 되어야 합니다.

이를 위해 가장 효과적이며 성경적인 방법들을 실제 목회현장에 적용할 수 있는 유일한 구역공과가 바로 『칭송받는 구역』입니다. 일선 목회자가 현장에서 경험한 심령들을 기경하고 새롭게 하므로서 견고한 믿음의 용사가 되어 세상에서 빛과 소금의 역할을 잘 감당할 수 있는 말씀의 주제만을 골라 교육과정이 구성되어져 교회마다 아무 때나 쉽게 적용할 수 있습니다.

교회의 부흥은 '일꾼을 잘 키우고, 건강한 일꾼으로 가꿔가도록' 하면 됩니다. 필진은 그간 절찬리에 다루셨던 교재 '말씀의 생활화' 를 구현하기 위한 시도로 7년 커리큘럼으로 성경을 통독하도록 주간 경건의 시간(Q. T)의 본문을 설정하고, 읽은 말씀을 중심으로 구역 공과를 편찬해왔습니다. 바로 『부흥하는 구역』·『생동하는 구역』·『전진하는 구역』·『결실하는 구역』·『파송하는 구역』·『일꾼을 키우는 구역』·『건강한 구역』입니다. 이 교재는 각 교회마다 명실공히 '부흥 성장하는 교회' 로 만들었습니다. 그리고 이어 『화목하는 구역』·『치유하는 구역』을 만들었으며, 금번 열번째로 『칭송받는 구역』을 만들었습니다. 이를 통하여 교회의 근본적인 변화와 부흥은 농부가 농사를 짓듯 사랑과 온정으로 보살펴야 목적을 이룰 수 있음을 가르쳐 줍니다.

농사를 잘 지으려면 첫째, 좋은 종자를 고르고, 둘째, 좋은 땅에 심고, 셋째, 관심과 꼼꼼한 손질이 필요합니다. 교회부흥은 원하는 만큼 정성을 다하여 실천하면 틀림없이 영적 풍년농사를 기약해 줄 것입니다. 좋은 교재를 골라서 말씀 을 교육하고 성장을 지향(志向)할 때, 주안에서 뿌리와 줄기가 튼튼히만 자란다면 열매도 견실이 맺을 수 있습니다. '내가 곧 교회부흥의 주역이다' 라는 책임감을 가지고 최선을 다 하려면 다음과 같은 수칙을 충실히 지켜야 합니다.

첫째, 하나님의 말씀을 날마다 겸손히 듣고(행 10:38),
둘째, 말씀을 매일 부지런히 읽으며(신 17:19),
셋째, 말씀을 체계적으로 공부하십시오(행 17:11; 딤후 2:15).
넷째, 말씀을 암송하십시오(시 119:11).
다섯째, 말씀을 묵상하고 적용하십시오(수 1:8).

본 교재는 평신도 지도자가 목회자 입장에서 목회해가는 심정으로 일년 열두 달, 매월 교회 성장목표를 정하여, 매일 "한 주간의 묵상 자료"(가정 예배 자료)와 함께 매일 '가정예배'와 연계한 구역성경공부교재입니다. 쉽고 간편하게 인도자와 구역원 온 교우가 함께 쓰는 교재로 집필했습니다. 전교우 가정에 한 권 씩 준비해 놓으시고, 가정예배 시 '주간성경교재'로, 구역예배 시 성도들이 교재를 통해 은혜 받도록 했습니다. 이 교재를 통하여 '말씀의 생활화'로 '성경을 배워, 예수님의 좋은 일꾼'으로 성장하시기를 기도드립니다. 여러분들의 가정과 구역이 주님과 이웃으로부터 칭송 받아 진정 하나님의 은혜가 넘치며, 성령의 은총으로 섬기는 교회마다 변화와 부흥이 넘치시기를 기원합니다.

2008년 12월

구역 공과 편찬위원회

구역공과 교재 사용법

– 찬송 · 묵도 · 신앙고백(사도신경) · 찬송 · 기도 –

1. 먼저 '성경' 본문을 찾아 함께 읽으십시오.
2. '요절'을 3회 큰 소리로 함께 읽고 암기합시다.
3. 공과 '교재의 목표'를 읽고 마음에 새기십시오.
4. '시작하는 말'은 구역 인도자가 읽음으로 함께 이해하십시오.
5. '오늘의 말씀'은 한 대지씩 구역원이 돌아가면서 읽으십시오.
6. '함께 읽어요'는 모든 구역원이 한 목소리로 읽으십시오.
7. '정리하는 말'은 구역장이 읽으십시오.
8. 구역원 모두에게 성령께서 함께 하사 기도로서 말씀을 우리의 생활에 적용할 수 있도록 하십시오.

–합심기도, 헌금, 가정을 위한 기도, 새 구역원 소개, 찬송, 주기도문
–※ **상기 사용법 4, 5, 6, 7번은 각 교회의 구역지침에 따라 진행하십시오.**

구역부흥은 교회부흥

성공적인 구역 운영 요령

1. 효과적인 개인전도 7가지 방법

- 영혼을 사랑하는 마음을 가져라.
- 전도 대상자를 확실히 정 하라
- 상대를 위하여 충분한 기도로 준비하라.
- 인격적인 교제를 가져라.
- 상대에게 무엇이 필요한가를 파악하라.
- 문제점에 대하여 간증으로 권유하라.
- 결신 후 최소한 3개월간을 영적으로 보살펴라.

2. 구역배가를 위한 5가지 기도제목

- 믿지 않는 가족을 위한 기도
- 병든 자를 위한 기도
- 개인이나 가정의 문제 해결을 위한 기도
- 각자의 소원 응답을 위한 기도
- 성령 충만을 위한 기도

3. 효과적인 구역원 상담의 5가지 방법

- 상대에게 되도록 많이 말할 기회를 주라
- 관심을 주변 환경에서 신앙생활로 전환시켜라
- 말씀에 입각하여 근원적인 해답을 제시하라
- 함께 기도하고 상담을 마무리 하라
- 확신을 갖고 말로 시인케 하라

4. 구역 운영 3가지 주의사항

- 이단 사설에 현혹됨을 예방하라
- 성도간의 금전 문제에 주의 하라
- 신앙적인 이야기 외에 무익하고 부덕한 말을 피하라

구역공과 교육과정(제 1, 2 학기)

학기	월	목표	과	제 목	본 문	요 절	묵상의 말씀
1 학기	1	새 희망의 달	1	빛을 따라 살아가자	창 1:1-5	창 1:3-4상	창 1: -7:
			2	새 마음을 주시는 하나님	사 41:8-10	렘 4:4상	사 40: -46:
			3	내 영을 새롭게 하소서	시 51:1-14	시 51:10	시 50: -56::
			4	꿈과 희망을 갖자	히 12:2-4	히 12:2	히 7: -13:
	2	능력 간구의 달	5	부르짖어 기도하자	렘 33:1-3	렘 33:3	렘 30: -36:
			6	금식하며 기도하자	사 58:1-7	사 58:6	사 53: -59:
			7	호소하는 기도를 드리자	사 63:15-19	사 63:15상	사 60: -66:
			8	기도하여 능력 받자	단 9:20-24	단 9:23상	단 6: -12:
	3	영혼 사랑의 달	9	복음전파와 귀신 축사	눅 4:33-44	눅 4:36	눅 1: -7:
			10	주님의 제자가 되자	눅 14:25-35	눅 14:33	눅 8: -14:
			11	천하보다 귀한 한 생명	눅 15:11-24	눅 15:7	눅 15: -21:
			12	주님 제자 베드로	눅 22:54-62	눅 22:61-62	눅 22:-요3:
			13	인생의 목마름과 예수	요 4:1-26	요 4:26	요 4: -10:
2 학기	4	교회 사랑의 달	14	거룩한 사랑의 공동체	행 4:32-37	행 2:44	행 1: -7:
			15	든든해져 가는 교회	행 5:12-16	행 5:13	행 22: -28:
			16	참된 교회의 특성	행 9: 26-31	행 9:31	행 8: -14:
			17	은혜 받은 성도의 특징	행 17:10-15	행 17:11	행 15: -21:
	5	가족 사랑의 달	18	예배를 통한 자녀교육	레 10:12-20	레 10:20	레 8: -14:
			19	아름다운 믿음의 가정	창 31: 4-16	창 31:16	창 28: -34:
			20	부부간의 도리	고전 7:8-16	고전 7:14	고전 1: -7:
			21	창조질서와 가정질서	고전 11:7-16	고전 11:12	고전 8 : -14:
			22	부부의 의무를 다하자	벧전 3:1-12	엡 5:25	벧전 1: -벧후 2:
	6	충성 결단의 달	23	충성된 일꾼이 되자	민 3:27-37	계 2:10	민 1: -7:
			24	잇대의 충성을 본받자	삼하 15:19-23	삼하15:20하	삼하 4: -10:
			25	바르실래의 충성	삼하 19:31-39	삼하 19:39	삼하 11: -17:
			26	세 용사의 충성	삼하 23:13-19	삼하 23:16	삼하 18: -24:
절기	53. 고난주간			예수님이 지신 십자가	마 27: 31-34	마 27:32	마 24: -27:
	54. 부 활 절			부활하신 예수님	마 28:1-6	고전15:4-6상	눅 20: -24:

*절기교육 내용은 분문내용의 마지막 부분에 있습니다.

구역공과 교육과정(제 3, 4 학기)

학기	월	목표	과	제 목	본 문	요 절	묵상의 말씀
3학기	7	혁신 교육의 달	27	막중한 교사의 책임	딤후 2:1-5	딤후 2:2	딤후 1: -딛 3:
			28	준비된 교사	엡 3:14- 21	엡 3:17	엡 1: -빌 1:
			29	교사와 경건교육	빌 4:4-9	빌 4:8	빌 2: -골 3:
			30	무너져 가는 윤리교육	마 5:43-48	마 5:48	마 8: -14:
	8	생명 사랑의 달	31	새 생명 주시는 하나님	요일 5:6-12	요일 5:12	요일 1: -요삼 1:
			32	육체적인 생명 사랑	사 40:6-11	벧전 1:23	사 34: -40:
			33	정신적인 생명 사랑	살전 5:23-28	살전 5:23	살전 1: -살후 3:
			34	영적 생명을 사랑하자	요 5:24-29	요 5:24	요 1: -7:
			35	영원한 생명을 사랑하자	요 11:17-27	요 17:3	요 8: -14:
	9	성령 충만의 달	36	성령 충만함을 받자	겔 3:22-27	엡 5:18	겔 1: -7:
			37	성령 충만의 결과	갈 6:1-10	갈 6:8	고후 13: -갈 6:
			38	성령의 은사를 받자	고전12:1-13	고전 12:7	고전 8: -14:
			39	성령의 열매를 맺자	요 15:1-8	갈 5:22-23	요 15: -21:
4학기	10	말씀 사랑의 달	40	말씀을 새겨듣자	신 4:9-14	신 6:6	신 1: -7:
			41	말씀에 대한 태도	신 8:1-3	신 8:2하	신 8: -14:
			42	살진 꼴로 먹이소서	겔 34:7-16	겔 34:14	겔 33: -39:
			43	말씀 순종의 복	신 28:1-10	신 28:2	신 22: -28:
	11	감사 실천의 달	44	감사는 축복의 통로	삼상 15:17-23	삼상 15:22하	삼상 9: -15:
			45	참된 감사 예물	신 26:1-11	신 26:10	신 29: -수 2:
			46	요단 언덕의 감사제	수 4:1-9	수 4:7하	수 3: -9:
			47	주께 감사드리자	대상16:7-17	대상16:8	대상 10: -16:
			48	찬양의 감사제	대상23:1-6	대상23:30	대상 17: -23:
	12	복음 전파의 달	49	대속의 복음을 전하자	레 6:24-23	히 9:22	갈 1: -6:
			50	메시야 복음을 전하자	눅 4:16-24	눅 4:19	눅 1: -7:
			51	복음에 합당한 생활을 하자	빌 1:27-30	빌 1:27	신 15: -21:
			52	예수 탄생을 전하자	마 1:18-25	마 1:23	마 1: -7:
절기	55. 감 사 절			범사에 감사하라	살전5:16-18	살전 5:18	민 27: -33:
	56. 성 탄 절			임마누엘 성탄절을 맞이하자	마 1:18-25	마 1:23	마 1:-2:, 눅 1:-2:

*절기예배 공과내용은 분문 내용의 마지막 부분에 있습니다.

칭송받는 구역
성장하는 교회

세상을 변화시키는 52주 구역공과

칭송받는 구역

칭송받는구역

구역부흥은 교회부흥

1단원 새 희망의 달

제1과

빛을 따라 살아가자

찬송 / 381, 383, 393/ 통일 425, 433, 447

성경 / 창세기 1:1-5

요절 / 창세기 1:3-4상

"하나님이 가라사대 빛이 있으라 하시매 빛이 있었고, 그 빛이 하나님 보시기에 좋았더라."

목표/ 새 희망을 품고 빛을 따라 살아가는 태도를 기른다.

시작하는 말

새해 아침이 밝았습니다. 아침 동산에 붉은 태양이 솟아오르듯 우리들 가슴에 새 희망의 해가 떠오릅니다. 창세기의 첫 장은 빛의 창조로부터 밝게 빛납니다. 하나님은 피조물의 생명을 보호하고 삶의 기쁨과 즐거움을 위하여 빛을 창조하셨습니다. 다윗은 시편 27편 1절에서 "여호와는 나의 빛이요 나의 구원이시니 내가 누구를 두려워 하리요"라고 했습니다. 하나님께서 '땅이 혼돈하고 공허하며 흑암이 깊음 위에 있는' 어두운 세상에 빛을 창조하심으로 밝은 세상이 된 것입니다. 세상 빛이신 예수께서 오셔서 세상은 밝아졌습니다. 금년 한 해 '빛을 향해 빛을 따라 살아가는' 한 해가 되시기를 바랍니다.

오늘의 말씀

1. 세상을 밝혀 기쁨과 즐거움을 주시려 빛을 창조하셨습니다(요 1:1-5)

창조 당시 세상의 모습은 "땅이 혼돈하고 공허하며 흑암이 깊음 위에 있고 하나님의 신은 수면에 운행하시니라"(창 1:2) 라고 했습니다. 하나님은 생물체의 거주를 위하여 갓 태어난 세상을 점차적으로 준비하시고, 마치 어머니가 태어날 아이를 위해 준비하는 것처럼 생물체 창조 이전에 모든 것을 자애롭게 준비하셨습니다. 빛이 없으면 식물들은 살 수 없고, 꽃은 시들어버립니다. 짧은 밤 동안에 꽃들은 그 꽃잎을 닫고 아침 햇빛이 비출 때 다시 꽃잎을 엽니다. 인간이나 동물들도 빛이 없는 공간에서 오래 버티지 못합니다. 어둠이 계속 되면 우울한 감정이 나타나고 비탄에 젖습니다. 창조주 하나님은 우리들의 영혼에 빛을 주시기 위해 빛 되신 예수 그리스도를 세상에 보내주신 것입니다. 예수님은 "나는 세상의 빛이니 나를 따르는 자는 어두움에 다니지 아니하고 생명의 빛을 얻으리라"(요 8:12)고 했습니다." 한 해 동안 빛을 따라 살아감으로 생명 가운데 삶의 기쁨과 즐거움을 누리시기를 바랍니다.

· 함께 읽어요 : 요한일서 1장 5절

"우리가 저에게서 듣고 너희에게 전하는 소식이 이것이니 곧 하나님은 빛이시라 그에게는 어두움이 조금도 없으시니라."

2. 그리스도는 세상에 오신 참 빛이십니다(요일 1:5-7)

"태초에 하나님이 천지를 창조하시니라"는 말씀은 하나님의 절대 창조를 뜻하고 있습니다. 하나님의 창조 사역에 의해 하늘과 땅이 열리게 된 것입니다. 창조라는 말은 하나님의 사역에만 한정되어 사용되는 말로서, 무(無)에서 유(有)가 이루어지는 상태를 의미합니다(시 33:6, 9; 히 11:3). 어둠이 깔린 최초의 우주창조에 대하여 사도 요한은 증언합니다. "태초에 말씀이 계시니라 이 말씀이 하나님과 함께 계셨으니 이 말씀은 곧 하나님이시니라."(요 1:1) "만물이 그로 말미암아 지은바 되었으니 지은 것이 하나도 그가 없이 된 것이 없느니라. 그 안에 생명이 있었으니 이 생명은 사람들의 빛이라."고 했습니다. 부패하고 불의한 세상, 어두운 세상에 주님께서 빛으로 오셨습니다. 길이요 진리요 생명이신 주님께서 세상에 바른 길을 제공해 주십니다. 오늘날 종교다원주의의 주장처럼 모든 종교가 생명과 빛을 주는 것이 아닙니다. 오직 예수 그리스도만이 유일한 생명의 구주십니다. 그분은 거짓이 없으시고 숨김이 없으십니다. 어둠을 몰아내시고 밝은 빛을 주십니다. 빛으로 인도하십니다. 빛으로 인도받는 여러분들 되시기를 바랍니다.

· 함께 읽어요 : 요한복음 8장 12절
"예수께서 또 일러 가라사대 나는 세상의 빛이니 나를 따르는 자는 어두움에 다니지 아니하고 생명의 빛을 얻으리라."

3. '보시기에 좋았더라'는 말씀대로 살아야 합니다(1:4; 고전 10:31)

예수님은 씨 뿌리는 비유를 말씀하시고는 "또 이르시되 들을 귀 있는 자는 들으라 하시니라."(막 4:9) 고 했습니다. '본 회퍼'는 그의 저서 『성도의 공동생활』 이란 책에서 이렇게 말하고 있습니다. "많은 사람들은 들어 줄 귀를 찾고 있다. 그들은 그리스도인들 가운데서 들어 줄 귀를 찾지 못하고 있는데, 이유는 그리스도인들이 들어야 할 때에 말하고 있기 때문이다. 자기 형제나 자매에게 더 이상 귀를 기울여 듣지 못하는 사람은 하나님의 말씀에도 귀를 닫아버릴 것이다." 그렇습니다.

우리는 하나님의 말씀을 잘 듣고 순종해야 합니다. 그 이유는 태초에 하나님과 함께 계시던 '말씀'이 육신을 입으시고 인간세계에 오셨고, 인류의 구원은 오직 한 길 예수 그리스도를 통하여서만 이루시기 때문입니다. 그분은 빛으로 오셔서 빛을 창조하신 하나님의 성품을 들어내셨습니다. 하나님은 빛을 사랑하시고, 빛을 소중히 여기십니다. 모든 피조물들이 필요한 빛을 창조하심으로 세상이 밝아졌기에 '좋았더라.'고 했습니다. 사랑하는 크리스천들이여! 여러분들이 바로 세상을 향한 사명자임을 아시고 어둔 세상을 복음의 빛으로 밝혀주시기를 소원합니다.

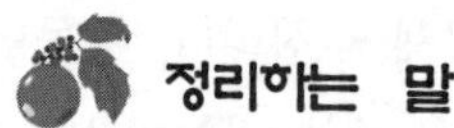

정리하는 말

하나님께서 "빛이 있으라. 하시매 빛이 있었고 그 빛이 하나님 보시기에 좋았더라."고 하셨습니다. 주님께서는 "내가 곧 세상의 빛이라" 하셨고, "너희는 세상의 빛이라" 하시며 세상을 밝히기를 원하셨습니다. 사랑하는 성도 여러분! 빛을 따라가는 삶을 살면서 어둔 세상을 밝히 비추어 하나님께 영광을 돌리시는 여러분 되시기를 간절히 바랍니다.

평가와 결심

1. 하나님께서 왜 빛을 창조하였을까요?
   (요 1:1-5, 세상을 밝혀 기쁨과 즐거움을 주시려고)
2. 세상에 오신 참 빛은 누구입니까? (요 1:9, 예수 그리스도)
3. 어떻게 해야 하나님께 영광을 돌릴 수 있을까요?
   (고전 10:31, 빛을 따라 살면서 세상을 밝히 비춰야 함)

주간 경건의 시간 <1> · 날마다 말씀과 함께

요일 / 내용	월(Mon)	화(Tue)	수(Wed)	목(Thu)	금(Fri)	토(Sat)
찬송	79 / 40	27 / 27	380 / 424	445 / 502	386 / 439	511 / 263
성경	창 2:	창 3:	창 4:	창 5:	창 6:	창 7:
적용	하나님의 신	하나님의 낯	아벨과 그 제물	하나님의 형상대로	하나님과 동행	의로움을 보았노라

* 은혜로운 것은 무엇이나 덕스럽고 덕스런 것은 무엇이나 은혜스럽다.<키케로>

* 매일 찬송 숫자에서, 앞 숫자는 새로운 찬송가/ 뒤는 통일찬송가 장수입니다.

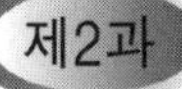

새 마음을 주시는 하나님

찬송 / 365, 366, 368/ 통 484, 485, 486

성경 / 이사야 41:8-10

요절 / 예레미야 4:4상반절

"유다인과 예루살렘 거민들아 너희는 스스로 할례를 행하여 너희 마음 가죽을 베고 나 여호와께 속하라."

목표/ 새 마음 새 사람으로 변화하는 마음과 태도를 기른다.

시작하는 말

오늘날 우리나라는 경제적으로는 좀 성장했다고 하지만 OECD 국가 중에 자살율이 1위, 이혼율 2위, 청소년 흡연율이 세계 2위, 교통사고율이 1위, 양주 소비량이 1위, 인터넷 음란 접속율이 세계 1위라는 오명을 안고 살아가고 있습니다. 복음서의 기자들은 복음서의 처음 부분에 "회개하라"는 메시지를 부각시키면서 하나님 나라의 복음전파 소식을 전하고 있습니다. 예수님은 니고데모에게 "물과 성령으로 거듭나지 아니하면 하나님 나라에 들어갈 수 없다."고 했습니다. 사울 왕에게는 "새 사람이 되리라"고 했습니다. 본문에서 야곱-이스라엘, 아브람-아브라함이라는 호칭의 사람들이 등장하고 있습니다. 우리의 속사람 마음을 변화시키시는 분은 어떤 분이십니까?

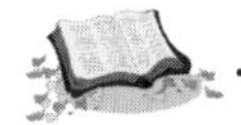

오늘의 말씀

1. 하나님은 우리를 '나의 종 이스라엘아' 부르십니다(사 41:8)

하나님은 “나의 종 이스라엘아! 나의 택한 야곱아! 나의 벗 아브라함의 자손아!” 곧 ‘나의 종, 나의 택한 야곱’이라고 부르십니다. 택한 사람을 ‘하나님의 종’으로 바꿔주신 것입니다. 성령 받고 은혜를 받아 심령이 변화되고, 마음이 바뀌지면 하나님의 종으로 신분이 변화되는 것입니다. 형의 발꿈치를 잡고 세상에 태어난 야곱은 얍복강 가에서 천사와 씨름하면서 ‘이스라엘’(*Ισραήλ*: 황태자)이란 이름으로 하나님께서 불러주시고, 국가의 호칭으로도 사용하게 됩니다. 엘리야는 바알과 아세라 선지자 850명과 대결하여 대승을 거두었지만 이세벨의 칼날을 피하여 브엘세바 로뎀나무 아래 쓰러져 있었습니다. 하나님은 천사를 보내 떡과 물을 공급해 주어 사명을 감당하도록 했습니다. ‘나의 종아!’ 부르시는 다정한 음성을 들으시고, 여러분들의 마음이 자비함으로 변화 받으시기를 바랍니다.

· 함께 읽어요 : 이사야 41장 14절

“지렁이 같은 너 야곱아, 너희 이스라엘 사람들아 두려워 말라. 나 여호와가 말하노니 내가 너를 도울 것이라 네 구속자는 이스라엘의 거룩한 자니라.”

2. 우리가 하나님을 부를 때 만나주시고 역사하십니다(:9, 사 8:10)

본문 9절을 함께 읽겠습니다. “내가 땅 끝에서부터 너를 붙들며 땅 모퉁이에서부터 너를 부르고 네게 이르기를 너는 나의 종이라 내가 너를 택하고 싫어 버리지 아니하였다 하였노라”고 했습니다. 엘리야가 이세벨의 칼날을 피해 도망한 브엘세바 로뎀나무 아래에는 아무도 없고, 오직 하나님만 거기 계셨고 천사를 시켜 덕과 물을 공급해 주시고, 그에게 영권을 주셨습니다. 여러분! 하나님은 당신을 부르짖어 찾는 이에게 만나주시고, 싫어 버리지 아니 하십니다. 형의 낯을 피해 하란으로 도망하는 야곱을 하나님은 벧엘(בֵּית אֵל: 하나님의 집)에서 만나주시고 이런 약속을 주셨습니다. “또 본즉 여호와께서 그 위에 서서 가라사대 나는 여호와니 너의 조부 아브라함의 하나님이요 이삭의 하나님이라 너 누운 땅을 내가 너와 네 자손에게 주리니, 네 자손이 땅의 티끌 같이 되어서 동서남북에 편만 할지며 땅의 모든 족속이 너와 네 자손을 인하여 복을 얻으리라"(창 28:13-14). 하나님께서는 당신의 자녀들을 찾으시고, "사랑하는 내 아들! 사랑하는 내 딸아!" 하고 불러주십니다. 사랑하는 성도 여러분! 참으로 살기가 힘들고 어렵지요? 하나님께서 불러주실 때 '주여! 제가 여기 있습니다.' 응답하시고 싫어 버리시지 않으시는 하나님을 만나 내 인생의 방향을 하나님께로, 하나님께 영광 돌리는 계기로 삼으시기를 바랍니다.

· 함께 읽어요 : 예레미야 33장 2-3절

"2 일을 행하는 여호와, 그것을 지어 성취하는 여호와, 그 이름을 여호와라 하는 자가 이같이 이르노라 3 너는 내게 부르짖으라. 내가 네게 응답하겠고 네가 알지 못하는 크고 비밀한 일을 네게 보이리라 ."

3. 하나님은 우리와 함께 하사 굳건하게 하십니다(사 41:10)

이사야 41:10절을 함께 읽습니다. "두려워 말라 내가 너와 함께 함이니라 놀라지 말라 나는 네 하나님이 됨이니라. 내가 너를 굳세게 하리라 참으로 너를 도와주리라 참으로 나의 의로운 오른손으로 너를 붙들리라." 여호와께서는 당신의 자녀들에게 '나는 네 하나님이 됨이니라.'고 하십니다. 그리고 '내가 너와 함께 함이니라.'라고 하셨습니다. 오늘도 하나님은 말씀하십니다. 두렵고 힘들어하지 말라고 하십니다. 하나님이 세워주시고 굳세게 하십니다. 오직 하나님만을 의지하고 앞으로 나아갑시다. 그리하여 풍파가 많은 세상 이겨 가시기를 간절히 소원합니다.

새해에는 새로운 태양이 대지를 비출 때 '두려워 말라'는 그 음성을 들으시고 담대한 마음으로 재무장되시기를 바랍니다.

· 함께 읽어요 : 시편 50편 15절

“환난 날에 나를 부르라 내가 너를 건지리니 네가 나를 영화롭게 하리로다.”

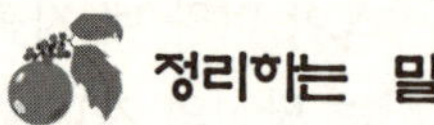

정리하는 말

사람들은 누구나 새해에 한번 쯤 나도 새로운 각오로 살아야겠다하고 결심을 합니다. 진정으로 변화 받아 새 마음을 소유함은 하나님을 만나는 참된 지름길입니다. 마음이 고침 받아 새 마음 새 소망을 가지시기 바랍니다.

평가와 결심

1. 첫째 새 마음을 주시는 분은 누구십니까?
   (사 41:8, 나의 종 이스라엘이라 부르시는 하나님)
2. 둘째 새 마음을 누가 주십니까?
   (사 55:6, 만나주시고 싫어 버리지 않으시는 하나님)
3. 셋째 새 마음을 누가 주십니까?
   (사 41:10, 함께 하시고 두려워 말라고 하신 하나님)

주간 경건의 시간 <2> · 날마다 말씀과 함께

요일 내용	월(Mon)	화(Tue)	수(Wed)	목(Thu)	금(Fri)	토(Sat)
찬송	370 / 455	369 / 487	382 / 432	386 / 439	387 / 440	191 / 427
성경	사 41:	사 42:	사 43:	사 44:	사 45:	사 46:
적용	두려워 말라	내 찬송	너는 내 것이라	나의 신	나를 앙망하라	나를 들으라

* 고난이 크면 클수록 그 영광도 크다. <마르쿠스 툴리우스 키케로, 로마 웅변가>

1단원 새 희망의 달

제3과

내 영을 새롭게 하소서

찬송 / 482, 381, 322/ 통 49, 425, 357

성경 / 시편 51:1-14

요절 / 시편 51:10

"하나님이여 내 속에 정한 마음을 창조하시고, 내 안에 정직한 영을 새롭게 하소서."

목표/ 신앙의 바탕의 본질인 영을 새롭게 갖는 습관을 기른다.

시작하는 말

성도들의 삶에서 본질이 변해야 그 사람의 인격이 새로워지는 것입니다. 여기 본문 시편 51편은 7개의 참회 시들 가운데 가장 중요한 시입니다. 이 시는 인간의 참된 회개의 본질을 다루고 있는 것으로 유명합니다. 다윗은 밧세바를 범하고 그의 남편 우리야를 고의적으로 전사시킨 후 나단의 방문을 받고 하나님의 엄한 책망과 심판을 전달 받습니다(삼하 11:). 죄악은 회개의 눈물만이 죄로 단절된 하나님과의 관계를 회복하고 상실된 신령한 복들과 은사들을 되찾아 줄 수 있는 것입니다. 이 시인의 "정직한 영을 새롭게 하소서." 이 고백 같은 영적 거듭남이 인간 본질을 변화시키는 방법임을 깨달아 깨어지고 부서진 심령들이 새롭게 되어지기를 간절히 바랍니다.

오늘의 말씀

1. 죄 사함 받은 사람만이 새로워질 수 있습니다(:1-9)

죄는 인간과 하나님 사이, 그리고 사람과 사람 사이를 단절시킵니다. 하나님은 이사야를 통하여 "오직 너희 죄악이 너희와 하나님 사이를 내었고"(사 59:2) 라고 경고하고 있습니다. 다윗은 죄가 무섭다는 것을 알고 "그 죄과를 아나이다."라고 고백한 후에 새로운 길을 열어달라고 간청하고 있습니다. 그는 하나님의 눈으로 자신의 죄를 살펴보고 구체적으로 우리아에 대한 죄, 즉 '피 흘린 죄'(14절)를 고백하면서 회개하고 있습니다. 참된 회개를 통한 죄 사함이 없이는 단절된 하나님과의 관계를 회복시킬 수 없으며 새로워질 수 없는 것입니다.

· 함께 읽어요 : 시 51편 2-3절

"2 나의 죄악을 말갛게 씻기시며 나의 죄를 깨끗이 제하소서. 3 대저 나는 내 죄과를 아오니 내 죄가 항상 내 앞에 있나이다."

2. 주의 성령을 통해 새로워질 수 있습니다(:10-11)

본문 10절에 "정한 마음을 창조하시고"라는 다윗의 간구에 주목해야 합니다. 여기 '창조'라는 말 빠라(בָּרָא)는 '새로운 것을 시작하다'는 의미이며 더욱이 '잘라내다' '베어버리다'라는 뜻을 소유함으로써 과거와의 단절을 함축합니다. 그러므로 새로움은 결코 인간의 도덕적인 노력이 아니며 오직 하나님의 창조 결과인 것을 인정해야 합니다. 인간에게는 결코 선함이 없습니다. 하나님의 직접적인 개입이 있을 때 인간이 선해질 수 있는 것입니다. 다윗은 지금 무엇보다도 자신이 처한 곤경에서 벗어날 수 있는 길은 '주의 성신'(성령; 11절)을 통해서만 가능하다는 사실을 알고 있습니다. 사랑하는 성도 여러분! 우리는 죄 사함을 받은 것에만 만족할 수 없으며 주의 성신을 통하여 정한 마음을 창조하는 심령의 부흥이 일어나는 데까지 나아가야 하는 것입니다. 예레미야는 "유다인과 예루살렘 거민들아 너희는 스스로 할례를 행하여 너희 마음 가죽을 베고 나 여호와께 속하라 그렇지 아니하면 너희 행악을 인하여 나의 분

노가 불 같이 발하여 사르리니 그것을 끌 자가 없으리라."고 했습니다. 죄는 인간의 본질을 무참히 철저하게 파괴시킵니다. 그래서 바울은 "죄의 삯은 사망이다."(롬 6:23)라고 단호하게 천명한 것입니다. 죄는 인간을 심판과 형벌로 끌어가며 그 어느 누구도 이런 파멸에서 벗어날 수 없는 것입니다. 심지어 하나님의 마음에 합한 사람이라는 최고의 영예를 누렸던 다윗도 예외일 수 없습니다. 그러나 본문은 이러한 죄의 심판과 고통에서 벗어나는 길을 회개를 통하여 제시하고 있습니다. 회개만이 무서운 죄의 심판을 면하게 하며 죄로 오염된 그 영혼을 새롭게 할 수 있는 것입니다. 인간이 새롭게 되는 것은 오직 끊임없는 회개를 통하여 되어집니다. 즉 회개의 눈물만이 죄로 단절된 인간과 하나님과의 관계를 회복하고 상실된 신령한 복들과 은사들을 되찾아 줄 수 있는 것입니다.

· 함께 읽어요 : 시편 51편 10-11절

"10 하나님이여 내 속에 정한 마음을 창조하시고 내 안에 정직한 영을 새롭게 하소서 11 나를 주 앞에서 쫓아내지 마시며 주의 성신을 내게서 거두지 마소서."

3. 구원의 즐거움이 회복 되어야 합니다(:12-14)

다윗은 참 회개를 통한 죄 사함과 성령의 성결케 하시는 역사에 관심을 가진 후에, 그 결과는 당연히 구원의 즐거움이 회복되는 것으로 나타나야 한다는 사실을 주목하고 있습니다. 죄의 문제를 해결 받은 사람의 일차적인 증거는 구원의 즐거움입니다. 다윗은 자신의 죄를 용서받은 후에 구원의 즐거움을 다시 회복할 수 있었습니다. 구원의 즐거움은 죄를 범한 영혼이 용서받고 새로워진 구체적인 증거입니다. 그의 입술에는 기쁘고 즐거운 찬송과 찬양이 흐르게 되는 것입니다.

· 함께 읽어요 : 시편 95편 1-2절

"1 오라 우리가 여호와께 노래하며 우리 구원의 반석을 향하여 즐거이 부르자

2 우리가 감사함으로 그 앞에 나아가며 시로 그를 향하여 즐거이 부르자."

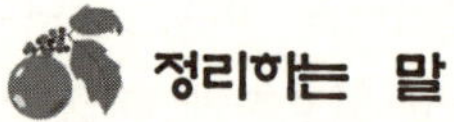

정리하는 말

인간의 범죄는 가혹할 만큼 처참합니다. 죄는 어떤 형태로든 그 결과가 나타납니다. "욕심이 잉태한즉 죄를 낳고 죄가 장성한 즉 사망을 낳느니라."(약 1:15) 다윗은 그 죄로 말미암아 하나님과의 영적 교제를 상실하였고, 마음의 평강과 기쁨을 잃어버렸으며, 이웃과의 관계도 파괴되었습니다. 오늘 여러분들의 마음과 심령이 성령의 능력으로 새롭게 변화되어 정한 마음과 정직한 영으로 충만하시기를 바랍니다.

평가와 결심

1. 죄악 된 인간이 새롭게 되는 첫째 방법은 무엇입니까?
   (시 51:1-9, 죄 사함을 받아야 함)
2. 죄악 된 인간이 새롭게 되는 둘째 방법은 무엇입니까?
   (시 51:10-11, 주의 성령을 통해 새로워짐)
3. 참된 회개를 통한 죄 사함과 성령의 새롭게 하심의 결과는?
   (시 51:12-14, 구원의 즐거움이 회복됨)

주간 경건의 시간 <3> · 날마다 말씀과 함께

요일 / 내용	월(Mon)	화(Tue)	수(Wed)	목(Thu)	금(Fri)	토(Sat)
찬송	209/ 247	208/ 246	211/ 346	212/ 347	214/ 349	216/ 356
성경	시 51:	시 52:	시 53:	시 54:	시 55:	시 56:
적용	죄과를 도말하심	푸른 감람나무	어리석은 자	나의 돕는 자시라	저녁 아침 정오기도	눈물을 주의 병에

* 은혜는 죄인이 은혜롭게 되는 것이고, 의인이 성화되는 것이다 <존 칼뱅 1509-1564>

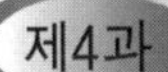
제4과

꿈과 희망을 갖자

찬송 / 338, 354, 186/ 통 364, 394, 176

성경 / 히브리서 12:2-4

요절 / 히브리서 12:2

"믿음의 온전케 하시는 이인 예수를 바라보자 저는 그 앞에 있는 즐거움을 위하여 십자가를 참으사 부끄러움을 개의치 아니하시더니 하나님 보좌 우편에 앉으셨느니라."

목표/ 주안에서 꿈과 희망을 가지고 살아가는 태도를 가지게 한다.

시작하는 말

오늘날 자살하는 사람들이 부쩍 늘고 있습니다. 자아의식이 깨어져 가고 있습니다. 왜 그렇습니까? 꿈과 비전을 잃었기 때문입니다. 시편 기자는 "주 여호와여! 주는 나의 소망이시오 나의 어릴 때부터 의지시라."(시 71:5)고 했습니다. 많은 사람들이 희망이란 등대를 등지고, 두려움과 쓸쓸함과 적막함으로 인생을 살아가고 있습니다. 고향을 등지고 형의 낯을 피하여 도망하던 야곱에게 벧엘에서 만나주시고 그에게 새로운 희망과 꿈과 목표를 주셨습니다. 여러분! 희망을 가지세요.

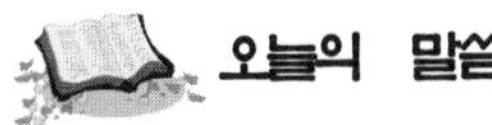

오늘의 말씀

1. 인생의 높은 목표는 성경이 제시해 줍니다(:2-, 롬 15:13)

19세기의 유명한 윌리엄 클라크 박사가 일본 삿포로 농림학교 초대

교장에 취임하여 과외시간에 성경을 가르쳤습니다. 그가 그 학교를 떠나면서 "젊은이들이여! 야망을 가져라!"(Boys be ambitious!)고 외쳤습니다. 천문학자의 몸은 산 중턱에 있다고 하더라도 그 눈은 언제든지 산 너머 하늘에 있답니다. 지금도 히말라야 산에 올라가는 청년들은 산꼭대기를 바라봅니다. 항해사는 넓은 바다 가운데 있지만 푸른 바다를 건너서 멀리 넓은 바다를 지나 자기가 도착하려고 하는 최종 항구의 목적지를 바라봅니다. 천성을 향해 가는 우리들은 언제든지 우리 믿음의 주인이요, 완성자인 예수를 바라보아야 합니다. 내 자신이 아직도 천한 몸이지만 우리의 눈은 언제든지 그리스도에게 가 있어야 합니다. 그것이 오직 그리스도를 바라보는 것입니다.

너희는 위에 있는 것을 생각하고 땅에 있는 것을 생각하지 말라고 했습니다. 거기는 하나님 우편에 그리스도께서 계신다고 말씀하셨습니다. 항상 그리스도를 바라보면서 한 걸음 두 걸음 풍파 많은 고해를, 굴곡이 많고 태산준령이 많은 인생길을 걸어가는 것이 우리 믿는 사람의 모습인 것입니다. 성경말씀의 진리를 가슴에 안고 꿈과 비전으로 살아가시기를 바랍니다.

· 함께 읽어요 : 요한복음 16장 33절

"이것을 너희에게 이름은 너희로 내 안에서 평안을 누리게 하려함이라 세상에서는 너희가 환난을 당하나 담대 하라. 내가 세상을 이기었노라 하시니라."

2. 큰 꿈과 비전을 가져야 합니다(시 82:10-11).

미국의 제20대 대통령 제임스 가필드는 16세에 학교를 중퇴하고 운하를 왕래하는 배에서 일하다가 물에 빠져 죽을 뻔했습니다. 그는 하나님께서 좀더 훌륭한 일을 하라고 살려주셨다고 굳게 믿고 즉시 집으로 돌아왔으나 말라리아에 걸려 6개월을 병석에 누워 있었습니다. 그러나 그는 꿈을 버리지 않았습니다. 기술학교에서 목수, 조수 일을 하며 학비를 벌었고 방학 기간에 개척교회에서 봉사하다가 성령 세례를 받아 더욱더 하나님의 꿈을 위해 헌신할 것을 다짐했습니다. 그는 대학 졸업 후 28세 때에 오하이오 주 상원의원에 당선되었으며 남북전쟁 때 육군소장으로 헌신했고 전쟁이 끝난 후 연방 상원의원이 됐습니다. 그리고 마침내 1879년 공화당 후보로 대통령에 당선되었습니다. 꿈이 가난한 소년을 대통령의 자리에 올려놓은 것입니다. 가나안의 꿈을 가진 자에게는 홍해나 여리고 성이 장애가 아니라 목적을 향한 길일뿐입니다. 이스라엘 백성의 불순종을 벗어나 순종으로 비전을 이뤄가시기를 바랍니다. 꿈이 길을 만듭니다. 꿈이 있는 백성, 꿈이 있는 개인은 망하는 법이 없습니다. 큰 꿈과 비전을 가지시기를 바랍니다.

· 함께 읽어요 : 시편 81편 10-11절

"10 나는 너를 애굽 땅에서 인도하여 낸 여호와 네 하나님이니 네 입을 넓게 열라 내가 채우리라 하였으나 11 내 백성이 내 소리를 듣지 아니하며 이스라엘이 나를 원치 아니하였도다."

3. 꿈과 비전을 향해 전진해야 합니다(잠 16:1-3)

가난한 농부의 아들로 태어나 서울에서 구두닦이를 하며 고등학교에 다니던 소년이 있었습니다. 소년은 한국 농촌의 가난이 싫어 농촌 부흥을 꿈꾸었습니다. 그리고 덴마크 유학을 소원했습니다. 새벽기도회 때도 늘 '덴마크, 덴마크'라며 기도했습니다. 그는 자신의 유학을 향한 꿈을 영어편지로 썼습니다. 그러나 누구에게 이 편지를 보내야 할지 잘 몰라 봉투에 '프레데릭 9세 국왕, 코펜하겐, 덴마크'라고 써서 보냈습니다. 놀랍게도 40일 후 덴마크 국왕보좌관과 덴마크 외무부로부터 현지 대학 입학 허가장과 왕복 비행기 티켓이 날아왔습니다. 그가 바로 덴마크와 이스라엘에서 공부하고 귀국해 건국대학 농과대학

교수, 농과대학장을 역임하신 농촌운동의 선구자 류태영 박사의 이야기입니다. 그는 꿈과 비전을 향해 전진했습니다. "바랄 수 없는 중에 바라라."(롬 4:18) 이것이 바라봄의 법칙의 능력입니다.

· 함께 읽어요 : 히브리서 11장 10절
"이는 하나님의 경영하시고 지으실 터가 있는 성을 바랐음이니라."

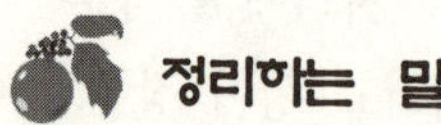

정리하는 말

사랑하는 성도 여러분! 꿈이 있는 곳에 희망이 있고, 인내와 사랑과 너그러움, 나눔이 있습니다. 꿈과 희망 안고 전진하시기를 바랍니다.

평가와 결심

1. 높은 이상과 목표는 어디에 게시되어 있습니까?
(요 11:28 성경에 게시됨)
2. 네 입을 크게 열라 하신 분은 누구입니까?(시 81:10-11, 하나님)
3. 무엇을 향해 전진해야 합니까?(잠언 16:1-3, 꿈과 비전을 향해)

주간 경건의 시간 <4> · 날마다 말씀과 함께

요일 / 내용	월(Mon)	화(Tue)	수(Wed)	목(Thu)	금(Fri)	토(Sat)
찬송	216/ 356	212/ 347	213/ 348	211/ 346	208/ 246	209/ 247
성경	히 8:	히 9:	히 10:	히 11:	히 12:	히 13:
적용	새 언약의 대제사장	피로써 정결케	언약의 피	믿음이 말함	믿음의 주	형제사랑을 계속하라

* 은혜는 물에 새기고 원한은 돌에 새긴다. <한국 속담>

2단원 능력 간구의 달

제5과

부르짖어 기도하자

찬송 / 365, 364, 366/ 통 484, 482, 485
성경 / 예레미야 33:1-3
요절 / 예레미야 33:3
"너는 내게 부르짖으라. 내가 네게 응답하겠고, 네가 알지 못하는 크고 비밀한 일을 네게 보이리라."
목표/ 성도가 부르짖어 기도하는 습관과 태도를 기른다.

시작하는 말

세계 2차대전 때 프랑스가 독일 나치스 군대에게 패했을 때입니다. 영국 지원병 29만이 자기들의 역부족을 깨닫고 도버해협을 통해 퇴진하려고 하였으나 악천후 때문에 빠져나갈 수가 없었습니다. 이 사실을 안 히틀러는 도망하는 영국군들을 아주 전멸시켜버릴 것을 명령했습니다. 그러자 영국왕 조지 6세는 전국에 기도의 날을 선포해 "하나님, 어떻게 하든지 영국 군대를 살려주세요." 기도하도록 했습니다. 그때 기적이 일어났습니다. 그날 독일 군이 주둔하는 곳에는 큰 폭풍우가 일어나서 비행기 한대도 뜰 수 없었고, 도버해협 영국군이 건너려는 곳에는 쾌청한 날씨에 바다는 잔잔하고 고요하여 무사히 건널 수 있었습니다. 온 국민은 하나님께 감사의 찬양을 드렸습니다. 지금 우리는 나라와 민족을 위해 정말 기도할 때입니다.

오늘의 말씀

1. 예레미야로 하여금 기도하게 하였습니다(렘 33:1)

예레미야는 지금 구국운동을 하다가 옥에 갇혔습니다. 어려운 난국을 풀기 위해서는 자신이 앞장서서 뛰어야 하는데 옥에 갇힌 신세가 되었습니다. 여러분들의 현실에도 이와 같은 상황이 닥칠 것입니다. 그러나 하나님께서는 예레미야로 하여금 발로 뛰는 것보다 조용히 앉아서 하나님의 뜻을 묻는 기도가 먼저인 것을 가르쳐 줍니다. 아합과 이세벨의 박해를 받던 엘리야도 한때 이런 일을 당하였습니다. 이세벨의 칼날 같은 엄포를 피해 도망하다가 로뎀나무 아래서 "칼로 선지자를 죽였음이오며 오직 나만 남았거늘 저희가 내 생명을 찾아 취하려 하나이다."(왕상 19:14)라고 하였습니다. 하나님께서는 "내가 이스라엘 가운데 칠 천인을 남기리니 다 무릎을 바알에게 꿇지 아니하고 다 그 입을 바알에게 맞추지 아니한 자니라."(왕상 19:18)고 했습니다. 기도는 역사를 일으킵니다. 만사를 해결해줍니다.

사랑하는 성도 여러분! 하나님께서 기도하게 하실 때 두말하지 말고 순종하여 간구하심으로 위기를 극복하시기를 간절히 소원합니다.

· 함께 읽어요 : 예레미야 33장 1절

"예레미야가 아직 시위대 뜰에 갇혀있을 때에 여호와의 말씀이 그에게 다시 임하니라 가라사대."

2. 기도는 만사가 하나님의 장중에 있다는 것을 가르쳐줍니다(:2).

본문 2절 말씀에 "일을 행하는 여호와 그것을 지어 성취하는 여호와 그 이름을 여호와라 하는 자가 이같이 이르노라."고 했습니다. 일에는 순서가 있으며, 주장하시는 분이 계십니다. 무슨 일이든 시작과 끝을 주장하시는 분은 하나님이시며, 일을 지어 시작하시는 분도 여호와시요. 그 일을 행하시는 과정도 하나님이시요. 일을 마무리 지어 성취하시는 분도 여호와시라고 했습니다. 로마서 11:36절에 "이는 만물이 주에게서 나오고 주로 말미암고 주에게로 돌아감이라 영광이 그에게 세세에 있으리로다."라고 했습니다.

우리는 보통 때에 기도하지 않고 버팁니다. 건성으로 기도합니다. 그러나 사업이 부도가 나고 애들이 입시에 떨어지고, 가정에 큰 문제가 일어나면 그제야 눈물 콧물 흘리며 발을 동동 구르면서 통곡하며 기도합니다. 골리앗과 다윗의 전투에서 모든 조건으로 볼 때 다윗에게는 정말 보잘 것 없는 물매와 돌멩이 몇 개였습니다. 그러나 사랑하는 성도 여러분! 하나님께서 다윗에게 이김을 주셨습니다. 믿으시기 바랍니다. 기도를 통해 만사가 하나님의 장중 안에서 성취되며, 믿음으로 기도하면서 매사에 승리하시기를 바랍니다.

· 함께 읽어요 : 시편 46장 5절
"하나님이 그 성중에 거하시매 성이 요동치 아니할 것이라 새벽에 하나님이 도우시리로다."

3. 기도하면 하나님의 비밀한 것을 가르쳐주십니다(:3)

본문 3절을 함께 읽겠습니다. "너는 내게 부르짖으라. 내가 네게 응답하겠고, 네가 알지 못하는 크고 비밀한 일을 네게 보이리라." 우리들 인생은 한치 앞도 볼 수 없습니다. 만일 2-3분 후의 일만 알 수 있다면 그는 증권을 통해 순식간에 수천억을 벌수도 있을 것입니다. 그러나 여호와 하나님께서는 기도하는 다니엘에게 앞으로 닥쳐올 미래의 크고 작은 사건들을 가르쳐 주셨습니다. 로뎀나무 아래에 쓰러진 엘리야에게 앞으로 되어질 사건들과 국내외 비밀한 것들을 가르쳐 주셨습니다. 유배당한 사도 요한에게 밧모섬에서 크고 비밀한 것들을 가르쳐주셨습니다. 사랑하는 성도 여러분! 어려울 때 기도함으로 크고 비밀한 것들을 깨달아 어렵고 힘든 상황을 승리하기시를 주님의 이름으로 축복 드립니다.

· 함께 읽어요 : 야고보서 6장 13절
"그들이 왕 앞에서 대답하여 가로되 왕이여 사로잡혀 온 유다 자손 중에 그 다니엘이 왕과 왕의 어인이 찍힌 금령을 돌아보지 아니하고 하루 세 번 씩 기도하나이다."

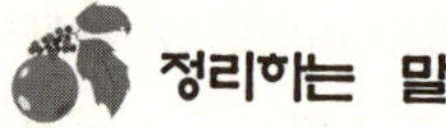

정리하는 말

부르짖는 기도는 ① 열심을 다하는 기도입니다. ② 뜨겁게 드리는 기도입니다. ③ 간절한 기도입니다. ④ 정성을 쏟는 기도입니다. ⑤ 낙심치 않는 기도입니다. ⑥ 응답받는 기도입니다. 사랑하는 성도 여러분! 어렵고 힘든 세상이지만 하나님께 능력의 기도로 문제들을 해결하시기를 기원합니다.

평가와 결심

1. 여호와께서 누구로 하여금 기도하게 하셨습니까?
   (렘 33:1, 예레미야로 하여금 기도하게 했음)
2. 예레미야의 기도는 무엇을 가르쳐줍니까?
   (렘 33:2, 만사가 하나님의 장중에 있다는 것을 가르쳐 줌)
3. 기도하며 무엇을 가르쳐줍니까?
   (렘 33:3, 크고 비밀한 것을 가르쳐 줌)

주간 경건의 시간 <5> · 날마다 말씀과 함께

요일 / 내용	월(Mon)	화(Tue)	수(Wed)	목(Thu)	금(Fri)	토(Sat)
찬송	286/ 218	303/ 403	302/ 408	325/ 359	324/ 360	359/ 401
성경	렘 31:	렘 32:	렘 33:	렘 34:	렘 35:	렘 36:
적용	물댄 동산 같겠고	내 백성	의로운 가지	기근에 붙이심	포도주마시지 말라	그들을 숨기심

* 신앙은 인생의 힘이다.<레오 N. 톨스토이(1828-1910)>

2단원 능력 간구의 달

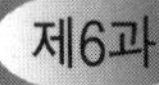

제6과

금식하며 기도하자

찬송 / 424, 425, 365/ 통 216, 217, 484

성경 / 이사야 58:1-7

요절 / 이사야 58:6

"나의 기뻐하는 금식은 흉악의 결박을 풀어주며 멍에의 줄을 끌러주며 압제당하는 자를 자유케 하며 모든 멍에를 꺾는 것이 아니겠느냐"

목표/ 어렵고 힘든 일을 만날 때 금식하면서 기도하는 태도를 배운다.

시작하는 말

성경에 기도의 사람 중에 야곱이 생각납니다. 야곱은 늙어 눈이 어두운 아버지를 속여 형의 축복을 빼앗고 아버지가 죽자 형을 피하여 도망하던 중 벧엘에서 서원기도를 드렸습니다. 20년이 흘러 고향을 향해 오던 길, 야곱은 에서와 만나기 전날 밤, 하나님과 밤새 씨름했습니다. 그 결과 환도뼈가 부러지고, "이스라엘"이라는 새 이름을 얻었습니다. 하나님께 간구할 것이 있을 때, 우리는 하나님을 붙들고 씨름하면서 기도합니다. 하지만 진정한 씨름은 우리의 소원을 하나님께 강요하는 것이 아닙니다. 우리의 고집이 부서지고, 우리 뜻이 하나님 뜻에 굴복되는 것입니다. 그러기 위해서 우리가 금식을 하면서 기도해야 하는 것입니다. 본문에는 참된 금식에 대하여 가르쳐주고 있습니다.

오늘의 말씀

1. 금식기도를 통해서 참된 사명을 깨닫게 됩니다(:1-)

요즈음 교역자들과 성도들이 특별한 목표를 정하고 그 뜻을 이루기 위해 금식기도를 하러 기도원에 가기도 합니다. 그런데 금식기도보다도 더 중요한 것은 날마다 기도드리는 것입니다. 옛날 서대문 영천시장은 콩나물 장수가 많기로 유명했다고 합니다. 그 중에 한 여인이 새벽마다 콩나물 통을 머리에 이고 시장에 나가는 길에 교회에 들러 새벽기도를 드렸습니다. 이 아주머니의 인생목표는 '예수 그리스도와 함께 살면서 자식들을 믿음으로 성장시켜 하나님의 일꾼으로 길러내는 것'이었습니다. 결국 그 여인은 아들을 훌륭한 사업가로 키워냈습니다. 아들은 훗날 큰 제약회사의 사장이 되었습니다. 아들은 그의 어머니가 매일 새벽에 교회에 나가 열심히 기도하던 일을 잊을 수가 없었습니다. 기도 때문에 지금의 자기가 존재하는 것이라고 생각했습니다. 그래서 종소리가 연상되도록 자신의 제약회사 심벌마크를 종으로 정했습니다. 그 회사가 바로 종근당 제약회사입니다. 어머님의 믿음의 기도는 이렇게 자녀들에게 이어져 내려갑니다. 금식기도를 통해서 사명을 깨닫기를 바랍니다.

· 함께 읽어요 : 이사야 58장 6절

"나의 기뻐하는 금식은 흉악의 결박을 풀어주며 멍에의 줄을 끌러주며 압제당하는 자를 자유케 하며 모든 멍에를 꺾는 것이 아니겠느냐."

2. 금식하는 입도 중요하지만, 성실히 일하는 손도 중요합니다(:2-5)

여러분! 정성껏 기도하고도 응답받지 못한다면 얼마나 불쌍한 사람이겠습니까? 미국의 저드슨 선교사의 일화는 선교사들에게 널리 회자되고 있습니다. 그는 미얀마에 도착해서 왕에게 기독교 선교를 허락해 달라고 요구했습니다. 불교국가였던 미얀마는 왕의 허락이 있어야 포교가 가능했습니다. 왕은 선교사의 손을 보고 말했습니다. "당신처럼 고운 손으로는 무슨 말을 해도 백성들이 듣지 않을 것이요. 먼저 내 백성의 손과 비슷해져야 합니다." 저드슨 선교사는 선교를 중단하고 2

년 동안 농촌에 들어가 원주민들과 함께 노동했습니다. 거칠어진 농부의 손으로 그는 미얀마에 복음을 전해 복음 전파에 성공했습니다.

독일의 유명한 화가 알베르트 뒤러가 그린 그림 중에 '기도하는 손'이라는 작품이 있습니다. 양손을 모으고 기도하는 모습의 그림입니다. 그의 친구는 한마을에서 같이 자라며 화가의 꿈을 키웠습니다. 그러나 두 사람 다 너무 가난했기에 더 이상 그림 공부를 할 수 없었습니다. 이때 뒤러의 친구가 제안을 했습니다. "뒤러야! 네가 먼저 그림공부를 하려무나. 내가 돈을 벌어서 너의 그림공부 학비를 댈 게. 나는 네가 그림공부를 마치고 나면 너의 후원으로 그림공부를 하면 되니까" 그래서, 뒤러가 먼저 도시에 가서 그림공부를 하게 되었고, 뒤러의 친구는 식당에서 손이 부르트도록 열심히 일을 해서 돈을 부쳤습니다. 드디어 뒤러는 그림공부를 마치고 훌륭한 화가가 되어 고향으로 돌아옵니다. 뒤러는 친구가 일하는 식당 문을 막 여는 순간 그 친구가 식당 테이블에 앉아 기도를 하고 있었습니다. "하나님! 저는 친구 뒤러의 학비를 위해 일하다가 그만 손이 굳어져 버려서 더 이상 그림을 그릴 수가 없습니다. 그러나 뒤러가 훌륭한 화가가 되었기에 하나님께 감사와 영광을 돌립니다." 바로 이 놀라운 우정을 소유한 사람의 기도하고 있는 손을 그린 작품이 '기도하는 손'이라는 그림입니다. 기도하는 손도 중요하지만 열심히 일하는 손 또한 귀중하고 소중합니다.

· 함께 읽어요 : 시편 91장 15절

"저가 내게 간구하리니 내가 응답하리라 저희 환난 때에 내가 저와 함께하여 저를 건지고 영화롭게 하리라."

3. 하나님이 기뻐하시는 금식은 진실과 사랑입니다(:6-9)

여러분! 금식기도 하는 그 이상으로 우리들의 진실함과 사랑의 삶은 더욱 중요합니다. 하나님이 기뻐하시는 금식은 죄에서 떠나 의를 행하여, 당신의 법도를 순종하는 것입니다. 죄 가운데 여전히 머물면서 종교적 의식에 참여하는 것은 가증스러운 일이요. 죄를 더하는 행위인 것입니다. 시간도 중요하지만 삶이 더 중요합니다.

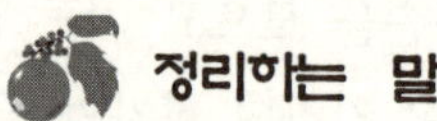

정리하는 말

사랑하는 성도 여러분! 생애에 헤쳐 나갈 수 없는 문제가 있습니까? 육을 죽이면서 하는 금식기도를 하십시오. 그 보다 더 중요한 것은 하나님 나라와 복음을 위한 성실한 삶이며, 자신과 싸움에서 이긴 사랑과 진실한 삶 자체입니다. 자신과 이웃을 속이고 살아가면서 하는 금식기도의 의식에서 벗어나 먼저 사랑과 진실함을 겸비한 복된 삶이 되기시를 바랍니다.

평가와 결심

1. 우리가 금식기도를 통해 무엇을 깨닫습니까?
   (사 58:1, 복음의 사명)
2. 금식기도 하는 손보다 더 귀한 손은 무엇입니까?
   (사 58:2-5, 성실하게 일하는 손)
3. 하나님이 기뻐하시는 금식은 무엇입니까?
   (진실과 사랑을 겸비한 삶)

주간 경건의 시간 <6> · 날마다 말씀과 함께

요일 / 내용	월(Mon)	화(Tue)	수(Wed)	목(Thu)	금(Fri)	토(Sat)
찬송	186/ 176	196/ 174	215/ 354	216/ 356	237/ 226	240/ 231
성경	사 54:	사 55:	사 56:	사 57:	사 58:	사 59:
적용	장막 터를 넓히며	나를 청종하라	안식을 지켜	겸손한 자의 영	물 댄 동산 같고	열심을 겉옷 삼고

*고생을 많이 한 사람이 많은 것을 안다. <그리스 격언>

2단원 능력 간구의 달

제7과

호소하는 기도를 드리자

찬송 / 483, 388, 357/ 통 532, 441, 397

성경 / 이사야 63:15-19

요절 / 이사야 63:15상반절

"주여! 하늘에서 굽어 살피시며 주의 거룩하고 영화로운 처소에서 보옵소서. 주의 열성과 주의 능하신 행동이 이제 어디 있나이까?"

목표/ 기도의 응답을 위해 호소하며 기도하는 태도를 배운다.

시작하는 말

새 신자 가정인데 돌 예배를 드리기 위해 구역식구들과 목사님을 초청했습니다. 시집을 올 때 불신 가정이었습니다. 집 현관문 위에는 '게'를 매달아 놓았는데, 다 썩어서 냄새가 나 썩은 게를 떼어서 쓰레기통에 버렸더니 시어머니는 다시 싱싱한 게를 사서 다시 달아놓는 미신적인 신앙행위 때문에 그 다음날 아침부터 밥을 풀 때마다 울면서 기도했습니다. "하나님, 이 밥을 먹는 사람이 다 예수를 믿고 구원을 받게 하여 주시고, 썩은 게 대신에 십자가를 달아놓고 귀신을 찾는 주문을 하는 대신에 찬송을 부르게 하여 주옵소서."새 색시의 눈물어린 기도의 응답으로 그 남편이 교회에 등록했답니다. 성도들은 이렇게 호소하는 기도를 드려야 합니다.

오늘의 말씀

1. 자비와 긍휼을 베풀어주시도록 하는 기도여야 합니다(:15-16)

가가와 도요히꼬가 젊은 시절에 빈민굴에서 전도하는 것을 보고 그의 친구의 눈에는 이 사람이 허송세월을 하고 있는 것 같았습니다. 도박꾼, 싸움해서 살인한 사람, 전과자, 창녀에게 전도하여 모아 놓고 혼자 찬송을 부르면서 예배드립니다. 도박꾼이자 깡패는 도끼눈을 치켜뜨고 지켜보고 있고, 또 남자들이 와서 창녀를 끌어내 나가면서 돈을 내라고 하면서 가가와의 따귀를 때리면 돈을 줍니다. 이 친구는 화가 나 도박꾼에게 돈을 준다고 따졌습니다. 사랑하는 성도 여러분! 자비와 긍휼을 베풀어주도록 호소하는 기도를 드리세요. 사랑은 끝까지 참아주고 속아주는 것입니다. 여러분! 자비와 긍휼을 위한 기도로 호소하시기를 바랍니다.

· 함께 읽어요 : 이사야 63장 15절
"주여 하늘에서 굽어 살피시며 주의 거룩하고 영화로운 처소에서 보옵소서. 주의 열성과 주의 능하신 행동이 이제 어디 있나이까? 주의 베푸시던 간곡한 자비와 긍휼이 내게 그쳤나이다."

2. 이스라엘이 주의 백성임을 들어 기도하여야 합니다(:16-17)

사랑하는 성도 여러분! 우리는 주의 백성입니다. 미우나 고우나 우리는 주님의 십자가 보혈로 씻음 받은 백성들입니다. 독일작가 하인리히 뵐의 소설 『그리고 아무 말도 하지 않았다』에 나오는 프랑케 부인은 부와 권력을 배경으로 천주교 내에서도 상당한 힘을 가지고 있는 신자였습니다. 그녀에게는 매일 자신의 돈을 세는 일과 잼이 들어 있는 3백 개의 병을 세는 일이 유일한 즐거움이었습니다. 당시 사회는 전쟁 후 패전 후유증으로 많은 사람들이 굶주림에 허덕이고 있었지만 잼 담그는 일을 중지하지 않았던 프랑케 부인은 "주님, 제게 3백 개의 병에 가득 담을 수 있는 잼을 주셔서 감사합니다. 내일은 3백 1개의 병을 가득 채울 수 있는 잼을 주세요."라는 기도를 드렸습니다. 프랑케 부인의 모습은 지금 나의 모습일 수도 있습니다. 지금 개인주의는 극도의 이기심을 낳고, 이러한 현상이 교회 안에도 침투해 나, 내 가정, 내 교회, 내 교단 중심으로 흐르고 있습니다. 자기밖에 모릅니다. 주님께서 인간의 성육신하신 것은 어려운 이들을 향한 수직적 관심과 사랑이셨습니다. 사랑하는 성도 여러분! 주변을 돌아볼 줄 아는 그리스도인이 되십시오. 나보다 못한 이웃, 불행한 이웃, 어려움에 처해있는 지체에 대한 관심으로 기도하며, 사랑하고 도와야 합니다. 사랑하는 성도 여러분! 여러분들은 하나님의 백성으로서 하나님께 호소하는 바른 기도를 드리시고 응답받기를 간절히 소원합니다.

· 함께 읽어요 : 이사야 63:16절

"주는 우리 아버지시라 아브라함은 우리를 모르고 이스라엘은 우리를 인정치 아니할지라도 여호와여 주는 우리의 아버지시라 상고부터 주의 이름을 우리의 구속자라 하셨거늘"

3. 주의 산업인 지파들이 돌아오도록 하는 간구여야 합니다(:18-19)

하나님께서 독생자 예수 그리스도를 세상에 보내 주신 것은 당신의 백성을 찾고자 하심입니다. 한 유명한 목사가 영국을 여행하던 중 감리교 창시자인 웨슬리 선생의 고택과 집무실에는 마룻바닥에 구멍이 두 개 나 있는 것을 보았습니다. 바로 그것은 웨슬리가 무릎 꿇어 기도한 흔적입니다. 요한 웨슬리는 새벽 4시에 두 시간씩 기도하고 수요일과 금요일에는 규칙적으로 금식 기도를 했습니다. 그를 지켜본 사람들은 이렇게 말했습니다. 목회자의 진짜 사명은 하나님의 백성들로 하여금 돌아오도록 하는 그 기도입니다. 구역에서 주님의 품을 떠난 성도들을 위해 기도하는 이 기도를 하나님이 기뻐하십니다. 하나님이 당신의 백성을 찾으시듯 잃어진 주의 산업의 백성들을 찾으시기 바랍니다.

· 함께 읽어요 : 이사야 63:18-19절

“18 주의 거룩한 백성이 땅을 차지한지 오래지 아니하여서 우리의 대적이 주의 성소를 유린하였사오니 19 우리는 주의 다스림을 받지 못하는 자 같으며 주의 이름으로 칭함을 받지 못하는 자 같이 되었나이다.”

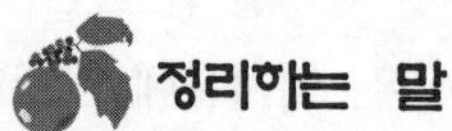

정리하는 말

여러분! 모세가 이스라엘 백성들을 도말하시고 새 민족을 주시겠다고 하셨을 때 그는 내 이름을 생명책에서 지워달라고 매달렸습니다. 하나님은 그의 간절한 간구를 들으시고, 뜻을 돌이켜 그 백성을 용서했습니다.

사랑하는 성도 여러분! 여호와 하나님은 당신의 백성들의 애틋한 간구에 마음이 약해지십니다. 그저 들어주십니다. 믿으시기 바랍니다.

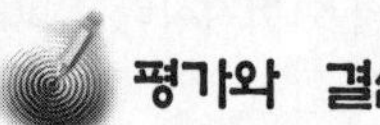

평가와 결심

1. 호소하는 기도 첫째는 무엇입니까? (사 63:15-16, 자비와 긍휼 위해)
2. 호소하는 기도 둘째는 무엇입니까? (사 63:17, 주의 백성 위해)
3. 호소하는 기도 셋째는 무엇입니까?(사 63:18-19, 주의 산업 위해)

주간 경건의 시간 <7> · 날마다 말씀과 함께

요일 / 내용	월(Mon)	화(Tue)	수(Wed)	목(Thu)	금(Fri)	토(Sat)
찬송	323/ 355	345/ 461	246/ 221	250/ 182	258/ 190	257/ 189
성경	사 61:	사 62:	사 63:	사 64:	사 65:	사 66:
적용	가난한 자 택하심	찬송과 저주가	잘못 구함이라	오래 참음의 본	그리스도의 피 뿌림	신령한 젖

* 인간은 믿도록 태어났다. 나무가 과일을 맺듯이 인간은 믿음을 맺는다.

<랄프 왈도 에머슨 1803-1882, 미국 시인, 수필가>

제8과

기도하여 능력 받자

찬송 / 208, 196, 539/ 통일 246, 174, 483

성경 / 다니엘 9:20-24

요절 / 다니엘 9:23상반절

"곧 네가 기도를 시작할 즈음에 명령이 내렸으므로 이제 네게 고하러 왔느니라. 너는 크게 은총을 받은 자니라."

목표/ 호소하는 기도로 능력 받는 기도 드리는 태도를 기른다.

시작하는 말

헤르만이 쓴 「창조적 기도」 라는 책에 무도회의 한 장면이 나옵니다. 그 주인공은 결혼식을 며칠 앞둔 미모의 처녀로 프랑스 리용의 거부인 비단 상인의 딸입니다. 그녀는 한 청년과 짝이 되어 춤을 추다가 '죽어 무너지는 세계'를 환상(눈이 덮인 산이 폭풍에 무너지면서 자기 주위가 죽음의 구렁 속으로 굴러 떨어져 내려가는 것)으로 봅니다. 거기엔 기도하는 사람이 한 사람도 보이지 않았습니다. 기도의 결핍으로 피조물들은 생명의 근원에서 단절되어 허무한 가운데 구렁으로 빠져들어 가고 있었으나 그 누구도 그 일에는 관심이 없고 오로지 춤만 계속 추고 있었습니다. 그녀는 환상에서 깨어 그 자리를 떠나 수녀원으로 들어가서 기도의 결핍으로 죽어가는 세계를 위해 평생 중보기도에 몸을 바치기로 결심하였다는 것입니다. 세상에 많은 사람들이 기도를 외면하고 죽음의 춤만 추고 있습니다. 그리스도인은 이 사람들을 위해 기도해야 할 의무가 있는 것입니다.

오늘의 말씀

1. 주께서 다니엘의 기도를 들으셨습니다(:20-)

본문에 나오는 다니엘은 자기 백성 이스라엘의 죄를 생각하면서 하나님 앞에 통회하고 자복하는 회개의 기도를 드렸습니다. 하나님께서 기뻐하시는 것은 바로 이와 같은 상한 마음, 회개하는 마음입니다. 영혼을 사랑하고 나라를 사랑하는 사람들은 다니엘처럼 죄악에 치우쳐 달음질하는 우리의 이웃들을 위해 통회하고 자복하는 기도를 드려야 합니다. 하나님은 회개의 기도를 기뻐 받으시고, 호소하는 기도를 응답해 주십니다. 사랑하는 성도 여러분! 먼저 다니엘처럼 내 가정의 죄, 이웃들의 죄, 그리고 이 민족의 죄를 자복하면서 기도드리시기를 바랍니다.

· 함께 읽어요 : 이사야 63장 22-23절

"내가 이같이 말하여 기도하며 내 죄와 및 내 백성 이스라엘의 죄를 자복하고 내 하나님의 거룩한 산을 위하여 내 하나님 여호와 앞에 간구할 때."

2. '가브리엘'을 통하여 지혜와 총명을 주셨습니다(:21-22)

사람의 닫힌 마음도 호소하면 마음을 열고 들어주십니다. 누가복음 18장에 어떤 도시에 하나님을 두려워 아니하고 사람을 무시하는 한 재판관이 있는데 그 도시에 한 과부가 있어 원한을 풀어달라고 호소했지만 들어주지 않다가 계속 호소할 때 들어주었다는 이야기가 나옵니다. 본문에 다니엘의 기도를 들어주시기 위해 기도를 시작할 즈음에 가브리엘을 통하여 명령이 내려졌다는 사실입니다. 그래서 가브리엘이 다니엘에게 빨리 날아와 지혜와 총명을 주었다는 것입니다. 계시와 비밀을 알 수 있도록 이것들을 주신 것입니다. 누구든지 주의 주신 지혜, 주의 주신 총명이 있어야만 주의 말씀을 온전히 깨닫는 것입니다. 오늘날도 주님께 호소하는 기도를 통하여 성령 충만함을 입어 지혜의 말씀을 깨닫게 하시는 것입니다.

· 함께 읽어요 : 에베소서 1장 8-10절

"8 이는 그가 모든 지혜와 총명으로 우리에게 넘치게 하사 9 그 뜻의 비밀을 우리에게 알리셨으니 곧 그 기쁘심을 따라 그리스도 안에서 때가 찬 경륜을 위하여 예정하신 것이니 10 하늘에 있는 것이나 땅에 있는 것이 다 그리스도 안에서 통일되게 하려 하심이라."

3. 이상을 깨달아 알게 하십니다(:23-)

사랑하는 성도 여러분! 평소에 깊이 기도하는 사람에게는 다니엘처럼 분명히 성령께서 역사하셔서 신비한 이상을 보여주시기도 하시고, 그 이상들을 깨닫게도 하여 주십니다. 주님의 계시는 스스로 탐구하고 노력해서 깨달을 수 있는 것이 아니라 주님이 깨닫게 하셔야 깨닫게 됩니다. 이성영웅주의자들은 평생을 두고 노력할지라도 이에 도달하지 못하는 것입니다. 영국의 청교도 신앙가 존 번연 목사가 국왕의 명을 어긴 죄로 감옥에 갇히게 되었습니다. 어느 날 옥사장이 번연에게 문을 열어주면서 부인과 가족을 보고 오라고 했으나 존 번연은 집을 향해 가다가 되돌아와 옥사장에게 "호의는 고맙지만 성령이 인도하는 길이 아니라서 돌아왔다"고 했습니다. 그로부터 1시간 후에 국왕이 직접 감옥을 시찰하면서 존 번연이 갇혀 있는 것을 확인하고 돌아갔습니다. 그 후 간수장은 다음과 같이 말했습니다. "이제 제가 목사님께 가시라 오시라 하지 않을 테니 성령의 인도하심을 따라 가시고 싶을 때 가셨다가 오시고 싶을 때 오셔도 좋습니다." 성령의 인도를 따르지 않았다면 옥사장과 존 번연은 죽음을 당했을 것입니다. 우리도 살다 보면 순간순간 어려움에 갇힐 때가 있습니다. 그럴 때마다 성령의 인도를 따르시기를 바랍니다. 그러면 어떤 어려움에서도 자유롭게 될 것을 믿으시기 바랍니다.

· 함께 읽어요 : 고린도전서 14장 15절

"그러면 어떻게 할꼬? 내가 영으로 기도하고 또 마음으로 기도하며 내가 영으로 찬미하고 또 마음으로 찬미하리라."

정리하는 말

사랑하는 성도 여러분! 세상을 살아가면서 주님께 기도로 호소하면 주 성령님의 인도하심을 받으며 지혜와 총명도 주시고, 이상을 깨달아 알게 하신 다는 사실을 깨달으시기 간절히 부탁드립니다.

평가와 결심

1. 주님께서 어떤 형편 누구의 기도를 들으셨습니까?
   (다니엘 9:20, 자신의 죄와 백성의 죄를 자복한 다니엘의 기도)
2. 누구를 통하여 지혜와 총명을 주셨습니까?
   (다니엘 9:21-22, 가브리엘 천사)
3. 기도로 호소한 다니엘에게 깨닫게 하신 것은 무엇입니까?
   (다니엘 9:23, 이상을 깨달아 알게 하심)

주간 경건의 시간 <8> · 날마다 말씀과 함께

요일 / 내용	월(Mon)	화(Tue)	수(Wed)	목(Thu)	금(Fri)	토(Sat)
찬송	365/ 484	369/ 487	366/ 485	359/ 401	358/ 400	322/ 357
성경	단 7:	단 8:	단 9:	단 10:	단 11:	단 12:
적용	한 때 두 때 반 때	사람 모양 같은 것	기도 시작할 때	너희 군 미가엘	북방 왕	지혜 있는 자

* 믿음이 없는 사람이 많이 기도한다. <존 레이(1627-1705) 영국, 금언수집가>

3단원 영혼 사랑의 달

제9과

복음전파와 귀신 축사(逐邪)

찬송 / 348, 350, 351/ 통 388, 393, 389

성경 / 누가복음 4:33-44

요절 / 누가복음 4:36

"다 놀라 서로 말하여 가로되 이 어떠한 말씀인고? 권세와 능력으로 더러운 귀신을 명하매 나가는 도다 하더라."

목표/ 양적성장의 방해세력인 마귀와 귀신을 축사하는 능력을 얻는다.

시작하는 말

이번 한 달 동안은 누가복음을 통해서 '영혼사랑' 문제를 다루게 됩니다. 요즈음 극성스런 사이비 이단들 때문에 교회들이 수난을 당하고 있습니다. 이단들은 인간생활을 파괴하고 영혼을 오도합니다. 그들은 바른 길을 가르친다고 주장하지만 이들로 인한 폐해는 우리의 현실을 황폐케 합니다. 뿐만 아니라, 진리를 왜곡하고 있습니다. 그에 비해 하나님의 아들이신 예수 그리스도께서는 공생애 기간을 통하여 복음을 전파하고, 병을 고치며 귀신을 내어 쫓으셨습니다. 이러한 이적을 베푸신 궁극적인 목적은 이적 자체가 아니었습니다. 이적이나 복음적인 교훈을 통하여 하나님 나라의 복음을 전파하시기 위함이었습니다. 이와 같이 기독교는 세상을 향한 희망의 종교요, 세계의 종교인 것입니다.

오늘의 말씀

1. 주님은 복음전도자에게 귀신 축사의 능력을 주셨습니다(:35)

마태복음 10장 1절에 "예수께서 그 열 두 제자를 부르사 더러운 귀신을 좇아내며 모든 병과 모든 약한 것을 고치는 권능을 주시니라."고 했습니다. 전도자는 권능을 받아야 합니다. 한국 기독교인은 해방당시 30만 명이었습니다. 그런데 1955년 60만, 1965년 120만, 1975년 350만, 1985년 800만, 1995년 1000만으로 늘어났습니다. 그동안 우리 기독교는 한국 땅에 많은 사회적 기여를 했습니다. 일제시대, 민족의 수난시대 때에는 교회 지도자들이 민족 지도자가 되어 신사참배를 거부하고, 학교와 병원, 교회를 세워 민족운동을 주도했습니다. 정신적 근대화와 윤리 가치를 고양하고 인권과 민주적 가치가 무엇인지를 보여주었습니다. 기독교인 가운데 민족지도자들이 많이 나왔습니다. 장로였던 이승만, 승동교회 전도사였던 여운영, 김구 등 당시 이름 있는 민족 지도자들이 대부분 목사 아니면 장로였습니다. 또한 한국은 선교사를 세계에서 두 번째로 많이 파송한 선교 대국이 되었습니다. 능력 있는 전도자들이 곳곳에서 삶의 현장 속에서 전도한 열매들이 익어가고 있기 때문입니다.

· 함께 읽어요 : 누가복음 4장 41절

"여러 사람에게서 귀신들이 나가며 소리 질러 가로되 당신은 하나님의 아들이니이다. 예수께서 꾸짖으사 저희의 말함을 허락지 아니하시니 이는 자기를 그리스도인 줄 앎이러라."

2. 기도를 통하여 능력을 받아야 합니다(:42-)

오늘 여러분들의 복음전파의 현장이야말로 사탄마귀와의 영적 전쟁의 최전선입니다. 그래서 주님은 70인 전도자를 파송하면서 "양을 이리 가운데 보냄 같도다."(눅 10:3)라고 했습니다. 불꽃 튀기는 영적 전쟁은 주님이 오실 때 마귀 세력을 전멸시키기 전까지는 그 세력이 극성을 부릴 것입니다. 그러므로 복음전파의 현장에서는 능력의 결전장임을 알고 복음전파자들은 기도를 통해서 능력을 받아야 하는 것입니다. 주님께서는 날마다 복음전도의 행군을 계속하면서도 밤에는 겟세마네 동산에서 기름을 짜듯 기도하셨던 것입니다. 많은 복음 전도자들이 전파하는 시간보다 기도시간을 더 많이 가져야 복음전도의 능력을 비축하여 복음전파의 현장에서 담대하고 유효하게 복음을 전파할 수 있는 것입니다. 기도는 한적한 곳이 좋습니다. 요즘 미디어 통신 매체들 때문에 한 시도 정신을 집중하여 기도하기가 쉽지 않습니다. 그러나 전도자들은 기도의 삶을 통하여 항상 깨어 기도하고 영적인 힘을 얻어 능력 있는 전도자로서의 삶을 살아가시기를 간절히 소원 합니다.

· 함께 읽어요 : 에베소서 6장 13절

"그러므로 하나님의 전신갑주를 취하라 이는 악한 날에 너희가 능히 대적하고 모든 일을 행한 후에 서기 위함이라."

3. 주님의 궁극적인 사명은 복음전파였습니다(:43-44)

예수님은 잃어버린 한 마리 양의 비유에서 한 생명이 그 무엇과도 바꿀 수 없는 소중함을 교훈하셨습니다. 생명 그것은 세상에서 그 무엇에 비할 수 없는 가치를 지니고 있습니다. 생명을 잃어버리면 모든 게 끝장입니다. 그러므로 전도하여 한 생명을 살린다는 것은 천하를 얻는 것보다 소중한 일입니다. 주님은 "모든 사람이 주를 찾나이다."라고 할 때 "우리가 다른 가까운 마을로 가자 거기서도 전도하리니 내가 이를 위하여 왔노라."(막 1:37-38)고 하셨습니다. 주님이 오신 궁극적인 목적인 복음전파임을 꼭 기억하고 이해하시며, 복음전도에 시간과 물질과 재능을 투자하시는 여러분 되시기를 바랍니다.

· 함께 읽어요 : 사도행전 5장 42절

"사람이 만일 온 천하를 얻고도 제 목숨을 잃으면 무엇이 유익하리요 사람이 무엇을 주고 제 목숨을 바꾸겠느냐?"

정리하는 말

사랑하는 성도 여러분! 한 사람의 생명이 천하보다 귀하다고 했습니다. 아니 여러분들의 귀중한 생명을 위해서 그리스도께서 생명을 버리셨습니다. 십자가 위에서 보배로운 피를 흘려주셨습니다. 우리 모두 하나님께 최상의 선물인 전도를 하시기를 바랍니다. 그것은 잃어진 생명, 길 잃은 영혼들을 주께로 인도하는 것입니다. 여러분들의 소중한 것들을 바쳐 한 생명 살리고, 구원하는 일에 전력을 다하시기 바랍니다.

평가와 결심

1. 주님께서 복음전도자에게 주셨던 것이 무엇이었습니까?
   (마 10:1, ①귀신 축사 능력 ②병과 약한 것 고치는 능력)
2. 전도를 위해 꼭 필요한 능력들을 어떻게 하여 받습니까?
   (눅 4:32, 기도를 통하여)
3. 주님의 이적행하심의 궁극적인 사명은 무엇입니까?
   (눅 4:43-44, 복음 전파의 사명)

주간 경건의 시간 <9> · 날마다 말씀과 함께

요일 / 내용	월(Mon)	화(Tue)	수(Wed)	목(Thu)	금(Fri)	토(Sat)
찬송	358/ 400	359/ 401	348/ 388	351/ 389	352/ 390	353/ 391
성경	눅 2:	눅 3:	눅 4:	눅 5:	눅 6:	눅 7:
적용	반석위에 내 교회를	오직 예수 외에	잃은 양 한 마리	재물 많으므로	인자가 온 것은	믿고 구하는 것은

* 스스로 자원을 통제할 수 있다는 확고한 신념을 가진 사람은 실제로 그 자원을 소유한 것이다. <리비 B.C. 59- A.D. 17 로마 역사가>

3단원 영혼 사랑의 달

주님의 제자가 되자

찬송 / 516, 505, 522/ 통 265, 268, 269

성경 / 누가복음 14:25-35

요절 / 누가복음 14:33

"이와 같이 너희 중에 누구든지 자기의 모든 소유를 버리지 아니하면 능히 내 제자가 되지 못하리라."

목표/ 교회의 사명을 잘 수행하기 위해 주님의 제자가 되도록 한다.

시작하는 말

사랑하는 성도 여러분! 세상에 스승보다 제자가 더 훌륭히 되는 경우를 보게 됩니다. 예수님께서는 세상에 계실 때 12제자를 두셨지만 수많은 제자들이 주의 복음을 전하려다 순교의 제물이 되었습니다. 주님께서는 바리새인의 집에서 교훈을 마치시고 그 집을 떠나가실 때 허다한 무리가 함께하므로 자기를 따르는 자들에게 '제자가 되는 길'에 대하여 말씀하셨습니다. 진정한 복음 전도자가 되려면 먼저 주님의 제자가 되어야 합니다. 지금 세상은 영혼 추수를 하겠다는 사이비 이단들과 종종 부딪칩니다. 기독교를 가장한 수법에 철저히 방어함으로 하나님이 주신 소중한 영혼들을 전도하여 천국으로 이끄는 충성된 종들이 되시기를 바랍니다. 진정한 주님의 제자가 되려면 어떻게 해야 하겠습니까?

오늘의 말씀

1. 자기를 부인하고 자기 십자가를 져야 합니다(:20-27)

주님은 진정한 제자가 되려면 먼저 자기 부모와 처자와 형제와 자매와 자기 목숨까지도 기꺼이 버릴 수 있어야 한다고 하셨습니다. 제자는 자기 부정의 비상한 각오가 요구되며 주님을 위하여 받아야 할 고난의 십자가도 기쁘게 지고 원망 없이 따라 갈 수 있는 순교적인 정신이 필요합니다. "십자가 없이는 영광도 없다."(No cross, no glory.)는 말씀이 있습니다. 주님의 영광에 참여하기 위해서는 먼저 주님의 십자가를 기쁘게 져야만 합니다. 사랑하는 성도 여러분! 주님과 복음을 위해 십자가를 기쁘게 지는 여러분 되시기를 바랍니다.

· 함께 읽어요 : 마태복음 16장 24절

"이에 예수께서 제자들에게 이르시되 아무든지 나를 따라 오려거든 자기를 부인하고 자기 십자가를 지고 나를 좇을 것이니라."

2. 치밀한 계획과 준비가 있어야 합니다(:28-32)

건축주가 건물을 짓고자하면 필요한 자재를 확보하고 예산을 세워야 하지 않겠습니까? 마찬가지로 장군이 전쟁에 출전하려면 사전에 상대의 전력을 파악해야 할 것입니다. 그렇게 할 때 승리할 수 있을 것입니다. 주님의 제자가 되려면 먼저 치밀한 계획과 준비가 있어야 합니다. 적어도 주님의 제자가 되려면 철저한 ① 시간관리, ② 건강관리, ③ 영적 충전, ④ 건전한 인격관리, ⑤ 인간관계 형성, ⑥ 지적 충전 등 갖추어야 할 부분이 많습니다. 건전한 영적 관리를 위해 먼저 자신의 상처를 치유 받으시고, 창조적인 지혜와 성령의 능력으로 충전하시기를 바랍니다.

· 함께 읽어요 : 누가복음 14장 28절

"너희 중에 누가 망대를 세우고자 할진대 자기의 가진 것이 준공하기까지 족할는지 먼저 앉아 그 비용을 예산하지 않겠느냐?"

3. 자기의 모든 소유를 버리는 희생이 있어야 합니다(:33-35)

주님은 제자가 되려면 누구든지 자기의 모든 소유를 버리지 아니하면 능히 내 제자가 되지 못하리라고 선포하셨습니다. 이는 자신이 소유한 모든 것은 내 것이 아니라 하나님께서 내게 위탁하신 것이라는 말입니다. 주님의 제자가 되려는 자들도 먼저 자기를 희생할 수 있는 자라야 하고 투자할 줄 아는 자여야 합니다. 리더(Leader)는 리더(Reader)입니다. 이병철, 박성수, 안철수, 마오쩌둥, 빌 게이츠, 손정의, 나폴레옹, 윈스턴 처칠, 빌 클린턴, 오프라 윈프리, 토머스 에디슨 등 이들의 공통점은 바로 독서광입니다. 안철수 사장은 "필요한 책을 한국에서는 구할 수 없다"고 할 만큼 왕성한 독서력을 과시하고 있습니다. 마오쩌둥은 전쟁 속에서도 책 읽기를 게을리 하지 않았고, 포천지가 선정한 최고 영향력 있는 여성 3위에 오른 '토크쇼의 여왕' 오프라 윈프리는 독서광으로서 미국에 독서 열풍을 일으킨 주역입니다. 유럽을 평정했던 프랑스의 나폴레옹은 전쟁터 말 위에서도 책을 읽었던 독서광이었습니다. 훌륭한 사람들은 자신의 시간과 물질을 독서에 투자했던 사람들입니다. 하루 1시간씩 독서 하면 1주일에 책 한권, 한달이면 4권, 1년이면 50권의 책을 읽을 수 있습니다. 10년이면 500권의 책을 읽고요. 한 분야에 전심전력을 다하고 10년간 500권의 책을 읽으면 그 분야에서는 세계적인 전문가가 됩니다. 오늘 배우지 않아도 내일이 있다는 생각을 하지 마시기 바랍니다. 자기의 소유를 팔아 시간을 사고 에베소서 5장 16절의 "세월을 아끼라"는 말에서 '아끼라'는 말(엑사고라조; *ἐξαγοράζω*)은 시장에서 물건을 살 때처럼 '인생의 기회를 사라'는 말입니다. 시간은 돈입니다. 자신의 가장 귀한 것을 지불하고 사두시면 주님의 제자요, 전도자의 재산이 될 것입니다.

· 함께 읽어요 : 에베소서 5장 16-17절

"16 세월을 아껴라 때가 악하니라. 17 그러므로 어리석은 자가 되지 말고 오직 성령의 충만을 받으라."

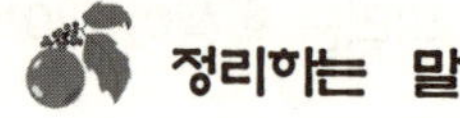

정리하는 말

예수 그리스도의 손이 왜 아름답습니까? 그것은 죄인들을 위해 못 박힌 상처가 있기 때문입니다. 천사가 귀한 보물을 가지고 지상에 내려와 가장 아름다운 손을 찾고 있었습니다. 제각기 아름다운 손을 뽐내었지만 천사는 일만 하다가 거칠어진 그 손에 그 선물을 안겨 주었답니다. 주님이 사랑하는 제자의 손은 일하다가 거칠어진 그 손일 것입니다. 사랑하는 성도 여러분! 자기를 부인하고, 십자가를 지며, 치밀한 계획과 준비, 자기 소유를 버리는 희생으로 제자의 길을 걸으시기를 바랍니다. 지금도 주님은 당신이 사랑하는 진정한 제자를 찾으십니다.

평가와 결심

1. 주님의 제자가 되려면 첫째 어떻게 해야 합니까?
   (눅 14:20-27, 자기 부정하고 십자가를 져야 함)
2. 주님의 제자가 되려면 둘째 어떻게 해야 합니까?
   (눅 14:28-32, 치밀한 계획과 준비가 있어야 함)
3. 주님의 제자가 되려면 셋째 어떻게 해야 합니까?
   (눅 14:33-35, 자기 소유를 버리는 자기희생이 있어야 함)

주간 경건의 시간 <10> · 날마다 말씀과 함께

요일 / 내용	월(Mon)	화(Tue)	수(Wed)	목(Thu)	금(Fri)	토(Sat)
찬송	434/ 491	433/ 490	438/ 495	455/ 507	459/ 514	472/ 530
성경	눅 9:	눅 10:	눅 11:	눅 12:	눅 13:	눅 14:
적용	하나님의 그리스도	사단이 번개같이	기도할 때 이렇게	성령을 모독하는	회개하지 아니하면	내 집을 채우라

* 할 수 있다고 믿는 자들은 정복할 수 있다. <버어질, B.C. 70-19> 로마 시인>

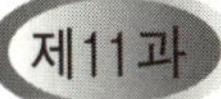
제11과

천하보다 귀한 한 생명

찬송 / 273, 280, 279/ 통 331, 338, 337

성경 / 누가복음 15:11-24

요절 / 누가복음 15:7

"내가 너희에게 이르노니 이와 같이 죄인 하나가 회개하면 하늘에서는 회개할 것 없는 의인 아흔아홉을 인하여 기뻐하는 것보다 더 하리라."

목표/ 교회와 개인의 목표인 천하보다 귀한 생명 구하는 태도를 기른다.

시작하는 말

'샤르니'라는 한 프랑스인이 나폴레옹 황제에게 밉게 보여 감옥에 갇혔습니다. "아무도 돌보지 않는다."라고 벽에 써놓았습니다. 그러던 어느 날 감옥 바닥에 깔려 있던 돌 틈에서 푸른 싹 하나가 고개를 들고 나왔습니다. 샤르니는 간수가 매일 주는 물을 조금씩 남겨서 푸른 잎사귀에 부어주었더니 그 싹이 자라 꽃봉오리가 생기고 아름다운 꽃을 피웠습니다. 그녀는 먼저 쓴 글씨 위에 "하나님이 돌보신다."라고 덮어 써놓았습니다. 주님은 한 생명이 천하보다 귀하다고 하셨습니다.(마 16:26) 본문에는 아버지 품을 떠났다가 돌아오는 둘째 아들 이야기를 통해서 생명의 소중함과 회개의 귀중함을 교훈해 줍니다.

오늘의 말씀

1. 아버지 품을 떠난 둘째 아들은 돌아와야 합니다(:11-13)

여기 본문에는 탕자로 불리는 둘째 아들이 "아버지여! 재산 중에서 내게 돌아올 분깃을 내게 주소서."라고 간청하여 자기 분깃을 다 팔아가지고 집을 나갔습니다. 이 아들은 아버지 집에서의 생활에 회의를 느끼고 새로운 세계에 도전하기를 원해서 아버지의 집, 아버지 품을 떠났습니다. 자기의 분배 받은 몫을 알뜰하게 챙겨 넉넉한 재물을 가지고 떠났습니다. 그리고 사치와 향락과 방탕으로 그 재물을 탕진하고, 그 인생이 철저하게 망가졌습니다. 초라한 모습으로 변했습니다. 그렇습니다. 인간 그 누구라도 하나님의 품을 떠나면 망가져 버립니다. 영적으로 도덕적으로 철저하게 망가져 버리고 맙니다. 하나님께서는 아버지 품을 떠난 이스라엘을 향하여 돌아오라고 하십니다. 호세아 선지자를 통하여 주신 말씀 "돌아오면 낫게 하고, 싸매어 주신다."고 하셨습니다. 행여나 여기 주님의 교회를 떠나 쉬고 있으신 분들은 다시 돌아오시기 바랍니다.

· 함께 읽어요 : 호세아 6장 1절

"오라 우리가 여호와께로 돌아가자. 여호와께서 우리를 찢으셨으나 도로 낫게 하실 것이요. 우리를 치셨으나 싸매어 주실 것임이라."

2. 아버지의 품은 기쁨과 평화가 있습니다(:14-17)

사람은 집을 떠나면 고생이라고 합니다. 둘째 아들이 아버지 품을 떠날 때 가지고 간 재산, 그것을 가지고 세상의 향락과 방탕, 잠시간의 기쁨을 누릴 수 있었습니다. 그러나 그것 떨어지고 궁핍할 때 그제서 풍족한 아버지 생각이 났습니다. 비숍이 작곡한 "즐거운 나의 집"이란 노래에 "즐거운 곳에서는 날 오라 하여도, 내 쉴 곳은 작은 집 내 집 뿐이리. 내 나라 내 기쁨 길이 쉴 곳도 꽃 피고 새 우는 집 내 집뿐이리. 오! 사랑 나의 집 즐거운 나의 벗 내 집 뿐이리."라고 하면서 가정의 행복함과 아늑함, 평화를 잔잔하게 노래하고 있습니다. 이러한 가정 그리고 아버지 품보다 더 평화롭고 살기 좋은 집, 행복이 가득한 안식처는 주님의 품입니다. 이 세상 어느 것에 비교할 수 없는 하나님 아버지의 품으로 돌아오시기를 바랍니다.

· 함께 읽어요 : 누가복음 15장 17절

"이에 스스로 돌이켜 가로되 내 아버지에게는 양식이 풍족한 품꾼이 얼마나 많은고? 나는 여기서 주려 죽는구나!"

3. 아버지의 마음은 죄인들을 향하신 아버지 마음입니다(눅 :15)

"지금부터는 아버지의 아들이라 일컬음을 감당치 못하겠나이다."라고 회개하며 돌아온 둘째 아들을 아직도 먼 거리에서 오고 있는 저를 보고 측은히 여겨 달려가 목을 안고 입을 맞추었습니다. 내가 하늘과 아버지께 죄를 얻었사오니 지금부터는 아버지의 아들이라 일컬음을 감당치 못하겠다고 했어도 아버지는 종들에게 제일 좋은 옷을 내어다가 입히고 손에 가락지를 끼우고 발에 신을 신기라고 하였습니다. 하늘 아버지의 불가항력적인 은혜요 사랑을 쏟아 부은 것입니다. 돌아온 작은 아들을 따뜻하게 영접하고 기뻐하는 아버지를 통해 우리는 죄인들을 대하여 오래 참으시고, 기다리시는 하나님 아버지의 마음을 읽게 됩니다.

사랑하는 성도 여러분! 교회가 이러한 아버지의 마음을 이해한다면 우리 성도들은 천하보다 귀중한 한 생명을 전도하여 살리며, 아직도 복음을 듣지 못한 나라와 민족 열방들에게 선교하는 일에 우리의 모든 힘과 노력을 집중하시기를 주님의 이름으로 간절히 부탁드립니다. 하나님의 아들 예수 그리스도께서는 하늘 보좌를 두고서 사람의 아들로 이 세상에 오셨습니다. 전도를 일삼으시면서 귀신을 내어 쫓으시고, 병을 고치시며 하나님의 복음의 말씀을 전하셨습니다. 전도는 해도 좋고 안 해도 되는 것이 아니라 구원받은 자들의 필수적인 의무인 것입니다.

· 함께 읽어요 : 이사야 2장 3

"많은 백성이 가며 이르기를 오라 우리가 여호와의 산에 오르며 야곱의 하나님의 전에 이르자 그가 그 도로 우리에게 가르치실 것이라 우리가 그 길로 행하리라 하리니 이는 율법이 시온에서부터 나올 것이요 여호와의 말씀이 예루살렘에서부터 나올 것임이니라."

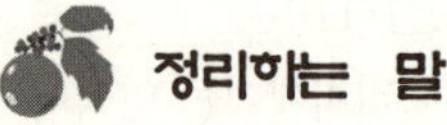

정리하는 말

사랑하는 성도 여러분! 천하보다 귀한 생명, 한 영혼을 위해 탕자를 맨발로 뛰어나가 맞으신 하나님 품으로 인도하시기 바랍니다.

평가와 결심

1. 아버지 품을 떠난 자는 누구였습니까?
   (눅 15:12 흔히 말하는 탕자인 둘째 아들)
2. 세상에서 가장 평화롭고 살기 좋은 집은 어디입니까?
   (눅 15:17, 아버지의 집)
3. 나간 아들을 기다리는 아버지의 마음에서 무엇을 느낍니까?
   (죄인들을 향하신 하나님 아버지의 마음)

주간 경건의 시간 <11> · 날마다 말씀과 함께

요일 / 내용	월(Mon)	화(Tue)	수(Wed)	목(Thu)	금(Fri)	토(Sat)
찬송	488/ 539	432/ 462	445/ 502	446/ 500	457/ 510	486/ 474
성경	눅 16:	눅 17:	눅 18:	눅 19:	눅 20:	눅 21:
적용	불의한 청지기	겨자씨 한 알	금세에 여러 배를	주가 쓰시겠다	산 자의 하나님	생활비 전부를

* 내가 복음을 전하지 않으면 지옥에 가리라.
<윌리엄 A(빌리) 선데이(1863-1935) 미국 전도사>

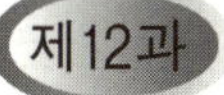

주님 제자 베드로

찬송 / 208, 508, 510/ 통 246, 270, 276

성경 / 누가복음 22:54-62

요절 / 누가복음 22:61-62

"주께서 돌이켜 베드로를 보시니 베드로가 주의 말씀 곧 오늘 닭 울기 전에 네가 세 번 나를 부인하리라 하심이 생각나서 밖에 나가서 심히 통곡 하니라."

목표/ 교회 성도들의 한 영혼 한 영혼을 사랑하는 태도를 기른다.

시작하는 말

주님 제자 중에 특별히 가룟 유다와 베드로는 극과 극을 달리면서 비교대상의 인물입니다. 수제자 베드로는 3번이나 부인하고도 주님을 위해 거꾸로 십자가에 못 박혀 순교를 당했지만, 가룟 유다는 은 30에 스승을 팔고 스스로 목을 매 자살로 종말을 고하였습니다. 아무리 진실하고 심지가 굳은 사람이라도 주변 환경을 극복하기가 그리 쉽지 않습니다.

주를 위해 죽는 데까지라도 따르겠다고 마음먹었던 베드로가 가야바의 법정에서 보여준 배신적 행위는 인간의 유약성을 여실히 보여줍니다. 주님의 은혜가 아니만 그 누구도 온전히 설 수 없습니다.

오늘의 말씀

1. 예수를 멀찍이 따라갔습니다(:54-)

하나님의 아들 예수께서 죄인처럼 묶여 끌려가시던 그때 베드로는 그분을 멀찍이 따라갔습니다. 인간의 마음은 간사하기가 그지없어서 영광의 자리에는 서로 앞 다투어 앉으려하지만 힘들고 어려운 자리는 서로가 가지 않으려고 합니다. 고난의 길은 가지 않으려고 합니다. 베드로의 경우도 마찬가지였습니다. 성도는 어떤 경우에라도 주를 멀찍이 따라가서는 안 됩니다. 언제 어디서나 그분과 동행할 때 그리스도인으로서의 본분과 사명을 다할 수 있게 됩니다. 영광의 자리만 아니라 고난의 자리에도 동행해야 하는 것입니다. 멀찍이 라도 끈을 놓지 않고 따라갔기에 그는 통곡하며 회개할 수 있는 기회를 얻은 것입니다. 사랑하는 성도 여러분! 주님 제자 베드로처럼 돌이킨 후에 주님의 참 제자로서 헌신하여 거꾸로 십자가에 달릴 만큼 주님을 사랑하는 자가 되었습니다. 여러분도 주님의 귀한 사랑에 헌신으로 응답하시기를 바랍니다.

· 함께 읽어요 : 요한복음 21장 17절

"17 세 번째 가라사대 요한의 아들 시몬아 네가 나를 사랑하느냐 하시니 주께서 세 번째 네가 나를 사랑하느냐 하시므로 베드로가 근심하여 가로되 주여 모든 것을 아시오매 내가 주를 사랑하는 줄을 주께서 아시나이다. 예수께서 가라사대 내 양을 먹이라."

2. 비자 앞에서 예수를 부인했습니다(:56-57, 58-59)

이제는 3F 업종이 대세를 이룰 것입니다. 시장 경쟁력이 뛰어난 일본 기업들은 '3F 시장'을 선점하기 위해 총력전을 펼치고 있습니다. 3F란 미래(Future), 재미(Fun), 가족(Family)의 머리글자를 딴 신조어입니다. 미래를 주제로 한 사업에는 벌써부터 업체간 경쟁이 치열합니다. 미래에 재미를 더해 크게 성공한 업체도 등장했습니다. 대표적인 곳이 닌텐도입니다. 이 회사는 휴대형 게임기인 닌텐도 DS라이트를 내놓아 일본에서만 800만대 이상을 팔았습니다. 뇌를 단련시킨다는 컨셉트로 만들어진 소프트웨어 덕분에 고령자들 사이에서 선풍적인 인기를 모았습니다. 뇌를 연구하는 의사들도 이 게임이 노화방지 효과가 있다고 권장하면서 게임에 대한 인식 자체를 바꿨다는 평가를 받았습니다. 가족을 주제로 한 뉴비즈니스로 부부 동반 여행이나 자녀들이 분가한 주택 리뉴얼, 재건축 시장도 확대될 전망입니다. 교회도 세상의 흐름을 알아야 합니다. 아무리 철저하게 신앙이 무너졌다 하더라도 주님의 사랑의 눈빛을 기억하세요. 전도의 방법도 변합니다. 그러나 주님이 영혼을 사랑하시는 그 마음만 안다면 돌이킬 수 있습니다. 3F를 통해 효과적인 전도와 부흥을 가져올 수 있는 전략을 마련해야 하겠습니다.

· 함께 읽어요 : 누가복음 22장 60-62절

"60 베드로가 가로되 이 사람아 나는 너 하는 말을 알지 못하노라고 방금 말할 때에 닭이 곧 울더라. 61 주께서 돌이켜 베드로를 보시니 베드로가 주의 말씀 곧 오늘 닭 울기 전에 네가 세 번 나를 부인하리라 하심이 생각나서 62 밖에 나가서 심히 통곡 하니라."

3. 주님의 말씀을 기억하고 통곡하였습니다(:61-62)

베드로는 주님을 부인 한 후에 이런 일이 있으리라고 하신 주의 말씀을 기억하고 밖에 나가서 심히 통곡했습니다. 우리가 어디에 있든지 그 분이 우리를 보고 계십니다. 베드로의 전철을 밟는 일이 없도록 조심해야 합니다. 우리를 구원하신 주를 부인한다는 것은 두려운 일입니다.

사랑하는 성도 여러분! 베드로의 통곡은 역사를 바꾸어 놓았습니다. 베드로의 눈물은 주님의 마음을 바꾸어놓았습니다. 베드로의 새로운 결심은 베신 자의 자리에서 영광스러운 순교자의 자리에 또한 천추만대에 길이 빛날 길을 닦아놓았습니다.

· 함께 읽어요 : 요한복음 21장 18절

"18 내가 진실로 진실로 네게 이르노니 젊어서는 네가 스스로 띠 띠고 원하는 곳으로 다녔거니와 늙어서는 네 팔을 벌리리니 남이 네게 띠 띠우고 원치 아니하는 곳으로 데려가리라."

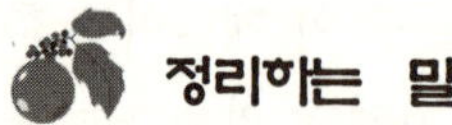

정리하는 말

사랑하는 성도 여러분! 주님께서는 잃어버린 한 마리 양을 찾으러 세상에 오신 것입니다. 영혼을 사랑하는 주님의 마음만을 이해한다면 그 누구도 영혼을 건지는 일에 남의 일 보듯 하지 않을 것입니다. 온 천하보다 한 생명의 영혼이 귀하다고 말씀하셨습니다. 오늘도 한 영혼을 위해 겟세마네와 골고다로 향하시는 주님을 생각하시기를 바랍니다.

평가와 결심

1. 베드로가 어떻게 예수님을 따라갔습니까?(:54-, 멀찍이)
2. 베드로의 연약성이 철저하게 드러나는 부분이 무엇입니까?
   (눅 22:56, 57, 60 작은 비자 앞에서 세 번씩이나 주를 부인함)
3. 베드로를 회개시킨 결정적인 것이 무엇입니까?
   (눅 22:61, 네가 세 번 나를 주인하리라는 말씀과 주님의 사랑)

주간 경건의 시간 <12> · 날마다 말씀과 함께

요일 / 내용	월(Mon)	화(Tue)	수(Wed)	목(Thu)	금(Fri)	토(Sat)
찬송	494/ 188	495/ 271	496/ 260	498/ 275	499/ 277	500/ 258
성경	눅 22:39-71	눅 23:	눅 24:	요 1:	요 2:	요 3:
적용	일어나 기도하라	자녀를 위하여	마음이 뜨겁지	하나님의 자녀	물로 된 포도주	물과 성령으로

* 낮의 자녀들인 남자들에게 확실한 것은 아무 것도 없다. <그리스 격언>

3단원 영혼 사랑의 달

인생의 목마름과 예수

찬송 / 309, 376, 215/ 통 409, 422, 354
성경 / 요한복음 4:1-26
요절 / 요한복음 4:26
"예수께서 이르시되 네게 말하는 내가 그로라 하시니라."
목표/ 인생의 목마름에 복음의 생수 예수 그리스도가 필요함을 알게 한다.

시작하는 말

인생의 목마름은 배고픔보다 더 강합니다. 갈증은 인생의 욕구 중에 가장 강한 욕구인 것 같습니다. 전방에서 작전을 하다가 날은 덥고 갈증이 밀려오기 시작하는데 견디기 힘들었습니다. 마침 논두렁을 쳐다보니 논고랑에 물이 고여 있었습니다. 엎드려 꿀꺽꿀꺽 마시고 나니 살 것 같았습니다. 하나님은 인간에게 육신의 갈증만 주신 것 아니고 영적인 갈증도 주셨습니다. 본문에 사마리아의 수가 성 우물곁에서 한 여인과의 대화는 개인전도의 모범이 될 뿐 아니라 인생에게 가장 필요한 생수의 교훈을 주셨습니다. 죄 많고 곤고한 한 여인의 인생을 생수 되신 주님이 치유하시는 모습을 다루고 있습니다. 그분은 어떤 분으로 나타납니까?

오늘의 말씀

1. 예수께서는 생명의 물이십니다 (:4-14)

예수님께서 유대를 떠나 북쪽 갈릴리로 가실 때였습니다. 보통 유대인들은 사마리아를 통과하지 않고 요단강 건너편으로 우회해서 돌아다

녔습니다. 왜냐하면 그들은 앗수르가 침공했을 때 그들과의 혼인으로 인하여 순수한 유대인의 혈통을 잃어버렸다고 생각하면서 그들을 이방개처럼 취급을 했습니다. 예수님이 사마리아를 통과하여 가신 것은 지역적인 편견과 지역주의를 초월해야 한다는 것을 가르쳐주기 위함입니다. 사마리아 여인에게 "물 좀 달라"고 했습니다. "유대인인 당신이 어찌 내게 물을 달라 하십니까?" 그때 주님은 "네가 만일 하나님의 선물과 또 네게 물 좀 달라 하는 이가 누구인줄 알았다면 네가 그에게 구하였을 것이요. 그가 생수를 네게 주었으리라."(:10)고 했습니다.

· 함께 읽어요 : 요한복음 4장 14절
"내가 주는 물을 먹는 자는 영원히 목마르지 아니하리니 나의 주는 물은 그 속에서 영생하도록 솟아나는 샘물이 되리라."

2. 영생수의 효능을 알아야 합니다(:15-)

15절에 "여자가 가로되 주여 이런 물을 내게 주사 목마르지도 않고 또 여기 물 길러 오지도 않게 하옵소서." 여기서 '이런 물'이란 예수께서 말씀 하신 '영원히 목마르지 아니하는 생수', '영생하도록 솟아나는 샘물'(10절)을 가리키고 있습니다. '우물물'은 조금 있으면 '다시 목마를'(13절) 그런 물입니다. '우물물'은 이 세상의 물질적 가치의 한계를 상징하고 있습니다. 그것으로는 인간을 결코 충족시킬 수가 없음을 교훈하고 있습니다. '우물'은 '갈증'이나 '시장' 같은 인간의 욕구를 잠정적으로 충족시켜주는 것일 뿐 결코 항구적이며 근원적인 것이 아닙니다. 인간은 '우물-갈증'이나 '시장-배고픔' 같은 욕구에 종속되어 있습니다. 아무도 이 굴레에서 벗어날 수 없습니다. 오직 주 예수 그리스도 곧 인생의 생수 되시는 구원 우물만이 이 문제를 속 시원히 해결해 줄 수 있는 것입니다. 생수 되신 예수 그리스도를 전하여 여러분도 칭송받는 전도자가 되시기를 바랍니다.

· 함께 읽어요 : 요한복음 6장 55-57절

"55 내 살은 참된 양식이요 내 피는 참된 음료로다 56 내 살을 먹고 내 피를 마시는 자는 내 안에 거하고 나도 그 안에 거하나니 57 살아계신 아버지께서 나를 보내시매 내가 아버지로 인하여 사는 것 같이 나를 먹는 그 사람도 나로 인하여 살리라."

3. 예수께서는 어떤 죄인도 구원하시는 분이십니다(:17-18)

여러분! 주님은 생명의 원천이십니다. 사마리아 여인은 처음에는 반항하며 빈정거렸으나 '주여!'라는 말로 경의를 표했습니다. "예수께서 가라사대 내가 곧 길이요 진리요 생명이니 나로 말미암지 않고는 아버지께로 올 자가 없느니라."(요 14:6)고 하셨습니다. 사마리아 야곱의 우물가에서 만나 대화를 나눈 그분 예수께서 곧 그가 그토록 찾던 메시야이심을 발견한 것입니다. 구원의 주님을 발견한 사실은 인생 일대에 이보다 더 큰 깨달음이 없는 것입니다. 지성인 중에 지성인이라고 자부하던 이어령 씨가 세례를 받고 그리스도에게로 방향을 정하여 영성으로 향한 발걸음을 옮겼습니다. 바울은 "우리가 다 하나님의 아들을 믿는 것과 아는 일에 하나가 되어 온전한 사람을 이루어 그리스도의 장성한 분량이 충만한 데까지 이르리니"(엡 4:13)라고 했습니다. 믿는 것과 아는 일에 하나가 되어야 온전한 사람을 이루어 그리스도의 장성한 분량이 충만한 데까지 자라가야 하는 것입니다. 포악한 죄인일지언정 십자가의 피로 새 생명으로 태어나는 것입니다. 여러분! 어떤 죄인도 구원하시는 분 그리스도를 모시고 새로운 생명 안에서 자라가기를 바랍니다.

· 함께 읽어요 : 요한복음 5장 24절

"내가 진실로 진실로 너희에게 이르노니 내 말을 듣고 또 나 보내신 이를 믿는 자는 영생을 얻었고 심판에 이르지 아니하나니 사망에서 생명으로 옮겼느니라."

정리하는 말

사랑하는 성도 여러분! 생명의 물이신 예수 그리스도를 모시고 인생의 영원한 목마름을 해결하시기를 바랍니다. 인간의 욕구는 세상의 지식이나, 권력이나, 수양 그 어떤 것으로 해결될 수 없습니다. 여러분들의 영원한 목마름을 예수 그리스도! 오직 복음의 생수! 길이요 진리요 생명이신 주님만으로 해결 받으시기를 간절히 소원합니다.

평가와 결심

1. 생명의 물은 누구이십니까?

(요 4:14, 예수 그리스도)

2. 예수 그리스도의 구원이 한정되었습니까?

(요 4:17-18, 아니오, 그 어떤 죄인도 구원하심)

3. 요 4:15절에서 '이런 물'은 무엇을 의미합니까?

(요 4:10, '영생하도록 솟아나는 샘물')

주간 경건의 시간 <13> · 날마다 말씀과 함께

요일 / 내용	월(Mon)	화(Tue)	수(Wed)	목(Thu)	금(Fri)	토(Sat)
찬송	216/ 356	217/ 362	264/ 198	263/ 197	272/ 330	280/ 338
성경	요 5:	요 6:	요 7:	요 8:	요 9:	요 10:
적용	생명의 부활로	생명의 떡	생수의 강	세상의 빛	인자를 믿느냐?	양의 문

* 인생에 있어서 가장 불행한 것은 인간이면서 인간을 모르는 것이다.

<블래즈 파스칼, 1623-1662, 프랑스 수학자, 물리학자, 철학자>

제14과

거룩한 사랑의 공동체

찬송 / 208, 209, 210/ 통 246, 247, 245

성경 / 사도행전 4:32-37

요절 / 사도행전 2:44

"믿는 사람이 다 함께 있어 모든 물건을 서로 통용하고"

목표/ 거룩한 사랑의 공동체인 교회를 사랑하는 태도를 기른다.

시작하는 말

19세기 영국의 부흥의 중심에는 스펄전 목사가 있습니다. 그러나 영국 교회의 부흥은 스펄전 목사님의 탁월한 설교 때문만이 아니라 기도하던 성도들을 통해 교회는 황금기를 누리고 영국을 변혁시키게 됐습니다. 그러나 스펄전 목사님이 떠난 뒤 교회가 힘을 잃었습니다. 어떤 사람은 영국교회 몰락 원인 중 가장 큰 문제점으로 기도운동이 없어졌다는 사실을 지적했습니다. 오늘은 초대 예루살렘교회 거룩한 공동체를 살펴보면서 기도가 사라질 때 하나님은 영광을 그 교회에서 거두십니다. 기도는 교회를 움직이고 발전케 하는 '힘'인 것입니다. 우리는 교회공동체의 일원입니다. 교회는 무엇보다 기도의 공동체여야 합니다.

오늘의 말씀

1. 교회는 세상을 변화시키는 새로운 공동체여야 합니다(:32-)

세상에는 여러 공동체가 있습니다. 동물의 세계에서는 강팍한 세파에 대처하기 위해서 무리지어 살아가는 동물세계에서부터 만물의 영장인 인간의 공동체까지 존재합니다. 초대 예루살렘교회가 태동되어 복음이 확장되어 갑니다. 이 때에 믿는 무리들은 거룩한 공동체를 형성해 일체감을 가지면서 새로운 공동체를 이룹니다. 오늘날 교회의 문제점은 세상에 속했던 자들이 교회라는 새로운 공동체 속에 들어오면서 그리스도 안에서 새로운 피조물로서의 가치관, 인생관, 세계관을 가지고 살아가야 하는데, 그렇지 못하기 때문에 수많은 문제들이 파생되고 있습니다. 본문에 나타난 초대교회는 주를 믿는 믿음으로 하나 되었고, 주를 사랑하는 마음으로 한 마음을 품었으며, 주를 따르는 한뜻으로 하나가 되었습니다. 시기와 분쟁과 분열은 성령의 하나 되게 하심을 파괴합니다(고전 3:1-3). 그러나 그들은 성령으로 하나를 이루었습니다. 여러분들의 가정과 교회, 또한 소속된 모임이 그리스도 안에서 성령으로 하나 되기를 바랍니다.

· 함께 읽어요 : 사도행전 4장 32절

"믿는 무리가 한마음과 한뜻이 되어 모든 물건을 서로 통용하고 제 재물을 조금이라도 제 것이라 하는 이가 하나도 없더라."

2. 큰 은혜 받은 대로 성령 충만하여 능력전도해야 합니다 (:35-)

사도행전 1장 8절에 "오직 성령이 너희에게 임하시면 너희가 권능을 받고 예루살렘과 온 유대와 사마리아와 땅 끝까지 이르러 내 증인이 되리라"고 했습니다. 그렇습니다. 성령이 임하시면 큰 권능을 받습니다. 교회부흥의 열쇠는 베드로 사도처럼 큰 권능을 받아 전도할 때 일어납니다. 주님이 부활하시고, 승천하신 후 제자들은 흩어지다 못해 숨었습니다. 그러나 오순절에 성령강림이 있자 사도들은 큰 권능을 받아 담대히 주님의 부활을 증거 했습니다. 방안에 웅크려 앉아 있던 자리에서 일어나 나가서 전도했습니다. 부활신앙이야말로 성도들에게 은혜 중의 은혜요. 모든 축복과 소망의 보증입니다. 성령을 충만히 받을 때 권능이 흘러넘칩니다. 성령 충만으로 열정적이고 원만한 공동체생활을 하시기 바랍니다.

· 함께 읽어요 : 사도행전 4장 29-31절

"29 주여 이제도 저희의 위협함을 하감하옵시고, 또 종들로 하여금 담대히 하나님의 말씀을 전하게 하여 주옵시며 30 손을 내밀어 병을 낫게 하옵시고, 표적과 기사가 거룩한 종 예수의 이름으로 이루어지게 하옵소서하더라. 31 빌기를 다하매 모인 곳이 진동하더니 무리가 다 성령이 충만하여 담대히 하나님의 말씀을 전하니라."

3. 소유관, 가치관이 변해 모든 것을 공유하는 거룩한 사랑의 공동체여야 합니다(행 4:34~37).

사랑하는 성도 여러분! 초대 예루살렘교회에서 오순절 성령강림 후에 사도들이 먼저 변했습니다. 권능을 받아 전도하기 시작했습니다. 모인 무리들은 성령의 능력을 힘입어 자신들의 소유를 자신의 것이라고 주장하지 않고, 오히려 희생과 사랑의 마음, 자원하는 마음으로 소유를 팔아 사도들에게 가져왔습니다. 그리하여 사도들은 필요적절하게 나누어 주었습니다. 그 결과 그들 중에 아무도 핍절한 사람이 없게 되었습니다. 공산주의자들은 평등의 동기를 부자들에 대한 증오에서 찾지만, 기독교는 가난한 자에 대한 사랑에서 찾습니다. 공산주의는 강제적인 방법과 폭력에 의한 혁명적인 방법을 추구하지만 기독교는 사랑에서 나오는 자원하는 마음으로 시행합니다. 겉으로는 비슷한 것 같지만 내면으로는 전혀 다른 반대입니다. 교회공동체는 믿음 위에 기초하고, 사랑으로 뭉쳐지며, 소망을 바라보면서 기쁜 마음으로 자신의 것을 내어놓는데 그 묘미가 있습니다. 여러분! 새롭고 거룩한 사랑의 공동체 일원으로서 큰 은혜 받은 대로 능력 전도하며, 기쁨으로 봉사하며, 사랑과 희생으로 복되고 멋진 교회생활하시기를 간절히 부탁드립니다.

· 함께 읽어요 : 사도행전 4장 33절

"사도들이 큰 권능으로 주 예수의 부활을 증거 하니 무리가 큰 은혜를 얻어."

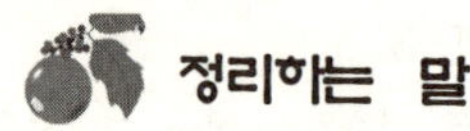

정리하는 말

사랑하는 성도 여러분! 주님이 여러분들을 사랑하십니다. 십자가에서 피로 값을 지불하시고, 여러분들을 사셨습니다. 그래서 거룩한 사랑의 공동체 일원으로 삼아주셨습니다. 새로운 공동체에서 여러분들은 불러주신 주님의 뜻대로 살아가십니까? 성령의 큰 능력을 받고, 은혜의 생활하셔야 합니다. 우리에게 주신 소유는 다 하나님의 것임을 인정하시고, 믿음 위에 기초하고, 사랑의 둥지에서 평화를 가꾸어 가시기를 바랍니다. 주님의 십자가를 바라보면서 소망의 심지를 돋우시기 바랍니다.

평가와 결심

1. 새로운 공동체 일원의 마음가짐은 무엇이어야 합니까?
   (행 4:32, 믿음으로 하나 되고, 사랑으로 한마음 한뜻 되어야 함)
2. 큰 은혜와 능력전도는 어디로부터 옵니까?
   (행 4:33, 성령 충만의 결과입니다)

3. 초대교회 거룩한 공동체의 특징이 무엇입니까?
   (행 4:35, 소유를 팔아 나누어 주고 모든 물건을 공유함)

주간 경건의 시간 <14> · 날마다 말씀과 함께

요일 / 내용	월(Mon)	화(Tue)	수(Wed)	목(Thu)	금(Fri)	토(Sat)
찬송	288/ 204	301/ 460	337/ 363	352/ 390	353/ 391	395/ 450
성경	행 2:	행 3:	행 4:	행 5:	행 6:	행 7:
적용	내 영으로	제9시 기도시간에	바나바 권위자	남녀의 큰 무리	성령 지혜 충만	말과 행사가 능하더라

* 모든 눈은 자력으로만 타협해야 하고 어떤 대리인도 믿어서는 안 된다.
<윌리엄 셰익스피어, 1564-1616, 영국의 시인, 극작가>

4단원 교회 사랑의 달

제15과

든든해져 가는 교회

찬송 / 394, 397, 406/ 통 449, 454, 464

성경 / 사도행전 5:12-16

요절 / 사도행전 5:13

"그 나머지는 감히 그들과 상종하는 사람이 없으나 백성이 칭송하더라."

목표/ 성도로서 든든히 서가는 교회를 섬기는 자부심을 갖게 한다.

시작하는 말

사도행전에서 목격되듯이 교회는 거룩한 공동체이지만 사람이 모이는 곳이기 때문에 아나니아와 삽비라 같은 인물이 예루살렘교회를 어렵게 만들었습니다. 사랑하는 성도 여러분! 오늘날에도 부정적인 방법으로 직분을 받고, 부정을 통해 개인적인 이익을 창출하려고 하기 때문에 교회라는 거룩한 공동체에도 문제가 발생하는 것입니다. 본문을 통하여 교회에 닥치는 문제점은 무엇이고, 그러한 문제들을 어떻게 해결해 나가야 할지 그 방법을 터득해야 하겠습니다. 바다는 잔잔하다가도 불현듯 폭풍과 파도가 일어나 소중한 배뿐 아니라 인간의 생명까지 앗아갈 수 있다는 사실을 깨달아야 합니다. 여러분! 믿음과 사랑, 소망의 공동체인 교회가 든든히 서가도록 충성을 다하시기를 간절히 부탁드립니다.

오늘의 말씀

1. 교회는 하나님을 경외함에 초점이 맞춰져야 합니다(:13-)

많은 그리스도인들이 진리를 경험하는 것보다는 진리를 믿는 것에만 관심을 갖고 있습니다. 우리는 마땅히 성경에서 보여주고 있는 진리에 견고한 기초를 두어야 합니다. 우리는 신앙이 삶으로 나타나며 진리의 말씀을 삶에서 경험함으로써 성경의 진리가 삶에서 역사하는 것을 볼 필요가 있습니다. 성령께서 내주하시면 더 이상 거짓과 함께 할 수 없습니다. 성령께서 함께 하시며 계속 전진하는 교회는 회중의 삶과 모임 가운데 있는 거짓된 것을 모두 척결하는 교회입니다. 그러한 때 순전한 교회의 참된 능력이 나타나며, 거룩하신 하나님께 대한 경외감이 우러나오는 것입니다. 하나님을 경외하는 성도와 교회가 되어서 이방인들로부터 칭송받는 교회가 되기를 간절히 바랍니다.

· 함께 읽어요 : 사도행전 4장 13절
"그 나머지는 감히 그들과 상종하는 사람이 없으나 백성이 칭송하더라.

2. 교회는 자신의 본질을 회복해야 칭송을 받습니다(:12, 16)

한국교회가 70~80년대 양적으로 크게 성장했기 때문에, 오늘날 그 후유증들이 곳곳에서 우후죽순처럼 일어나고 있습니다. 사이비 이단들의 종식장이 되어있는 교회가 많고, 교회의 본질을 잃어버리고 겉에 보이는 양적 성장만을 추구하여 성장 방법론만 연구하고, 실험하다가 낭패를 당하는 교회가 한 두 교회가 아닙니다. 본문에 사도들로 인해 민간에 많은 표적과 기사가 일어났습니다. 실로 초대교회는 사람의 생각으로는 상상도 못할 사역들을 잘 감당하는 능력 있는 교회였습니다. 질병이 치유되고, 더러운 귀신에게 괴로움을 받는 사람들이 나음을 입는 생생한 치유가 공동체의 현장에서 나타났습니다. 전인적인 구원의 역사는 순결하고 능력 있는 교회 안에 내주하시는 성령의 역사로 말미암습니다.

· 함께 읽어요 : 사도행전 4장 16절
"예루살렘 근읍 허다한 사람들도 모여 병든 사람과 더러운 귀신에게 괴로움을 받는 사람을 데리고 와서 다 나음을 얻으니라.”

3. 구원받는 무리가 더해가는 양적 성장 · 질적성장 · 영적성장의 교회여야 합니다(:14, 행 6:7)

교회가 교회로서 본질을 회복하면 그러한 교회는 자연히 양적, 질적, 영적인 성장을 하게 됩니다. 사도들의 표적과 기사를 통해서 많은 사람들이 주께로 나왔습니다(:14-). 교회는 주님께로 나온 사람들의 모입입니다. 주께로 나오는 일이 먼저고, 그 다음에 교회에 속하는 일입니다. 하나님의 부르심과 성령의 조명에 의한 인간의 응답으로 믿음의 싹이 자라나도록 해야 합니다. 김동호 목사님의 간증입니다. 그는 310장(통 410장: 아! 하나님의 은혜로)을 그 자체의 가사가 너무도 좋고, 그 찬송이 자신의 간증이며 고백이기 때문에 좋아한답니다. 독일 코스타(국제복음주의 학생연합회) 집회 첫날, 그날은 우연찮게도 그의 생일이었는데, 코스타 총무가 많은 학생들 앞에서 그의 생일을 축하해 주었는데, 찬양을 인도하던 형제가 생일 축하 노래를 선창한다면서 짓궂게도 ‘아! 하나님의 은혜로 이 쓸데없는 자’를 부르기 시작했습니다. 그는 얼마나 웃었는지 모른답니다. 그러나 그 역시 진지하게 이 곡이 생일 축하곡으로 가장 어울리는 찬송이 아닐까 생각해 보았답니다. 하나님은 죄인인 우리 마음의 문을 두드리십니다(계 3:20). 우리의 인격을 존중해 우리의 결정을 기다리십니다. 그리고 우리가 문을 열면 그때 들어오시겠다고 하십니다. 예루살렘 초대교회는 성령의 폭탄이 곳곳에서 터지면서 하나님의 말씀이 살아나고, 구원받는 제자의 수가 점점 더 심히 많아지는 구원의 공동체였습니다.

· 함께 읽어요 : 사도행전 6장 7절

“하나님의 말씀이 점점 왕성하여 예루살렘에 있는 제자의 수가 더 심히 많아지고 허다한 제사장의 무리도 이 도에 복종 하니라."

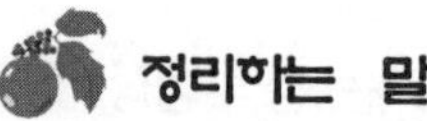

정리하는 말

사랑하는 성도 여러분! 여러분들이 섬기시고 있는 교회가 든든히 사가고 있습니까? 그러면 감사를 드리십시오. 그렇지 못한 경우에도 교회를 위해서 기도 열심히 하세요. 든든히 서가는 교회는 ① 하나님께 참된 경외심을 가진 교회, ② 교회의 본질을 회복하는 교회, ③ 양적으로, 질적으로, 영적으로 성장하는 교회인 것입니다. 그러한 교회가 되기를 간절히 기도하면서 충성 봉사하는 여러분 되시기를 간절히 소원합니다.

평가와 결심

1. 든든히 서가는 교회가 되려면 첫째 어떻게 해야 합니까?
   (행 4:13, 하나님께 참된 경외심이 있는 교회여야 함)
2. 든든히 서가는 교회가 되려면 둘째 어떻게 해야 합니까?
   (행 4:12, 16, 교회의 본질회복 즉 질병치유, 귀신축사, 성령 내주)
3. 든든히 서가는 교회가 되려면 셋째 어떻게 해야 합니까?
   (행 4:14, ①양적 성장 ②질적 성장 ③영적 성장)

주간 경건의 시간 <15> · 날마다 말씀과 함께

요일 / 내용	월(Mon)	화(Tue)	수(Wed)	목(Thu)	금(Fri)	토(Sat)
찬송	92/ 97	90/ 98	219/ 279	182/ 169	521/ 253	564/ 299
성경	행 23:	행 24:	행 25:	행 26:	행 27:	행 28:
적용	로마에서 도 증거	양심에 거리낌	예수가 살았다	네가 핍박하는	하나님의 사자가	담대히 전파함

* 나는 시간과 남에게 의지하는 것을 반대한다.

<필립 2세 B.C. 382-336, 마케도니아 왕>

참된 교회의 특성

찬송 / 315, 251, 252/ 통 512, 137, 184
성경 / 사도행전 9:26-31
요절 / 사도행전 9:31
"그리하여 온 유대와 갈릴리와 사마리아 교회가 평안하여 든든히 서가고 주를 경외함과 성령의 위로로 진행하여 수가 더 많아 지니라."
목표/ 참된 교회의 특성을 알고 섬기도록 한다.

시작하는 말

헬라 사람들은 '교회'라는 말을 '에클레시아'(ἐκκλησία, 불러내다)라 부릅니다. 곧 회중, 교회, 교인들의 모임을 의미합니다. 모든 민족들과 종족들 가운데서 불러내어 하나님의 백성으로 구별된 집단이 교회인 것입니다. 구약에서는 하나님의 성회라는 말이 신약에서는 에클레시아로 쓰여졌습니다. 교회를 사랑하려면 참된 교회의 특성을 바로 진단하고 깨닫는 것이 필요한 줄 압니다. 마르틴 루터는 교회론에서 "'순교자의 피'는 교회의 씨다. 교회는 피 흘림이 없이 존재할 수 없다. …… 제사장 아론은 성전에 나타날 때에, 장식품과 부유한 자태를 가지고, 향기를 풍기며, 영광스럽게 나타났으나, 그리스도는 가장 천하고 보잘 것 없는 모습으로 나타났다."고 했습니다. 참된 교회의 특징은 무엇입니까?

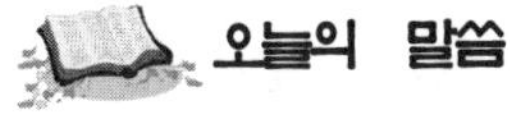

오늘의 말씀

1. 교회는 영적인 실체이며 하나입니다(행 9:31-)

오늘날 수많은 교회들이 세워져 마치 경쟁이나 하듯 밤이면 십자가 종탑의 불빛이 사방에서 비춥니다. 교회는 보이는 교회(유형적인 교회)와 보이지 않는 교회(무형적인 교회, 영적인 교회)로 나눕니다. 보이는 교회를 유형적인 교회라고 하는데, 예루살렘에만 속해 있을 수가 없고, 또 유대와 갈릴리와 사마리아의 지역적 울타리 안에 갇혀 있을 수가 없습니다. '온 교회'라는 말을 통해 모든 종족적인 편견과 지리적인 장벽은 허물어지고 종교적인 중심지의 개념도 없어집니다. 교회는 영적인 실체이며, 모두가 예수님의 몸으로서 주안에서 하나인 교회를 이루는 것입니다.

· 함께 읽어요 : 골로새서 1장 17~18절

"17 또한 그가 만물보다 먼저 계시고 만물이 그 안에 함께 섰느니라. 18 그는 몸인 교회의 머리라 그가 근본이요 죽은 자들 가운데서 먼저 나신 자니 이는 친히 만물의 으뜸이 되려 하심이요."

2. 참된 교회는 든든히 서가는 모습을 보여줍니다(행 9:31)

우리가 섬기고 있는 지상 교회는 결코 완전하지 않습니다. 그렇지만 교회는 앞으로 전진 하며 진보합니다. 박해와 핍박 속에서도 교회는 든든히 서갑니다. 하나님의 교회는 그리스도 안에서 건물마다 서로 연결되어 완전한 성전이 되어가는 것입니다.

초대 예루살렘교회 성도들은 성전에 모이기를 힘쓰되, 날마다 마음을 같이하여 모이기를 힘썼습니다. 이렇게 성전에 성도들이 모이기를 힘써야 합니다. 엿새 동안 각자 자기 집에서 살다가 구별된 하루는 하나님의 집(교회)에 모여 하나님께 영광을 돌려야 합니다. 함께 예배하며 신령한 교제를 나누어야 합니다. 그것이 든든히 서가는 참된 교회입니다.

· 함께 읽어요 : 이사야 58장 13-14절

"13 만일 안식일에 네 발을 금하여 내 성일에 오락을 행치 아니하고 안식일을 일컬어 즐거운 날이라, 여호와의 성일을 존귀한 날이라 하여 이를 존귀히 여기고 네 길로 행치 아니하며 네 오락을 구치 아니하며 사사로운 말을 하지 아니하면 14 네가 여호와의 안에서 즐거움을 얻을 것이라 내가 너를 땅의 높은 곳에 올리고, 네 조상 야곱의 업으로 기르리라 여호와의 입의 말이니라."

3. 참된 교회는 주를 경외함과 성령의 위로로 진행합니다(행 9:31)

릭워렌 목사님이 쓰신 『목적이 이끄는 삶』을 보면, 새들백교회가 추구하는 목표를 분명하게 삶에서 구현시킬 수 있기를 바라는 의도에서 쓰여졌습니다. 그럼에도 오늘 현대를 살아가는 인생들에게 목적을 향하여 걸어갈 수 있는 방향을 제시해주고 있다는 자체가 탁월한 감동을 줍니다. 교회가 삶에 지쳐 실의에 젖어 살아가는 인생들에게 이러한 방향을 제시해 주어야 합니다. 성도들은 교회에 힘써 모여 함께 예배드리고, 신령한 교제도 나누고, 성경말씀도 공부하고, 기도회도 가지고, 기관이나 속회의 모임도 가져야 합니다. 그래서 각종 행사도 가지는 이러한 삶이 신앙생활(공동체생활)에서 중요한 것입니다. 초대교회는 모이기를 힘썼습니다. 마음을 같이하여 날마다 모였습니다. 우리 성도들이 본받아야 할 일입니다. 모이기를 폐하는 무리들이 나타나기 때문에 이런 무리들의 미혹에 빠지지 말고(히10:25), 모이기를 더욱 힘써야 합니다.

본문 사도행전 9장 31절 말씀처럼 참된 교회는 주를 경외함과 성령의 위로로 진행해야 되는 것입니다.

· 함께 읽어요 : 요 15장 9-10절

"9 아버지께서 나를 사랑하신 것 같이 나도 너희를 사랑하였으니 나의 사랑 안에 거하라 10 내가 아버지의 계명을 지켜 그의 사랑 안에 거하는 것 같이 너희도 내

계명을 지키면 내 사랑 안에 거하리라."

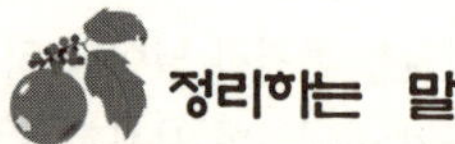

정리하는 말

우리가 살아가는 세상은 고장이 나서 아파하는 부분들이 너무 많습니다. 천국은 고통이나 눈물이 없지만 세상은 질병과 고통이 끊임없습니다. 그래서 고통과 질병을 치유하면서 살아가라고 '사랑의 묘약'을 주신 것입니다. 고통과 질병의 늪에서 허덕이시는 분들이 있습니까? 하나님의 사랑으로 온 우주 만물과 인간들의 고통과 질병에서 치유함을 받으시기 바랍니다.

평가와 결심

1. 참된 교회의 특성 첫째가 무엇입니까?
   (행 9:31, 영적 실체이며 하나인 특징을 가짐)
2. 참된 교회의 특성 둘째가 무엇입니까?
   (행 9:31, 든든히 서갑니다.)
3. 참된 교회의 특성 셋째가 무엇입니까?
   (행 9:31, 주를 경외함과 성령의 위로로 진행함)

주간 경건의 시간 <16> · 날마다 말씀과 함께

요일 / 내용	월(Mon)	화(Tue)	수(Wed)	목(Thu)	금(Fri)	토(Sat)
찬송	406/ 464	405/ 458	407/ 4650	408/ 466	410/ 468	411/ 473
성경	행 9:	행 10:	행 11:	행 12:	행 13:	행 14:
적용	별세하실 것	성령으로 기뻐하사	성령을 주시지	성령 모독 하는 자	좁은 문으로	강권하여 데려다가

* "누구를 의심해도 상관없지만 그대 자신만은 결코 의심하지 말라.."

<크리스천 네스텔 보비(1820-1904) 영국 작가>

4단원 교회 사랑의 달

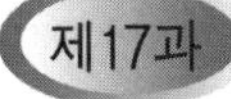

은혜 받은 성도의 특징

찬송 / 197, 420, 200/ 통 178, 212, 235

성경 / 사도행전 17:10-15

요절 / 사도행전 17:11

"베뢰아 사람은 데살로니가에 있는 사람보다 더 신사적이어서 간절한 마음으로 말씀을 받고 이것이 그러한가 하여 날마다 성경을 상고하므로."

목표/ 성도가 믿음으로 치유 받고 봉사하는 태도를 배운다.

시작하는 말

세상 사람들은 돈이나 권력이나 명예로 살아가지만 우리 성도들은 하나님의 은혜로 살아가는 사람들입니다. 은혜를 받으면 착하고 진실한 마음으로 살아가게 됩니다. 바울과 실라는 밤에 데살로니가를 떠나 베뢰아로 갔습니다. 그는 그곳에 도착하자 유대인 회당에 들어가 복음을 전했습니다. 바울의 이러한 전도 방법은 "이 동네에서 너희를 핍박하거든 저 동네로 피하라."(마 10:23)고 말씀하신 주님의 말씀에 따른 것임을 알 수 있습니다. 본문은 누가가 베뢰아 사람들에 대하여 언급하고 있는 부분에서(행 17:11) 우리는 하나님의 은혜를 받기 원하는 사람들의 특징을 알 수 있습니다. 그러면 누가 은혜를 받습니까?

오늘의 말씀

1. 열려진 마음을 가진 신사적인 사람이 은혜를 받습니다(:11-)

세상에서도 사업을 하든지 직장생활을 하든지 외판원을 하든지 "아! 저 사람은 신사적이다"는 말을 들으면 그 사람은 그 분야에서 성공을 거둘 확률이 높습니다. 그러나 대부분 사람들이 자기의 삶의 터전에서 제멋대로 삽니다. 야비한 방법을 동원해서 반짝 성공을 거두려고 하는 사람치고 성공한 예가 많지 않습니다. 여기서 신사적이란 말은 인격과 성품이 고상하다(more noble)는 뜻과 개방적인 마음(more open minded)의 태도를 뜻하는 것입니다. 유대인들이 메시아이신 예수를 발견하지 못한 것은 그들의 편견 때문이었습니다. 편견은 마음을 닫아버립니다. 오늘날 많은 교회들이 신앙의 열심은 있어도 마음이 고상하지 못하고 폐쇄적이기 때문에 전도의 문을 막는 경우도 허다합니다. 열린 마음, 신사적인 태도로 전도의 문이 활짝 열리기를 간절히 소원합니다.

· 함께 읽어요 : 사도행전 17장 11절

"베뢰아 사람은 데살로니가에 있는 사람보다 더 신사적이어서 간절한 마음으로 말씀을 받고 이것이 그러한가 하여 날마다 성경을 상고하므로."

2. 간절함을 소유한 사람이 큰 은혜를 받습니다(마 7:11)

신앙생활 중에 기도의 응답도 그렇지만 은혜 받는 방법도 간절하게 사모함이 성패를 좌우합니다. 예레미야 33장 2-3절에 "일을 행하는 여호와, 그것을 지어 성취하는 여호와, 그 이름을 여호와라 하는 자가 이같이 이르노라,너는 내게 부르짖으라. 내가 네게 응답하겠고 네가 알지 못하는 크고 비밀한 일을 네게 보이리라."고 했습니다. 얍복강 가에서의 야곱은 하나님의 사자를 붙들고 당신이 내게 축복하지 아니하면 놓지 않겠다고 결사적인 매달림으로 '이스라엘'이란 축복의 이름을 받았습니다. 하나님의 복음은 그것을 귀히 여겨 간절히 사모하는 자에게 생명과 능력으로 임합니다. 간절하지 않은 자들은 무지한 자와 같이 복음의 귀중성을 모르는 자들입니다. 그들에게는 복음의 은혜가 임할 이유가 없습니다(마

7:6). 은혜를 간절히 사모하다가 풍성하게 주시는 은혜를 받으시기 바랍니다.

· 함께 읽어요 : 마태복음 7장 11절
"너희가 악한 자라도 좋은 것으로 자식에게 줄줄 알거든 하물며 하늘에 계신 너희 아버지께서 구하는 자에게 좋은 것으로 주시지 않겠느냐"

3. 은혜와 능력의 성취는 날마다 성경을 상고해야 합니다(살전 2:13)

여기 본문에 나오는 '상고'(아나크리논테스; ἀνακρίνοντες)라는 말은 '묻는다', '조사 한다'라는 뜻으로서 계속하여 말씀을 보고 연구하는 상태를 가리킵니다. 이처럼 베뢰아 사람들은 바울을 책잡기 위해서가 아니라 바울이 전한 복음을 바로 알고자 하는 심정으로 날마다 깊이 상고했습니다. 왜 그렇습니까? ① 말씀은 영혼의 양식입니다. "내 살은 참된 양식이요 내 피는 참된 음료로다."(요 6:55)라고 했습니다. ② 생명의 말씀입니다. "너희가 거듭난 것이 썩어질 씨로 된 것이 아니요 썩지 아니할 씨로 된 것이니 하나님의 살아 있고 항상 있는 말씀으로 되었느니라."(벧전 1:23)고 했습니다. ③ 구원의 말씀입니다. "또 네가 어려서부터 성경을 알았나니 성경은 능히 너로 하여금 그리스도 예수 안에 있는 믿음으로 말미암아 구원에 이르는 지혜가 있게 하느니라."(딤후 3:15)고 했습니다. ④ 삶의 인도자입니다. "주의 말씀은 내 발에 등이요 내 길에 빛이니이다."(시 119:105) ⑤ 간절히 사모해야 합니다.

· 함께 읽어요 : 데살로니가전서 2장 13절
"이러므로 우리가 하나님께 쉬지 않고 감사함은 너희가 우리에게 들은 바 하나님의 말씀을 받을 때에 사람의 말로 아니하고 하나님의 말씀으로 받음이니 진실로 그러하다 이 말씀이 또한 너희 믿는 자 속에서 역사하느니라."

정리하는 말

베뢰아교회 성도들은 간절한 마음으로 말씀을 받고 날마다 성경을 상고했습니다. 데살로니가교회 성도들은 사도들이 증거 하는 말씀을 들을 때에 사람의 말로 아니하고 하나님의 말씀으로 받았습니다. 이처럼 우리 성도들은 힘써 말씀을 사모해야 합니다. 은혜 받은 성도는 먼저 그 말씀이 꿀송이처럼 달아야 합니다. 그래야 그 말씀이 믿는 자 속에 역사하여 영혼을 거듭나게 하고, 죄인을 구원하고, 더러운 죄악을 깨끗케 하고, 바른 삶의 길로 인도하는 등불이 되는 것입니다.

평가와 결심

1. 은혜 받은 성도의 특징 첫째 무엇입니까?
   (행 17:11, 신사적이어야 함)
2. 은혜 받는 성도의 특징 둘째 무엇입니까?
   (행 17:11, 간절한 마음을 가져야 함)
3. 은혜 받는 성도의 특징 셋째 무엇입니까?
   (행 17:21, 날마다 성경을 상고해야 함)

주간 경건의 시간 <17> · 날마다 말씀과 함께

요일 / 내용	월(Mon)	화(Tue)	수(Wed)	목(Thu)	금(Fri)	토(Sat)
찬송	211/ 346	240/ 231	245/ 228	246/ 221	250/ 182	251/ 137
성경	행 16:	행 17:	행 18:	행 19:	행 20:	행 21:
적용	우리를 도우라	생명과 호흡	두려워하지 말며	두란노 서원	받는 것보다 복	죽을 것도 각오

* 하나님은 모든 새에게 먹이를 주시지만 둥우리 속에 넣어 주시지는 않는다.
<조지 허버트, 1593-1633, 영국 신학자, 시인, 성직자>

5단원 가족 사랑의 달

제18과

예배를 통한 자녀교육

찬송 / 579, 566, 567/ 통 304, 301, 436

성경 / 레위기 10:12-20

요절 / 레위기 10:20

"모세가 그 말을 듣고 좋게 여겼더라."

목표/ 가정에서 자녀에게 예배를 잘 드리는 습관과 태도를 기른다.

시작하는 말

분문은 예배를 통하여 하나님의 거룩성에 대해 가정에서 가르쳐야 할 것을 보여줍니다. 요즘 아이들이 통상 버릇이 없다고들 합니다. 왜냐하면 자녀수를 적게 낳아 자녀들에게 지나친 사랑만 베풀기 때문에 교양있는 교육이 부족합니다. 한국의 예절교육은 대부분 식탁에서 이루어지는데, 오붓한 식탁보다는 외식을 선호하며 온 식구가 함께 앉는 기회가 줄어들면서 자연적으로 그런 교육의 기회가 적어졌습니다. 본문은 구약시대 제사 중에 제사장들에게 할애된 제물을 어디서 먹어야 하는 가에 대한 규례를 설명하고 있으며, 구약의 제사제도는 곧 신약시대의 예배를 가리킵니다. 가정에서 예배를 제대로 가르쳐야 자녀교육에 성공하는 것입니다. 예배태도의 교육은 모범을 통해 가르쳐야 됩니다.

오늘의 말씀

1. 부모는 자녀들에게 신앙의 모범으로 가르쳐야 합니다(엡 6:4)

아론의 두 아들 나답과 아비후는 하나님께서 명하시지 않은 다른 불로 여호와의 제단에 드리다가 불로 심판을 받아 죽었습니다. 성경에 보면 하나님이 개인을 직접 심판하신 사실로서 웃사(삼하 6:6), 웃시야(대하 26:19), 미리암(민 12:12), 게하시(왕하 5:27), 아나니아와 삽비라(행 5:1) 등과 같은 실례가 나옵니다. 나답과 아비후는 제사장으로서 백성의 제물을 가지고 하나님께 드리는 존귀한 직분이었으나 제사를 경홀히 여겨 다른 불을 가져다가 제단에 드리다가 하나님의 심판을 받았습니다. 오늘 본문은 그 후 모세가 그 남은 아들 엘르아살과 이다말에게 여호와께 드린 화제 중 소제의 남은 것은 지극히 거룩하니 그것을 취하여 누룩을 넣지 말고 단 곁에서 먹으라고 하였습니다. 말하자면 거룩한 것과 부정한 것을 분별할 줄 알아야 하지만 지극히 거룩한 것과 먹을 수 있는 것에 대해 분별을 가르쳤습니다. 회막 뜰 앞에서 먹되 아론의 아들들만 먹도록 하였습니다. 그러나 이들은 두려워한 나머지 속죄제 염소를 불살랐습니다. 모세는 제물 먹는 예절에 대해서 가르쳤습니다. 예배시간에 신앙교육을 통해 자녀를 가르쳐야 하는 것입니다. 부모들은 자녀들을 신앙으로 양육해야 하는 것입니다.

· 함께 읽어요 : 레위기 10장 13절
"이는 여호와의 화제 중 네 응식과 네 아들의 응식인즉 너희는 그것을 거룩한 곳에서 먹으라. 내가 명령을 받았느니라."

2. 자녀를 하나님의 말씀으로 교육해야 합니다(신 6:1-6, 딤후 3:16-17)

자녀교육의 기초는 세상의 도덕교육이나 수양이 아닙니다. 자녀들에게 하나님의 말씀을 가르쳐야 합니다. 시편 기자는 하나님의 말씀은 자녀들을 빛 가운데로 인도하는 등불이라고 했습니다(시편 119:105). 하나님의 말씀이야말로 자녀들의 영적 생명을 부요케 하는 양식이 됩니다

(마 4:4). 하나님의 말씀은 자녀들로 하여금 경건한 신앙인격을 갖게 하는 것입니다. 진정 올바른 자녀! 칭송을 받는 자녀들로 키우려면 하나님의 말씀을 제대로 가르쳐야 하는 것입니다.

· 함께 읽어요 : 디모데후서 3장 16-17절

"16 모든 성경은 하나님의 감동으로 된 것으로 교훈과 책망과 바르게 함과 의로 교육하기에 유익하니 17 이는 하나님의 사람으로 온전케 하며 모든 선한 일을 행하기에 온전케 하려 함이니라."

3. 부모는 끊임없는 기도를 통해 가르쳐야 합니다(삼상 1:12)

자녀들은 부모의 희망이며 한 나라 미래의 기둥들입니다. 부모들이 자녀들에게 보여주는 모습은 최고의 교육인 것입니다. 자녀들은 부모들을 보면서 모방을 통해 보고 자라며 배웁니다. 선생님이나 어른들의 행동을 보고 배웁니다. 자녀교육은 지나치게 정을 부어주거나 또 엄격하기만 한 것은 정상적인 교육의 모습이 아닙니다. 훈계가 없는 무조건의 허용은 버릇없는 사람으로 만듭니다. 성경에서 바울은 "자녀를 노엽게 하지 말고 주의 교양과 훈계로 양육하라."(엡 6:4)고 했습니다. 훈계로 양육하는 것이 진정한 사랑입니다. 그러나 이보다 부모가 자녀에게 기도하는 모습을 통해 바른 교육이 이루어져야 합니다. 기도하는 어머니 한나는 사무엘을 기도의 사람, 훌륭한 사사요, 선지자로 키웠고, 중세의 모니카의 기도는 어거스틴을 회심시켰습니다. 사랑하는 성도 여러분! 웨슬리의 어머니 수산나, 디모데의 어머니 유니게를 본받아 자녀교육을 철저하게 하심으로 축복의 가정들이 되시기 바랍니다.

· 함께 읽어요 : 디모데후서 1장 5절

"이는 네 속에 거짓이 없는 믿음을 생각함이라 이 믿음은 먼저 네 외조모 로이스와 네 어머니 유니게 속에 있더니 네 속에도 있는 줄을 확신하노라."

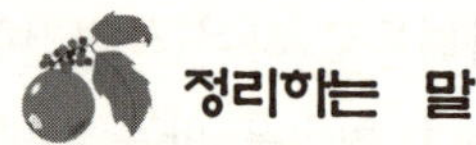

정리하는 말

가정이야말로 부모와 자녀들이 함께 살아가는 예배공동체입니다. 무슨 교육이든 주입식보다는 모범을 통한 교육이 바람직합니다. 오늘날 가정예배의 부재로부터 하나님과의 예절, 이웃에 예절과 사회질서가 무너져 내리고 있습니다. 서로가 불신하고, 대화가 단절되면서 가정의 행복이 깨어졌습니다. 가정예배의 회복으로 부모는 자녀를 사랑하고, 가정의 구성원들은 믿음과 순종으로, 교육이 회복되기를 바랍니다.

평가와 결심

1. 예배를 통한 가정교육 회복 책 첫째가 무엇입니까?
   (골 3:19, 부모가 자녀에게 모범을 보여주어야 함)
2. 예배를 통한 가정교육 회복 책 둘째가 무엇입니까?
   (딤후 3:16-17, 하나님의 말씀을 통해 가르쳐야 함)
3. 예배를 통한 가정교육 회복 책 셋째가 무엇입니까?
   (삼상 1:12, 자녀에게 기도로 가르쳐야 함)

주간 경건의 시간 <18> · 날마다 말씀과 함께

요일 / 내용	월(Mon)	화(Tue)	수(Wed)	목(Thu)	금(Fri)	토(Sat)
찬송	368/ 486	358/ 400	359/ 401	352/ 390	353/ 391	324/ 360
성경	레 9:	레 10:	레 11:	레 12:	레 13:	레 14:
적용	불이 여호와 앞	포도주 독주를	굽이 갈라진 것	양피를 베라	문둥병 환자	우슬초와 새 피

* 인간의 의지는 지배하는 이성에 달려있다.<윌리엄 셰익스피어 1564-1616 영국의 시인>

5단원 가족 사랑의 달

제19과

아름다운 믿음의 가정

찬송 / 559, 563, 564/ 통 305, 411, 299
성경 / 창세기 31:4-16
요절 / 창세기 31:16
"하나님이 우리 아버지에게서 취한 재물은 우리와 우리 자식의 것이니 이제 하나님이 당신에게 이르신 일을 다 준행하라."
목표/ 믿음을 회복하여 자녀를 사랑과 정으로 키우도록 한다.

시작하는 말

창세기의 4대 족장 아브라함, 이삭, 야곱, 요셉 중에 야곱의 가정은 복잡했습니다. 야곱은 형님을 속여 팥죽 한 그릇으로 장자권을 얻었기에 형의 미움을 샀습니다. 고향 부모형제를 떠나 밧담 아람으로 가다가 벧엘에서 하나님을 만나고 "평안히 돌아오게 한다면 기둥으로 세운 이 돌이 하나님의 전이 될 것이요. 소득의 십분 일을 반드시 드리겠나이다." 라고 약속했으며, 하란을 떠나 가나안으로 돌아가라는 하나님의 지시를 받아 처자식들에게 설명하자, 그들은 즉시로 순종했습니다. 참으로 순종하는 아름다운 믿음의 가정의 모습입니다. 야곱의 가정은 어떠합니까?

오늘의 말씀

1. 하나님과의 서원을 지키는 가정이었습니다(창 28:20~22)

오늘날 가정과 사회의 문제는 사랑과 정과 약속이 깨어지기 때문에 생깁니다. 문명인과 미개인의 차이는 약속을 얼마나 잘 지키느냐에 따라 구별되는 것입니다. 한때는 '코리언 타임'이라는 불명예스러운 말이 유행했었습니다. 그러나 지금은 국민의식이 많이 살아나고 우리 민족이 선진국으로 발돋움을 하고 있어 다행입니다. 야곱은 루스 곧 벧엘(하나님의 집)에서 여호와 하나님과의 약속을 지키기 위해 처자식들을 모으고 고향으로 돌아가자고 이야기 합니다. 그때 처자식들은 가장인 야곱의 옛날 서원과 함께 순종하는 모습을 보게 됩니다. 하나님과의 약속, 사람과의 서원을 함께 지켜 복된 가정이 되시기를 간절히 소원합니다.

· 함께 읽어요 : 창세기 31장 13절

"나는 벧엘 하나님이라 네가 거기서 기둥에 기름을 붓고 거기서 내게 서원하였으니 지금 일어나 이곳을 떠나서 네 출생지로 돌아가라 하셨느니라."

2. 가정마다 믿음의 가장(家長)이 있어야 합니다(창 31:4-13)

본문에서 야곱은 하나님의 지시를 믿음으로 받아들입니다. 그리고 벧엘에서의 하나님과의 서원과 약속을 처자식들에게 설명하고 당면한 현실 문제를 의논했습니다. 그가 설명한 내용은 3가지입니다.

첫째, 라반이 불친절하다는 것과 야곱의 조상의 하나님에 대한 자신의 관심. 둘째, 라반이 계속 의심을 하고 있지만 하나님은 항상 자신을 보살펴 주고 계신다는 사실. 셋째, 라반의 가축은 줄어들고, 자신의 가축은 늘어나는데 이것은 하나님의 간섭하심 때문이라는 것입니다. 이러한 이야기를 통해서 결국 고향으로 돌아가는 것이 하나님의 뜻이라는 것을 밝힙니다(13절). 우리는 여기서 아내들과 진지하게 논의하여 자기 혼자 권위로 독단적으로 처리하지 않고, 아내들에게 사려 깊은 신앙적 배려를 하고 있는 것입니다. 신앙적인 가장은 중대한 일을 놓고 혼자 기도할 뿐 아니라 온 가족이 하나님의 뜻을 추구할 수 있도록 세심한 배려를 아끼지 않는 사람입니다. 사랑하는 성도 여러분! 가장(家長)이 살아야 가정이 삽니다. 가장의 권위가 회복되어서 자녀들과 온 가정이 순종하고 정말 칭송받는 가정이 되기를 간절히 소원합니다.

· 함께 읽어요 : 에베소서 6장 4절
"또 아비들아 너희 자녀를 노엽게 하지 말고 오직 주의 교양과 훈계로 양육하라."

3. 어머니가 사랑과 믿음의 어머니가 되어야 합니다(창 31:14-16).

유대인들은 모계의 중심의 교육을 아주 중시합니다. 어머니가 유대인이어야 유대인으로 간주합니다. 바울 사도는 믿음의 아들 디모데에게 "네 속에 거짓이 없는 믿음을 생각함이라 이 믿음은 먼저 에 외조모 로이스와 네 어머니 유니게 속에 있더니 네 속에도 있는 줄 확신하노라." (딤후 1:5)고 하였습니다. 구세군의 어머니라고 불리는 캐서린 부스(Catherine Booth)여사의 자녀교육도 본받을만합니다. 이 분은 구세군 창시자인 윌리엄 부스(William Booth) 대장의 부인으로 훌륭한 어머니 중의 한사람으로 손꼽힙니다. 이 부스여사는 8명의 자녀를 모두 자신들의 능력을 발휘하게 했을 뿐더러, 부친의 전도사업에 혼신을 다해 도움을 주는 인물들로 양육했습니다. 누가 그에게 와서 그 방법을 물었습니다. 그녀는 대답하기를 "저는 악마보다 앞서 나쁜 습관을 배우기 전에 좋은 습관을 먼저 가르치고, 악마가 나쁜 생각과 나쁜 지혜를 가르치기 전에 내가 먼저 좋은 생각과 하나님의 지혜를 가르치고, 악마가 사단의 거짓과 위선과 악을 가르치기 전에 내가 먼저 하나님을 가르쳤기 때문입니다."라고 하였습니다. 여러분! 신앙의 어머니가 되시기를 바랍니다.

· 함께 읽어요 : 창세기 31장 16절
"하나님이 우리 아버지에게서 취하신 재물은 우리와 우리 자식의 것이니 이제 하나님이 당신에게 이르신 일을 다 준행하라."

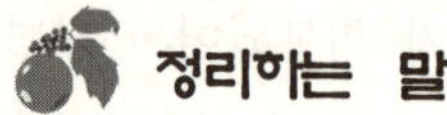

정리하는 말

여러분! 자녀들에게 소중한 유산은 돈이나 재물보다 가장 귀한 믿음을 유산으로 남겨주려고 노력하시기를 바랍니다. 세상의 재물은 좀 먹고 썩어집니다. 썩어지지 않고 낡아지지 않는 아름다운 믿음의 유산, 사랑의 유산, 예수 보혈을 감격하여 예배하는 신앙의 유산을 남겨주시기를 바랍니다. 가장이 경건한 신앙으로 가정을 이끌며 그의 아내와 가족들이 기쁨으로 순종하는 그런 복된 가정을 이루시기를 소원합니다.

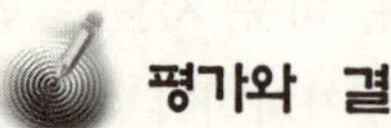

평가와 결심

1. 믿음의 아름다운 가정의 첫째 요건은 무엇입니까?
   (창 28:20-22 가정적으로 하나님과의 서원을 지켜야 함)
2. 믿음의 아름다운 가정의 둘째 요건은 무엇입니까?
   (창 31:4-13, 가장이 먼저 믿음이 좋은 가장이 돼야 함)
3. 믿음의 아름다운 가정의 셋째 요건은 무엇입니까?
   (창 31:14-16, 어머니가 믿음과 사랑의 어머니여야 함)

주간 경건의 시간 <19> · 날마다 말씀과 함께

요일 / 내용	월(Mon)	화(Tue)	수(Wed)	목(Thu)	금(Fri)	토(Sat)
찬송	567/ 436	566/ 301	569/ 442	570/ 453	574/ 303	575/ 302
성경	창 29:	창 30:	창 31:	창 32:	창 33:	창 34:
적용	7년을 봉사하라	네 품삯을 정하라	네 눈을 들어 보라	하나님의 군대	형님의 얼굴을	할례를 받고

* 마음에 내키지 않는 일을 시키는 것은 그 사람의 능력의 삼분의 일만 발휘하게 만드는 것이다. 그의 마음과 머리는 그대의 일에 반대하고 있으므로 그대는 손만 움직이게 명령한 것에 불과하다. <칼렙 C. 콜턴, 1780~1832, 영국 성직자>

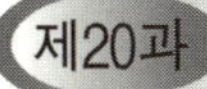

제20과

부부간의 도리

찬송 / 545, 559, 534/ 통 344, 305, 324
성경 / 고린도전서 7:8-16
요절 / 고린도전서 7:14
"믿지 아니하는 남편이 아내로 인하여 거룩하게 되고, 믿지 아니하는 아내가 남편으로 인하여 거룩하게 되나니"
목표/ 가정에서 아내와 남편의 부부간의 도리를 지키도록 한다

시작하는 말

부부란 참으로 매우 특별한 관계로 맺어진 사람들입니다. 그래서 부부간은 무촌(無寸)간이라고 촌수가 없는 사람들입니다. 그러기에 서로 아무런 관계도 없던 사람이 어떤 날 만나서 가정을 이루면서 가장 가까운 사람이 되어 '님'이라고 부릅니다. 그러나 뒤돌아서면 '남'이 되는 것이 부부인 것입니다. 가장 가깝고도 먼 것이 부부사이인 것입니다. 흔히들 결혼을 해도 후회하고, 결혼을 안 해도 후회한다고 합니다. 정말로 예측 불허의 관계입니다. 따라서 서로 간에 지켜야할 규례들을 비롯하여 부부라는 제도를 만드신 하나님의 뜻을 이해해야만 올바른 부부관계, 조화가 있고, 아름다운 부부관계를 유지하는 것이 가능한 것입니다. 그러면 부부간에 지켜야할 도리가 무엇입니까?

오늘의 말씀

1. 이혼은 주님께서 기뻐하시지 않습니다(:8-12, 말 2:15)

요즘에는 미국이나 서구는 물론 우리나라도 이혼 사례가 점점 늘어나고 있는 추세입니다.

1975년의 혼인건수(28만 건) 대비 이혼건수(1만 6천 건) 비율은 5.7%에 불과했습니다. 한편 2004년 국내 이혼건수는 14만 건, 혼인건수는 31만 건을 각각 기록해 혼인으로 새로 형성된 가구의 약 45%에 해당하는 가구가 이혼으로 해체되고 있다는 것입니다. 지금은 점점 늘어납니다. 그러나 이제까지 가장 오래 부부사이를 누려온 사람은 누구일까요? 영국의 템루시 비카시 나리먼 경과 그 부인의 86년간 결혼생활이라고 합니다. 두 사람은 동년배로서 1853년 불과 5세 꼬마 때 결혼, 그 생활은 남편이 1940년 91세를 일기로 죽기까지 계속되었습니다. 가장 짧은 기록은 식을 올린 지 불과 4시간 만에 이혼한 일도 있습니다. 스웨덴에서의 기록으로서, 결혼 피로연 석상에서 신랑과 신부의 어머니가 사소한 말다툼을 벌였던 것이 화근이 되어 결혼식은 삽시간에 이혼 식으로 바뀌어 버렸다고 합니다. 사랑하는 성도 여러분! 이혼하지 말고 오래 오래 행복하게 사시기를 바랍니다.

· 함께 읽어요 : 말라기 2장 15절

"여호와는 영이 유여하실지라도 오직 하나를 짓지 아니하셨느냐 어찌하여 하나만 지으셨느냐 이는 경건한 자손을 얻고자 하심이니라 그러므로 네 심령을 삼가 지켜 어려서 취한 아내에게 궤사를 행치 말지니라."

2. 부부는 서로 덕을 세우도록 힘써야 합니다(아 4:8)

부부는 서로가 서로에게 덕을 세우도록 힘써야 할 의무가 있습니다. 남편은 아내에게 덕을 세우고, 아내는 남편에게 덕을 세우도록 해야 할 의무가 있는 것입니다. 남편은 아내에게 덕을 세우고, 아내는 남편에게 덕을 세움으로서 원만하고, 조화로운 부부관계를 유지할 수 있는 것입니다. 특별히 우리 신자들은 불신자들에게 부부의 아름답지 못한 모습을 보여주는 일이 없어야 하겠습니다. 부부간에 지켜야 할 도리는 정조입니다. 정조를 지키지 못하는 부부는 행복을 지켜갈 수 없습니다.

H.L 멘켄 박사의 "행복한 가정을 위한 10가지 비결"은 ① 결혼생활의 목표를 가지라. ② 결혼 전에는 두 눈을 뜨고 후에는 한 눈을 감으라. ③ 비교당하면 비참해지고 비밀은 비극을 잉태한다. ④ 화를 품은 채 잠들지 말라. ⑤ 마주 보지 말고 같은 방향을 보라. ⑥ 돈을 사용하는데 하나가 되라. ⑦ 입술의 30초가 가슴의 30년이다. 말이 그만큼 중요하다. ⑧ 침실의 기쁨을 유지하라. ⑨ 서로 격려하고 신바람 나게 하라. 그것은 놀라운 사랑의 묘약이다. ⑩ 기도로 하루를 열고 기도로 하루를 닫으라.

행복은 부부가 서로 덕을 세우려고 노력해야 얻어지는 결과인 것입니다. 덕을 지킬 때 주님이 동행하시며 지켜주십니다. 부부가 덕을 세우셔서 완전한 사랑, 행복한 가정이 되시기를 바랍니다.

· 함께 읽어요 : 아가 4장 8절

"나의 신부야 너는 레바논에서부터 나와 함께 하고 레바논에서부터 나와 함께 가자 아마나와 스닐과 헤르몬 꼭대기에서 사자 굴과 표범 산에서 내려다보아라."

3. 부부는 영혼이 결합되어야 합니다(고전 7:13-16, 엡 5:22).

부부는 단순히 마음이 맞는 것만으로 결코 행복하지 않습니다. 부부간에 신앙적으로 심각한 견해차가 있어서 관계 유지가 어렵게 될지라도 영혼 구원이라는 사역적 차원에서 영혼의 결합을 위해 인내하고 노력해야 합니다. 독생자 예수 그리스도께서 하늘의 영광의 보좌를 버리시고, 이 땅에 오심은 구원과 생명과 영생을 주시기 위함입니다.

· 함께 읽어요 : 에베소서 5장 22절

"아내들이여 자기 남편에게 복종하기를 주께 하듯 하라."

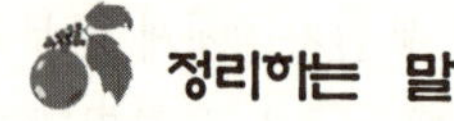

정리하는 말

사랑하는 성도 여러분! 아담과 하와는 서로를 보고서야 행복한 존재가 되었습니다. 아담은 신부를 만났고, 하와는 신랑을 만났기 때문입니다. 가정을 통한 공동체는 하나님과 인간이 관계를 맺는 신비의 세계이며, 살아도 같이 살고 죽어도 같이 죽는 연합체입니다. 이혼은 금물이며, 서로가 덕을 세우도록 힘써야 하며, 영혼구원을 귀히 여겨야합니다. "남편이 아내의 머리됨이 그리스도께서 교회의 머리됨과 같음이니 그가 친히 몸의 구주시니라."(엡 5:23)고 했습니다.

평가와 결심

1. 부부의 도리를 지키기 위한 첫째 요건이 무엇입니까?
   (말 2:15, 부부 한 몸이니 이혼은 금물임)
2. 부부의 도리를 지키기 위한 둘째 요건이 무엇입니까?
   (아 4:8, 부부가 주님과 동행하며 서로 덕을 세우도록 해야 함)
3. 부부의 도리를 지키기 위한 셋째 요건이 무엇입니까?
   (고전 7:13-16, 부부가 영혼의 결합을 위해 노력해야 함)

주간 경건의 시간 <20> · 날마다 말씀과 함께

요일 / 내용	월(Mon)	화(Tue)	수(Wed)	목(Thu)	금(Fri)	토(Sat)
찬송	251/ 137	252/ 184	272/ 330	283/ 183	284/ 206	288/ 204
성경	고전 2:	고전 3:	고전 4:	고전 5:	고전 6:	고전 7:
적용	하나님의 깊은 것	심었고 물 주었으나	하나님의 비밀	유월절 양	성령의 전	남편과 아내의 의무

* 네 할 일을 다 하고 그 나머지는 하나님의 뜻에 맡겨라.<호라티우스,시인>

5단원 가족 사랑의 달

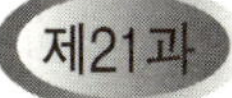

제21과

창조질서와 가정질서

찬송 / 287, 293, 299/ 통 205, 414, 35

성경 / 고린도전서 11:7-16

요절 / 고린도전서 11:12

"여자가 남자에게서 난 것같이 남자도 여자로 말미암아 났으나 모든 것이 하나님에게서 났느니라."

목표/ 가족사랑을 위해 창조의 질서와 가정질서를 지키도록 한다.

시작하는 말

남자는 하나님의 영광을 나타내는 대표적인 존재입니다. 물론 여자도 하나님의 형상대로 만들어졌지만 여자는 남자의 영광인 것입니다. 여자가 남자의 영광을 드러내면서 간접적으로 하나님의 영광을 드러내는 것입니다. 여자가 남자에게서 났다는 말은 남자의 갈비뼈를 통해 만들어졌음을 말하는 것입니다. 여자가 남자를 위해 지음을 받은 것입니다. 초대교회 당시에 남자는 수건을 쓰지 않아도 되지만 여자는 수건을 쓰는 것은 여자가 남자의 권위 아래 있음을 상징하는 수건을 써야 하는 것입니다. 그러나 여자가 수건을 쓰는 것은 당시의 미덕이었지만 오늘날 이런 전통은 무의미한 것입니다.

오늘의 말씀

1. 여성들이 써야 했던 너울의 의미가 있습니다(고전 11:7-10)

본문에서 사도 바울은 남자는 하나님의 형상이요 영광이며 여자는 남자를 위해 지음을 받은 존재라고 증거 합니다. 따라서 여자들은 남자의 권위 아래 놓여 있다는 표를 보이기 위해 예배에 임할 때는 반드시 너울을 쓰도록 권고합니다. 그러나 여신학자 켈러(E. Kähler)는 면밀한 주석을 통하여 너울에 대해 규례가 당시 교회들의 특수한 상황 속에서 필요했던 시대적 관습이라고 해석합니다. 사도 바울은 여성들의 활동을 제한하기 위해서가 아니라 보다 덕스러운 모습으로 활동하게 하기 위하여 너울의 규례를 정해 주었던 것입니다.

· 함께 읽어요 : 에베소서 5장 22-23절
"22 아내들이여 자기 남편에게 복종하기를 주께 하듯 하라 23 이는 남편이 아내의 머리됨이 그리스도께서 교회의 머리됨과 같음이니 그가 친히 몸의 구주시니라."

2. 남녀 차별이 복음 안에서 철폐되었습니다(고전 7:1-16)

예수 그리스도의 지상 사역은 당시의 사회적인 통념들을 뒤엎는 폭탄적인 선언이었습니다. 당시 서기관들과 바리새인들을 죄인으로 규정하셨고(눅 18:9-14), 세리 창녀들을 친구로 여기셨습니다(마 11:19). 이것은 궁극적으로 성취될 하나님 나라에서의 인간들이 세운 모든 차별과 불평등이 철폐될 것임을 암시하는 것이며, 현실적으로는 그리스도께서 이미 오심으로 시작된 하나님 나라 백성들 사이에서는 모든 인간적 차별과 불평등이 철폐되어야 함을 강조한 것입니다. 바울은 그리스도로부터 직접 계시를 받았고, 하나님의 말씀에 정통했던 바울은 잘 알고 말씀하고 있습니다. 당시 유대뿐만 아니라 근동 거의 전 지역에서의 남녀 차별은 매우 심했는데, 여성은 한 인격체라기보다는 남성의 소유물의 일종으로 취급되고 인식될 정도였습니다. 그러나 복음은 이것조차도 철폐시키고, 여성에게도 남성에게와 동일한 인격을 부여해 주었습니다. 그리고 남녀평등을 부르짖었고, 그들을 부를 때 '동역자' 혹은 '나의 어머니'로 불렀습니다(롬 16:3, 13; 빌 4:2). 하나님의 복음만이 가질 수 있는 능력인 것입니다. 복음이 그를 여성 해방론자로 만들었던 것입니다. 할렐루야! 주님께 감사드리시기를 바랍니다.

· 함께 읽어요 : 베드로전서 3장 7절
"남편 된 자들아 이와 같이 지식을 따라 너희 아내와 동거하고 저는 더 연약한 그릇이요 또 생명의 은혜를 유업으로 함께 받을 자로 알아 귀히 여기라 이는 너희 기도가 막히지 아니하게 하려 함이라."

3. 창조질서는 가정 질서로 다시 태어나야 합니다(:11-16)

남녀의 성별의 차이라든가, 자유인이나 종, 민족적인 태생, 피부 색깔로 차별대우를 당할 그런 위기도 있는 것입니다. 그래서 바울은 갈라디아 인들에게 편지하면서 "너희는 유대인이나 헬라인이나 종이나 자주자나 남자나 여자 없이 다 그리스도 예수 안에서 하나이니라."(갈 3:28)라고 말하고 있습니다. 이런 종족이나 성별, 신분적인 차이로 인하여 겪는 많은 문제들에 부딪치게 됩니다. 여기서 간과하지 말아야 할 것은 바울이 남녀 차별을 철폐했지 남녀의 구분을 철폐하지 않았다는 사실입니다. 그러므로 차별은 철폐되어야 하지만 남녀 구분은 더욱 뚜렷해져야만 합니다. 곧 남자는 남자로서의 고유 영역을 여성에 의해 침해받아서는 안 되며, 사회적 상식에 반하는 행동이 복음 안에서 자유를 획득한 여성들에 의해 일어나서는 안 된다는 것입니다. 그것은 남성들에 대한 주권 침해일 뿐만 아니라 하나님께서 세우신 창조 질서에 대해 단호하게 경고하는 것입니다. 13절에 "너희는 스스로 판단하라 여자가 쓰지 않고 하나님께 기도하는 것이 마땅하냐?"라고 했습니다. 여성은 복음이 허락하는 대로 자유를 누리되 하나님의 창조 질서를 깨뜨리거나 사회적 통념을 몰지각하고 반사회적 행동까지 나아가서는 안 되는 것입니다.

· 함께 읽어요 : 베드로전서 4장 8절
"8 무엇보다도 열심으로 서로 사랑할지니 사랑은 허다한 죄를 덮느니라."

정리하는 말

사랑하는 성도 여러분! 한 가정의 질서와 행복은 저절로 이루어지는 것이 아닙니다. 서로가 서로를 대할 때 편견을 접어야하고, 남녀 노유의 차별성에서 벗어나야 하는 것입니다. 창조질서를 통해서 인류에게 평화와 행복을 마련하셨다면 가정 질서를 통하여 가족 사랑의 기틀을 마련해 주신 것입니다. 이러한 질서를 잘 지켜 행복하시기를 바랍니다.

평가와 결심

1. 초대교회 당시 너울을 쓰도록 한 이유는 무엇입니까?
   (고전 11:7, 예배 시 여자들이 남자 권위 아래 있음을 상징하기 위함)
2. 남녀 차별이 어디서 철폐 되었습니까?
   (눅 18:9-14, 그리스도의 복음 안에서 철폐됨)
3. 가정질서가 어디로부터 온 것입니까?
   (고전 11:13, 창조의 질서로부터)

주간 경건의 시간 <21> · 날마다 말씀과 함께

요일 / 내용	월(Mon)	화(Tue)	수(Wed)	목(Thu)	금(Fri)	토(Sat)
찬송	359/ 401	433/ 490	404/ 477	411/ 473	417/ 476	423/ 213
성경	고전 9:	고전 10:	고전 11:	고전 12:	고전 13:	고전 14:
적용	상 얻는 자 하나	반석은 그리스도	내 몸 내 피	한 성령을 마시게	믿음 소망 사랑	사랑 따라 구하라

* 촛불을 보고 감사하면 전등불을 주시고, 전등불을 보고 감사하면 달빛을 주시고, 달빛을 감사하면 햇빛을 주시고, 햇빛을 감사하면 천국을 주신다.
<찰스 햇돈 스펄전, 1834~1892, 영국 성직자>

5단원 가족 사랑의 달

제22과

부부의 의무를 다하자

찬송 / 287, 293, 299/ 통 205, 414, 35

성경 / 베드로전서 3:1-12

요절 / 에베소서 5:25

"남편들아 아내 사랑하기를 그리스도께서 교회를 사랑하시고 위하여 자신을 주심 같이 하라."

목표/ 행복한 가정을 만들기 위해 부부의 의무를 다하도록 한다.

시작하는 말

초대 교회 당시에는 오늘날처럼 불신 남편을 둔 여신자가 많아서(행 1:14; 17:4) 신앙생활과 가정생활의 조화가 큰 문제였습니다. 기독교의 가르침을 제대로 이해하지 못하고, 부인이 남편에게 순종하지 않는 경우도 있었습니다. 초대교회 베드로 사도는 전도여행 때 아내를 함께 데리고 다니면서 전도를 했다고 생각되어집니다. 그래서 바울 사도와 조금은 다른 형편에서 전도했음을 알아야 합니다. 그래서 그분의 메시지는 좀 더 온화합니다. 부인에 대한 배려가 있습니다. 오늘은 이러한 관점에서 아내와 남편에 대한 의무에 대하여 생각하면서 은혜를 나누고자 합니다. 남편과 아내 각각의 의무를 다하는 것이 행복한 가정의 지름길입니다.

오늘의 말씀

1. 아내 된 자의 의무를 다해야 합니다(벧전 3:1-6)

본문에서 베드로 사도는 "아내 된 자들아 이와 같이 자기 남편에게 복종하라."고 하였습니다. 당시 로마 사회는 여러 가지 이유로 이혼이 빈번하였습니다. 특히 유대인과 이방인 사이에서 이혼이, 그리스도인과 비그리스도인 사이에 이혼이 빈번하게 발생하였습니다. 그러나 베드로 사도는 이러한 위치에 있는 그리스도인 아내들에게 남편에게 복종하라고 하였습니다. 3절에서 그는 "너희 단장은 머리를 꾸미고 금을 차고 아름다운 옷을 입는 외모로 하지 말고 오직 마음에 숨은 사람을 온유하고 안정한 심령의 썩지 아니할 것으로 하라. 이는 하나님 앞에 값진 것이니라."고 하였습니다. 바울 사도가 에베소 성도들에게 교훈한 말씀을 기억하시면서(에베소서 5장 22-23절), 이러한 말씀에 잘 순종하시고, 순복하셔서 복 받는 가정을 이루시기를 바랍니다.

· 함께 읽어요 : 에베소서 5장 22-23절

"22 아내들이여 자기 남편에게 복종하기를 주께 하듯 하라 23 이는 남편이 아내의 머리됨이 그리스도께서 교회의 머리됨과 같음이니 그가 친히 몸의 구주시니라."

2. 남편 된 자들의 의무가 있습니다(벧전 3:7-11)

변화산 상에서 베드로는 별세를 체험했습니다. 그곳이 천국이 되었습니다. 그래서 '여기 있는 것이 좋사오니'라고 하였습니다. 수많은 남편들이 신앙의 고지를 점령하고 '여기 있는 것이 좋사오니'라고 하면서 신앙의 체온에서 떠나지 않으려고 합니다. 베드로 사도는 아내를 데리고 다니면서 전도여행을 했기 때문에 지금과 같이 모든 여건이 충족되지 않은 상태에서 참으로 어려웠을 것입니다. 그러나 그는 '지식을 따라 아내와 동거하고 귀히 여기라'고 했습니다. 말처럼 쉽지 않습니다. 그러나 그것을 잘 해 낸 사람이 베드로 사도입니다. 사랑하는 남편성도 여러분! 지식을 따라 아내와 동거하십시오. 그리고 아내를 귀히 여기십시오. 아내는 연약한 그릇이며, 생명의 유업을 함께 받을 자입니다. 남편으로서 의무를 다하셔서 행복한 가정을 이루시기 바랍니다.

· 함께 읽어요 : 베드로전서 3장 7절

"남편 된 자들아 이와 같이 지식을 따라 너희 아내와 동거하고 저는 더 연약한 그릇이요 또 생명의 은혜를 유업으로 함께 받을 자로 알아 귀히 여기라 이는 너희 기도가 막히지 아니하게 하려 함이라."

3. 부부는 서로를 위해 기도와 간구를 드려야 합니다(:7, 12)

시골에서 목회하시는 어떤 전도사님의 간증입니다. 새벽에 일어나 종을 치면서 눈물을 흘린답니다. "오 주여! 이 종소리가 울려 퍼지는 곳에 잠든 영혼을 깨워주시고, 해골처럼 죽어가는 영혼들을 살려주시고, 이 땅을 복음 화시켜 주옵소서." 기도하면서 종을 친답니다. 아직도 재정자립을 하지 못해서 사모는 직장을 나갑니다. 곤한 몸으로 돌아온 아내는 세상모르고 잠을 잡니다. 지쳐서 새벽에 일어날 번도 못 합니다. 그래서 혼자 성경을 들고 강단에 올라가 서 너 분들을 의식하면서 말씀을 전합니다. 날이 훤히 밝도록 기도의 눈물로 날을 새웁니다. 이 전도사님이야 말로 자라가는 아이들의 학비며, 뒷바라지에 허리가 휘어도 부부가 조금씩 절약하면서 교회 살림을 꾸려나가며, 눈물겨운 사투와 같은 삶을 살아갑니다. 정말 기도가 아니고는 경제적으로 어렵고 정신적으로, 영적으로 다가오는 고난의 파편들을 막아내는 방법이 없습니다. 기도와 간구밖에 이길 방도가 없었습니다. 성도들의 부부간의 삶도 마찬가지로 다 이와 같이 어렵고 힘들 때 주님께 기도하며 간구함으로 이겨내야 하는 것입니다. 힘들지 않은 신앙생활이 어디 있겠습니까? 그러므로 어렵고 힘들 때 서로가 기도해 주면서 이겨 가시기를 바랍니다. 광야와 같은 세상, 사막과 같은 세상! 기도로서 신기루를 마련하시기를 바랍니다.

· 함께 읽어요 : 베드로전서 4장 7-8절

"7 만물의 마지막이 가까웠으니 그러므로 너희는 정신을 차리고 근신하여 기도하라 8 무엇보다도 열심으로 서로 사랑할지니 사랑은 허다한 죄를 덮느니라."

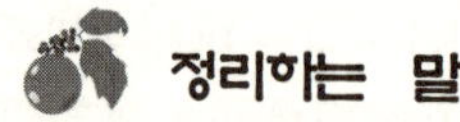

정리하는 말

사랑하는 성도 여러분! 한 가정의 행복은 저절로 굴러들어오는 것이 아닙니다. 부부가 서로 의무를 다할 때 가정은 사랑의 공동체, 믿음의 공동체가 되는 것입니다. 아내는 남편에게 순복하고, 남편은 아내에게 지식을 따라 동거하고, 부부간에는 서로가 서로를 위해 기도해 주고 간구해 주어야 합니다. 부부의 의무를 회복하시면 무너진 가정의 질서와 권위도 회복되어 부부간에 믿음과 사랑과 행복이 넘칠 것입니다.

평가와 결심

1. 부부의 의무 첫째는 무엇입니까?
   (벧전 3:1, 남편에게 순복하라)
2. 부부의 의무 둘째는 무엇입니까?
   (벧전 3:7, 지식을 따라 아내와 동거하고 귀하 여겨라)
3. 부부의 의무 셋째는 무엇입니까? (벧전 3:12, 서로 기도해야 함)

주간 경건의 시간 <22> · 날마다 말씀과 함께

요일 / 내용	월(Mon)	화(Tue)	수(Wed)	목(Thu)	금(Fri)	토(Sat)
찬송	359/ 401	433/ 490	404/ 477	411/ 473	417/ 476	423/ 213
성경	벧전 2:	벧전 3:	벧전 4:	벧전 5:	벧후 1:	벧후 2:
적용	신령한 젖	마음에 숨은 사람	청지기 같이 봉사	근신하라 깨어라	신의 성품	의로운 롯

* 하나님은 그대를 완전하게 만드셨으나 불변하게 만드시지는 않았고, 그대를 선하게 만드셨으나 그대의 능력으로 감당하게 만드셨고, 본질적으로 자유롭게 만드셨으나 해결 불가능한 운명에 처하거나 직접적인 필요에 의하여 다스려지게 만드시지는 않으셨다. <존 밀턴 1608-1674, 영국 시인>

6단원 충성 결단의 달

제23과

충성된 일꾼이 되자

찬송 / 333, 380, 384/ 통 381, 424, 434
성경 / 민수기 3:27-37
요절 / 요한계시록 2:10
“네가 죽도록 충성하라 그리하면 내가 생명의 면류관을 네게 주리라.”
목표/ 크리스천으로서 나라에 충성을 다하는 태도를 기른다.

시작하는 말

어느 시대나 하나님이 쓰시는 사람들의 중요한 특징은, 그들이 자기의 생명을 아까워하지 않고 충성을 다했다는 것입니다. 탄자니아에서 사역하는 선교사와 킬리만자로를 방문했을 때의 일입니다. 그와 함께 산 중턱쯤에 있는 어느 한 교회에 갔었는데, 그곳 마당 아래 조그마한 빈터, 몇 개의 바위들로 둘러싸인 공간에 여러 의자와 기념비가 놓여 있었습니다. 150년 전 유럽의 선교사들이 케냐의 몸바사 항구에 도착하여, 걸어서 이곳까지 온 뒤 여기 이 바위에 걸터앉아 아프리카의 선교를 위해 기도했던 장소임을 기념하는 글이 적혀 있었습니다. 죽음이 도처에 도사리고 있는 정글을 헤치고 그 먼 데까지 걸어 와 즐거이 헌신하며 충성하는 삶이 있었고, 이런 헌신된 하나님의 사람들에 의해 사망에서 생명으로, 절망에서 소망으로 지금도 변화되는 것입니다.

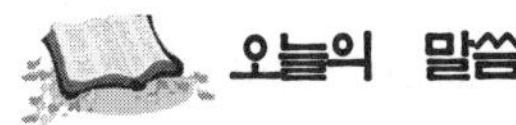

오늘의 말씀

1. 말씀대로 충성해야 합니다(민 3:27-32)

평소 말을 잘 안 듣는 소년이 산 속에서 길을 잃었습니다. 그 날도 그 소년은 부모의 당부와는 반대로 혼자 깊은 곳으로 갔습니다. 해가 지고 어두워졌지만 소년은 마을로 내려오는 길을 찾을 수 없었습니다. 두려움과 후회가 소년을 덮치고 있을 때 지나가던 사람이 그 소년을 발견했습니다. 같은 마을에 사는 아저씨였습니다. 아저씨는 소년에게 집까지 데려다 줄 테니 잘 따라오라고 말했습니다. 소년은 아저씨의 말을 한 치 거스르는 일 없이 따라 산을 내려왔습니다. 그렇습니다. 신앙생활에서도 말씀순종보다 더 중요하고 하나님을 기쁘게 하는 방법은 없습니다. 하지만 실제로 순종하며 사는 사람들은 너무나 소수입니다. 우리는 순종이 너무 어렵고 힘들다고 핑계를 댑니다. 하지만 전적으로 의지하는 마음을 소유한 사람들에게 순종만큼 쉽고 좋은 일도 없습니다. 결국 문제는 순종의 어려움이 아니라 우리에게 하나님의 말씀대로 전적으로 의존하는 마음이 없다는 데 있는 것입니다.

· 함께 읽어요 : 빌립보서 2장 7-8절

"7 오히려 자기를 비어 종의 형체를 가져 사람들과 같이 되었고 8 사람의 모양으로 나타나셨으매 자기를 낮추시고 죽기까지 복종하셨으니 곧 십자가에 죽으심이라."

2. 맡은 일에 충성을 다해야 합니다(고전 4:2)

최초의 인간이었던 아담은 930년을 살았고, 그의 아들 셋이 912년을 살았으며, 므두셀라는 969세를 살아 인간으로서 최고의 장수를 기록했습니다. 그러나 홍수심판을 거치면서 인간의 수명은 줄어들었습니다. 아브라함이 175세, 야곱이 147세, 요셉도 110세를 살았습니다. 천년을 살아 보겠다며 불로초를 찾아 헤맸던 진시황은 49년밖에 살지 못했습니다. 물질문명의 발달과 더불어 건강과 장수에 대한 욕구도 많아졌고, 첨단 의료기술과 갖가지 의약품의 개발로 평균수명도 늘어나기는 했습니다. 특히 수많은 건강이론이 등장하면서 건강과 장수에 대한 욕구가 그 어느 때보다도 높아졌다고 하겠으나 성경은 진리이기에 어떤 유능한 학자의 학설보다도 정확하며 변함이 없는 기준이 됩니다. 성경을 읽게 되면 인간의 존재 의미를 알게 되며, 삶의 목적을 찾게 되고 인간다운 삶이 무엇인가를 알게 되므로 당연히 건강과 장수의 지혜도 얻을 수 있습니다. 성경에서 말씀하고 있는 삶의 방법은 하나님을 경외하며(잠10:27), 말씀에 순종하고(신30:20), 부모를 공경하며(엡6:1), 탐욕을 멀리 하는(잠28:16) 사람이 자기 맡은 일도 잘 하며, 장수할 수 있다고 가르치고 있습니다. 천국백성들의 삶의 방법인 말씀대로 순종하며, 맡은 일에 충성을 다하여 복된 삶을 살아가시기를 바랍니다.

· 함께 읽어요 : 고린도전서 4장 1-2절

"1 사람이 마땅히 우리를 그리스도의 일군이요 하나님의 비밀을 맡은 자로 여길지어다. 2 그리고 맡은 자들에게 구할 것은 충성이니라."

3. 충성하는 일꾼은 끝까지 유종의 미를 거두어야 합니다(계 2:10)

본문은 레위 자손 중에 게르손, 고핫, 므라리 족속에게 맡겨졌던 성막 봉사에 대한 이야기입니다. 그들은 맡겨진 성막 봉사에 최선을 다해 충성을 했습니다. 우리는 신앙생활을 하면서 때로는 이런 복잡한 일, 생색도 나지 않는 일에 충성을 요구하시는 하나님의 말씀에 불평을 갖게 됩니다. 그러나 이럴 때가 바로 기회입니다. 미련 없이 내 의지를 내려놓고, 하나님의 명령에 끝까지 충성을 다하시기를 바랍니다.

· 함께 읽어요 : 고린도전서 10장 13절

"사람이 감당할 시험 밖에는 너희에게 당한 것이 없나니 오직 하나님은 미쁘사 너희가 감당치 못할 시험 당함을 허락지 아니하시고 시험 당할 즈음에 또한 피할 길을 내사 너희로 능히 감당하게 하시느니라."

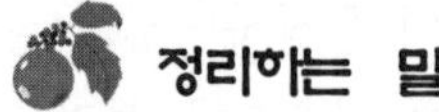

정리하는 말

성도 여러분! 무엇이 충성입니까? 하나님의 말씀대로 맡은 일에 끝까지 책임과 의무를 다하는 것이 진짜 충성입니다. 하나님의 사람은 하나님이 원하시는 일에 충성을 다해야 하는 것입니다. 하나님께서 원하시는 대로 충성봉사를 다하여 주님께 크신 영광 돌리시기 바랍니다.

평가와 결심

1. 충성하는 일꾼의 충성의 첫째 방법은 무엇인가?
   (민 3:27-32, 말씀대로 충성해야 함)
2. 충성하는 일꾼의 충성의 둘째 방법은 무엇인가?
   (고전 4:2, 맡은 일에 충성해야 함)
3. 충성하는 일꾼의 충성의 셋째 방법은 무엇인가?
   (계 2:10, 죽기까지 충성해야 함)

주간 경건의 시간 <22> · 날마다 말씀과 함께

요일 / 내용	월(Mon)	화(Tue)	수(Wed)	목(Thu)	금(Fri)	토(Sat)
찬송	218/ 369	217/ 362	215/ 354	216/ 356	210/ 245	211/ 346
성경	민 2:	민 3:	민 4:	민 5:	민 6:	민 7:
적용	동방 해 돋는 편	레위인은 내 것	회막 봉사	의심의 소제	네게 복을 주시고	목소리를 들었으니

* 너의 할 일 다 하고, 그 나머지는 하나님의 뜻에 맡겨라.

<호라티우스, B. C. 65-8 > 로마 시인

6단원 충성 결단의 달

제24과

잇대의 충성을 본받자

찬송 / 188, 190, 191/ 통 180, 177, 427
성경 / 사무엘하 15:19-23
요절 / 사무엘하 15:20하반절
"너도 돌아가고 네 동포들도 데려가라 은혜와 진리가 너와 함께 있기를 원하노라."
목표/ 잇대의 충성을 본받아서 충성스럽게 살아가는 태도를 기른다.

시작하는 말

다윗의 아들 중에 압살롬이야말로 잘 났고, 잘 생긴 아들이었습니다. 그러나 반역을 일으킵니다. 헤브론에서 거행된 압살롬의 반역 전모가 들어납니다. 압살롬은 부왕에게 송사할 사건이 생긴 이들을 대상으로 그들에게 유리한 판결을 내려 백성들의 마음을 도적질 했습니다(삼하 15:6). 억울한 백성들의 마음을 도적질하고 부왕 다윗에게 반기를 들었습니다. 이스라엘의 인심이 다 압살롬에게 돌아갔다는 보고를 듣고는 급히 도망치듯 다윗은 왕궁을 등지고 기드론 시내를 건넙니다.

전쟁의 용사였지만 아들의 반역에는 속수무책으로 당하면서 다윗은 도피하기로 결심하고 10명의 후궁을 남긴 채 예루살렘을 떠납니다. 그러나 이런 인생폭풍우 속에서도 충성된 자가 나타납니다.

오늘의 말씀

1. 도우미 잇대는 이방인이었습니다(삼하 15:19-20)

도우미로 나선 잇대는 블레셋 가드 사람이었습니다. 여기 등장하는 잇대는 과거에 다윗이 블레셋에 갔을 때, 다윗과 함께 했던 사람입니다. 룻기에 보면 이방 땅으로 흉년을 피해 갔다가 남편과 두 아들을 잃은 나오미가 자부들에게 '이제 내가 자식을 낳는다 해도 언제까지 자라기를 기다리겠느냐? 어서 재가해서 가정을 이루고 자식들을 낳으라.'고 했지만 이방 여인 룻은 "어머니께서 가시는 곳에 나도 가고 어머니께서 유숙하시는 곳에서 나도 유숙하겠나이다. 어머니의 백성이 나의 백성이 되고 어머니의 하나님이 나의 하나님이 되시리니"(룻 1:16) 하면서 붙좇았습니다. 이처럼 다윗은 잇대가 따라오는 것을 끝까지 못 오게 말렸습니다. 그러나 이방인이었던 잇대는 끝까지 충성을 다하였습니다.

· 함께 읽어요 : 사무엘하 15장 20절

"너는 어제 왔고 나는 정처 없이 가니 오늘날 어찌 너로 우리와 함께 유리하게 하리요 너도 돌아가고 네 동포들도 데려가라 은혜와 진리가 너와 함께 있기를 원하노라."

2. 잇대의 충성은 죽음을 각오한 충성이었습니다(삼하 15:21~23)

룻이 시어머니 나오미를 좇았듯이 잇대는 다윗에게 충성을 다하기 위해 이렇게 말합니다. 21절을 같이 읽겠습니다. "잇대가 왕께 대답하여 가로되 여호와의 사심과 우리 주 왕의 사심으로 맹세 하옵나니, 진실로 내 주 왕께서 어느 곳에 계시든지 무론 사생하고 종도 그곳에 있겠나이다." 이 얼마나 갸륵한 결심입니까? 진짜의 충성은 바로 환란과 핍박과 어려움이 닥쳐오는 때에 도망치지 않고 충성을 다하는 것입니다. 교회에서도 이런 충성스러운 일꾼이 필요한 것입니다. 잇대는 다윗 왕보다 앞서 나가 태풍에 배를 보호하는 방파제 역할을 합니다. 성도는 참으로 말씀과 신앙을 따라 자신을 희생하면서 충성을 다해야 하는 것입니다. 교회부흥에는 자신을 한 알의 밀알처럼 썩혀 수많은 열매를 맺게 하는 충성된 자가 필요합니다. 하나님께서는 이런 충성된 자들에게 복을 주셔서 하나님의 나라의 역사를 성취시켜가는 것입니다.

· 함께 읽어요 : 요한복음 12장 24절
"내가 진실로 진실로 너희에게 이르노니 한 알의 밀이 땅에 떨어져 죽지 아니하면 한 알 그대로 있고 죽으면 많은 열매를 맺느니라."

3. 하나님의 섭리와 역사를 인정하는 충성이었습니다(시 127:1-2)

전쟁에 용맹했고, 사사건건마다 여호와 하나님께 일일이 물어서 일을 진행했던 그였지만 이때는 나라가 아들에게 넘어가는 줄도 모를 정도로 그의 마음이 무디어 있었고, 자신에게 도취되어 있었습니다. 랍비인 휴고 그린이 독일 집단 수용소에서 겪은 뼈아픈 체험담입니다. 그 날은 1944년의 몹시 추운 겨울이었는데, 함께 감금된 아버지께서 나와 친구 몇 명을 수용소 건물 한 구석으로 모이게 하셨습니다. 아버지는 그날이 유대인의 명절인 '하누카의 저녁'이라고 하여, 진흙 주발을 내놓으시더니 수용소에서 좀처럼 구하기 힘든 귀한 버터를 녹여서 심지를 적시고 촛불을 대신하여 불을 켜셨습니다. 그 귀한 버터를 먹지 않고 낭비하는 데에 항의했을 때, 아버지는 이렇게 말씀하셨습니다. "사람은 밥 먹지 않고도 3주간을 살수가 있어. 그러나 희망이 없이는 한순간도 살 수가 없단다." 그렇습니다. 어려운 상황일지라도 희망을 잃지 마십시오. 하나님을 믿는 믿음은 희망과 기쁨을 낳습니다. 그 믿음과 희망은 성공의 가장 가까운 친구입니다. 하나님이 함께 하셔야 성공의 반석위에 굳게 세워집니다. 하나님의 섭리와 역사를 인정하세요.

· 함께 읽어요 : 누가복음 8장 48절
"여호와께서 집을 세우지 아니하시면 세우는 자의 수고가 헛되며 여호와께서 성을 지키지 아니하시면 파수꾼의 경성함이 허사로다."

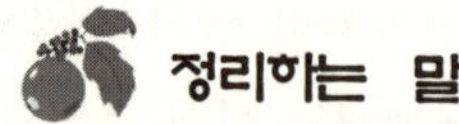

정리하는 말

성도 여러분! 아들과의 전쟁 속에 정신없이 도망치기에 바쁜 다윗에게 잇대는 충성했습니다. 그는 이방인이었지만, 죽을 각오를 하면서 다윗에게 충성을 다했습니다. 잇대는 하나님이 세우시면 무엇이든 세워지고, 하나님이 역사하시면 어렵고 힘든 상황일지라도 극복할 수 있으며, 정직과 성실을 다해 성공할 수 있다는 평범한 진리를 깨달았던 것입니다. 그리하여 잇대는 다윗을 보좌하고 충직스럽게 돕는 방패가 되었습니다. 이런 충성자가 되시기 바랍니다.

평가와 결심

1. 잇대가 다윗에게 한 충성 첫째가 무엇입니까?
   (삼하 15:19-20, 이방인이라는 악조건을 이긴 충성이었음)
2. 잇대가 다윗에게 한 충성 둘째가 무엇입니까?
   (삼하 15:21-23, 죽음을 각오한 충성)
3. 잇대가 다윗에게 한 충성 셋째가 무엇입니까?
   (삼하 15:21, 하나님의 섭리와 역사를 믿는 충성이었음)

주간 경건의 시간 <23> · 날마다 말씀과 함께

요일 / 내용	월(Mon)	화(Tue)	수(Wed)	목(Thu)	금(Fri)	토(Sat)
찬송	154/ 139	159/ 149	179/ 167	180/ 168	202/ 241	214/ 360
성경	삼하 5:	삼하 6:	삼하 7:	삼하 8:	삼하 9:	삼하 10:
적용	여호와께서 저주	좋은 모략 파하기로	압살롬의 머리털	기름 부으신 자	화평하고 충성	땅을 위하여 기도

*나는 하나님 아버지와 자유를 사랑해 왔다. <스탤 부인, 1766-1817, 프랑스 작가>

6단원 충성 결단의 달

제25과

바르실래의 충성

찬송 / 380, 381, 405/ 통 424, 425, 458

성경 / 사무엘하 19:31-39

요절 / 사무엘하 19:39

"백성이 다 요단을 건너매 왕도 건너가서 바르실래의 입을 맞추고 위하여 복을 비니 저가 자기 곳으로 돌아 가니라."

목표/ 성도로서 바르실래의 충성을 배워 실천하는 태도를 기른다.

시작하는 말

충성은 여러 가지 측면에서 볼 수 있습니다. 본문에 나오는 바르실래라는 인물은 압살롬의 계속되는 추격을 피해서 다윗의 일행이 마하나임에 도착하였을 때, 그곳 주민들과 따뜻하고 인정어린 대접과 호의를 베풀었습니다. 마하나임은 이스보셋 치세 때에 이스라엘 수도였습니다. 당시 절망적인 상황에 처해 있던 다윗에게 이것은 바로 하나님의 위로와 구원의 손길이었으며, 그로 인하여 다윗은 다시금 용기를 얻습니다. 여기 바르실래라는 인물은 길르앗 사람입니다. 다윗이 나중 예루살렘으로 환궁할 때에 바르실래의 정성을 귀히 여겨 그것을 잊지 못해 보답합니다.

오늘의 말씀

1. 바르실래의 인격이 돋보입니다(삼하 17:21-29, 마 5:16)

성경에 보면 "선을 행할 줄 알고도 행치 아니하면 죄니라."(약 4:17)고 했습니다. 하나님께서는 재물을 쌓아두고 하나님께 부요치 못한 자(눅 12:21)를 '어리석은 부자'라고 하셨습니다. 여기 본문에 나오는 바르실래는 자기가 가진 재물을 가지고 자식과의 전쟁에 곤핍 당하는 다윗의 일행을 돕습니다. 이때 압살롬에게 보복적인 공격의 위험도 있었을 것입니다. 그러나 이런 상황 속에서 다윗을 도와주어서 에브라임 숲 전투에서 다윗 왕은 부하들에게 소년 압살롬을 너그러이 대할 것을 당부하며 에브라임 전투에 나가도록 했습니다(18:5절). 이 전투에서 압살롬의 군대는 완패했고, 압살롬은 요압의 손에 의해 비참한 죽음을 맞이했습니다(18:9-15). 본문에 나오는 바르실래는 자신에게 주신 풍요로운 재물을 다윗의 환란 날에 도움을 준 그런 인물이었습니다. 사랑하는 성도 여러분! 하나님께서 맡겨주신 물질을 바르게 사용하고 관리하는 청지기의 역할을 잘 감당할 때 우리의 인격이 빛나는 것입니다. 바르실래 같은 이런 인격으로 이웃에게 도움을 주며 하나님께 영광 돌리시기를 바랍니다.

· 함께 읽어요 : 마태복음 5장 16절

"이같이 너희 빛을 사람 앞에 비취게 하여 저희로 너희 착한 행실을 보고 하늘에 계신 너희 아버지께 영광을 돌리게 하라."

2. 하나님께서는 아름다운 선행을 기억하십니다(잠언 19:17)

하나님께서는 환난을 당하는 다윗 개인에게는 정금같이 나오는 연단의 기회를 제공하셨습니다. 뿐만 아니라 어려운 시기에 바르실래를 만나게 하여 여러 가지 편의를 제공받게 하셨습니다. 이제 전쟁의 승리로 다윗 왕에게 통일왕국시대가 도래했습니다. 그리하여 환궁을 앞두고 다윗 왕은 바르실래를 초청하여 그의 은혜를 보답했습니다.

'에이트 빌로우'(Eight Below)란 영화가 있습니다. 어느 날, 남극에서 활동하는 한 탐험대원들이 사고를 만나 거의 죽을 뻔 했지만 8마리의 썰

매 개들 때문에 간신히 살아났습니다. 그런 상황에서 기상악화와 부상치료로 탐험대원들은 자신들의 목숨을 살려준 8마리의 개를 남극에 남기고 급히 철수할 수밖에 없게 되었습니다. 개를 사랑했던 주인공은 곧 돌아온다는 약속을 하고 남극을 떠났지만 여러 사정으로 그 약속을 이행하지 못했습니다. 결국 개들은 남극에서 175일 동안 스스로 살아남기 위해 투쟁하고, 주인공은 자기들을 살려준 개를 배반할 수 없다고 개를 찾아 나서서 결국은 찾게 됩니다. 은혜를 받는 최선의 길은 은혜를 잊지 않는 길입니다. 사랑하는 성도 여러분! 여러분도 남은 여생 동안 선한 일에 앞장서서 행복하고 멋진 인생을 살아가시기를 바랍니다.

· 함께 읽어요 : 잠언 19장 17절
"가난한 자를 불쌍히 여기는 것은 여호와께 꾸이는 것이니 그 선행을 갚아 주시리라."

3. 다윗의 보은이 아름답습니다(히 13:15-16)

사람은 어려울 때, 도움의 손길을 받으면 그렇게 고마울 수가 없습니다. 하나님은 그렇게 어렵고 힘들 때마다 삶의 현장에 도우미들을 파송하셔서 우리들을 위로해 주십니다. 본문에 나오는 다윗은 큰일에 위엄차고, 작은 일에 섬세한 그런 사람입니다. 다윗이 아들 압살롬의 반역에 피하여 맨발로 기드론 시내를 건널 때에 사울의 종 시므이는 '사울의 족속의 피를 흘린 자'라고 하며 따라오면서 돌을 던지며 저주했습니다. 아비새가 죽이자고 했지만 다윗은 말렸습니다. 그리고 지금 전쟁이 끝나고 예루살렘으로 환궁할 때에 바르실래를 초청하여 그 은혜를 보답했습니다. 다윗의 이런 보은이 얼마나 아름답습니까? 다윗의 보은은 참담한 세상을 아름답게 만드는 감동의 스토리입니다.

· 함께 읽어요 : 히브리서 13장 16절
"오직 선을 행함과 서로 나눠주기를 잊지 말라 이 같은 제사는 하나님이 기뻐하시느니라."

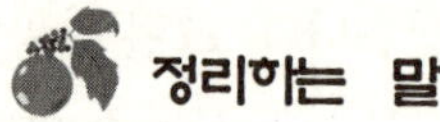

정리하는 말

사랑하는 성도 여러분! 프란체스코는 '주여! 나를 평화의 도구로 써주소서'라고 노래했습니다. 선행과 보은은 하나님이 기뻐하시고, 기억하십니다. 선행과 보은이 차고 넘치기 바랍니다. 여러분의 손과 발이 선행과 보은의 도구로서 천국건설에 쓰임 받는 주인공이 되시기를 바랍니다.

평가와 결심

1. 다윗의 환궁 길에 나타난 첫째 미덕은 무엇입니까?
   (17:27-29, 바르실래의 돋보이는 인격)
2. 선행과 보은은 누가 기억하시고 갚아주십니까?
   (잠 19:17, 하나님이 갚아 주심)
3. 다윗의 환궁 길에 나타난 둘째 미덕은 무엇입니까?
   (히 13:16, 다윗의 바르실래를 향한 보은임)

주간 경건의 시간 <25> · 날마다 말씀과 함께

요일 / 내용	월(Mon)	화(Tue)	수(Wed)	목(Thu)	금(Fri)	토(Sat)
찬송	146/ 146	147/ 136	160/ 150	161/ 159	105/ 105	93/ 93
성경	삼하 12:	삼하 13:	삼하 14:	삼하 15:	삼하 16:	삼하 17:
적용	하나님께 간구	다말과 암논	슬기 있는 여인	은혜와 진리	여호와께서 저주	좋은 모략 파하기로

"하나님의 첫째 딸은 인간에 대한 자선이다." <윌리엄 드렌난 1754-1820>

6단원 충성 결단의 달

제26과

세 용사의 충성

찬송 / 212, 213, 214/ 통 347, 348, 349
성경 / 사무엘하 23:13-19
요절 / 사무엘하 23:16
"세 용사가 블레셋 사람의 군대를 충돌하고 지나가서 베들레헴 성문 곁 우물물을 길어 가지고 다윗에게로 왔으나 다윗이 마시기를 기뻐아니하고 그 물을 여호와께 부어드리며"
목표/ 성도로서 세 용사의 충성을 배우고 실천한다.

시작하는 말

옛 사람은 '충'(忠) 자를 해석하기를 "몸이 할 수 있는 데까지 다하는 것"이라고 했습니다. 다시 말하면 생사(生死)의 위난(危難)에 힘이 닿고 몸이 할 수 있는 데까지 신하의 도리를 극진하게 다하는 것을 말합니다. 난국에 어려움을 무릎쓰고 나라를 지킨다는 것은 귀한 충성임에 틀림없습니다. 본문에 나오는 다윗의 세 용사의 경우는 위경에 처했을 때에 목숨을 내놓는 충성이 무엇인지를 보여주는 전형입니다. 사랑하는 성도 여러분! 성도가 세상에서 하나님의 나라와 복음을 위해서 일한다는 것은 이런 생사의 결단과 죽도록 충성해야하겠다는 결단이 없이는 어려운 것입니다. 세 용사의 충성은 어떤 것이었습니까?

오늘의 말씀

1. 생명을 바쳐 충성했습니다(삼하 23:17)

우리가 잘 알고 있는 간호원 한 분이 있습니다. 후로렌스 나이팅게일입니다. 이 분은 이탈리아의 부유하고 문화적인 교육을 받은 가정에서 자라나 부모는 그 딸에게 좋은 가정을 갖도록 행복한 결혼을 권유했지만 나이팅게일은 다 거부했습니다. 그는 31세 때 허무감에 젖어 일기에, "살아갈 의욕이 없다. 텅 빈 공허감, 나는 죽을 수밖에 없다"라고 썼습니다. "삶의 가능성이 무엇인가. 공허 속에 살던 그는 31세 때 새로운 가능성을 발견했습니다. 전쟁터에서 피를 흘리며 쓰러져가는 부상자들을 치료하기 위해 31세에 간호학을 공부하여 부모의 만류도 뿌리치고 이 젊은 여인은 전쟁터를 찾아갔습니다. 피 흘리며 쓰러지는 전상자들을 붕대로 싸매어주고 닦아주고 붙들어주고 사랑으로 돌보아주며 3년 동안을 도왔습니다. 군인들은 나이팅게일만 지나가게 되면 친부모처럼 인사했다고 전해집니다. 그는 병원마다 간호원이 없어서는 안 되도록 제도화시켰습니다. 마지막 세상을 떠날 때에 그의 시체를 영국 웨스트민스터 사원에 모시려 하자 나이팅게일은 그런 자격이 없으니 가족묘에 묻어달라고 했습니다. 위대한 삶을 살아가고자 하는 사람은 비싼 대가를 지불해야 합니다. 본문에 나오는 세 용사는 다윗 왕의 소원을 이뤄주기 위해 자신의 생명을 돌보지 않고 충성했습니다.

· 함께 읽어요 : 사무엘하 23장 17절

"가로되 여호와여 내가 결단코 이런 일을 하지 아니 하리이다. 이는 생명을 돌아보지 아니하고 갔던 사람들의 피니이다 하고 마시기를 즐겨 아니하니라. 세 용사가 이런 일을 행하였더라."

2. 성경이 가르치고 있는 충성이 있습니다(롬 13:1)

성경은 가르치기를 지도자에게 대한 충성을 명하고 있습니다. 성경이 가르치고 하나님이 명령하신 충성이 무엇입니까? ① 반역하지 말라(잠 17:11). ② 지도자에게 순종하라(민 27:18-20). ③ 위정자를 위해 기도하라(스 6:10). ④ 왕의 명령을 준행하라(전 8:2). ⑤ 경외하라(잠 224:21). ⑥ 멸시치 말라(벧후 2:10)고 가르칩니다. 이러한 명령은 그들의 존재 자체가 원천적으로 존귀해서라기보다 그들의 권위와 위상을 하나님께서 부여하셨기 때문입니다(롬 13:1). 따라서 그들에 대한 충성은 곧 하나님의 권위와 통치를 인정하는 것이 됩니다.

· 함께 읽어요 : 로마서 13장 1절
"각 사람은 위에 있는 권세들에게 굴복하라 권세는 하나님께로 나지 않음이 없나니 모든 권세는 다 하나님의 정하신 바라."

3. 어떻게 충성할 것인가? 충성의 결과는 무엇인가?

성경에 나오는 위대한 인물들은 모두 충성하는 사람들이었습니다. 히브리서 기자는 예수 그리스도의 위대하심을 설명하면서 "또한 모세는 장래에 말할 것을 증거하기 위하여 하나님의 온 집에서 사환(使喚)으로 충성하였고"(히 3:5)라고 했습니다.

그러면 어떻게 충성할 것입니까? ① 맡은 바 일에 충성해야 합니다(고전 4:2). ② 죽도록 충성해야 합니다(계 2:10). ③ 작은 일에 충성해야 합니다(마 25:21; 눅 16:10). ④ 무엇보다 하나님의 일에 충성해야 합니다(히 2:17). 그렇습니다. 충성이 사람을 위대하게 만듭니다. 충성이 사람을 진실하게 만듭니다. 위선과 거짓은 쉽게 들어납니다. 그러나 충성은 자신에게는 힘들고 어렵고 희생이 뒤따릅니다. 금전적인 투자가 요구됩니다. 시간을 투자해야 합니다. 정성을 쏟아 부어야 합니다. 그러나 충성의 결과는 충만하고 아름답습니다. ① 지금보다 더 많고 귀한 일을 맡겨주시는 영광이 있습니다(눅 19:17). ② 타인을 지도하는 영예가 있습니다(딤후 2:2). ③ 주인의 즐거움에 참예하는 즐거움이 있습니다(마 25:23).

· 함께 읽어요 : 요한1서 3장 18절

"자녀들아 우리가 말과 혀로만 사랑하지 말고 오직 행함과 진실함으로 하자."

정리하는 말

충성은 개인적인 성공의 열쇠이기도 하지만 가정에 부요를 가져다주기도 합니다. 한 직장이 잘 되어 잘 운영되도록 합니다. 한 나라가 부강하고 평온하게 합니다. 사랑하는 성도 여러분! 사람마다 어렵고 힘들지만 무슨 일에나 충성을 다하여 복된 삶을 살아가시기를 바랍니다.

평가와 결심

1. 본문에 나오는 세 용사의 충성은 어떤 충성이었습니까?
   (삼하 23:17, 생명을 바친 충성)
2. 성도가 어떻게 충성해야 합니까?(고전 4:2, 계 2:10, 히 2:17)
   (① 맡은 일에 충성, ② 죽도록 충성, ③ 하나님의 일에 충성
3. 충성의 결과는 어떤 것입니까?(눅 19:17, 딤후 2:2, 마 25:23)
   (① 더 귀한 일을 맡기심, ② 지도자의 영광주심, ③ 주인 즐거움에 참여)

주간 경건의 시간 <26> · 날마다 말씀과 함께

요일 내용	월(Mon)	화(Tue)	수(Wed)	목(Thu)	금(Fri)	토(Sat)
찬송	413/ 470	412/ 469	446/ 500	445/ 502	478/ 78	482/ 49
성경	삼하 19:	삼하 20:	삼하 21:	삼하 22:	삼하 23:	삼하 24:
적용	기름 부으신 자	화평하고 충성	땅을 위하여 기도	능력으로 띠 띠우사	노래 잘하는 자	아라우나 타작마당

"사람들은 자기 자신을 제일 사랑한다."<테렌스 B.C. 190-150, 로마시인>

7단원 혁신 교육의 달

막중한 교사의 책임

찬송 / 284, 283, 290/ 통 206, 183, 412
성경 / 디모데후서 2:1-5
요절 / 디모데후서 2:2
"또 네가 많은 증인 앞에서 내게 들은 바를 충성된 사람들에게 부탁하라 저희가 또 다른 사람들을 가르칠 수 있으리라."
목표/ 교회 교육에서의 막중한 교사의 책임을 알고 배우는 태도를 기른다.

시작하는 말

교회의 사명과 책임을 크게 구분한다면 ① 전도, ② 교육, ③ 봉사로 나눌 수 있습니다. 예수님께서도 복음을 전파하시고, 가르치시고, 병을 고치시며 봉사한 모습을 볼 수 있습니다. 이번 단원에서는 교회교육에 대하여 공부하게 될 것입니다. 어느 신학자는 "기독교는 사도들이 일구어 놓은 선교의 밭을 교사들이 물을 주어 자라게 했다"고 말하기도 했습니다(고전 3:6). 그만큼 교회 교사들의 위치는 어제나 오늘이나 막중합니다. 그래서 초대교회에는 목회자들을 '말씀과 가르침에 수고하는 이들'(딤전 5:17)이라고 불렀고, 목회자 직분과 교사 직분을 동일시하기도 했습니다. 복음을 가르치는 교사의 참된 의미는 어떤 것인지 함께 살펴보도록 하겠습니다.

1. 교사는 가르치는 자입니다(엡 4:11)

모든 성도, 즉 진정한 의미로서의 기독교인들이라면 그리스도의 복음 진리를 만인들에게 전하고 가르치는 교사적 사명의 특권과 의무를 받은 줄 알아야 합니다. 성도로서 부르심을 받은 자들은 누구나 교사로서의 특권과 의무가 있습니다. 2절에 "또 네가 많은 증인 앞에서 내게 들은 바를 충성된 사람들에게 부탁하라. 저희가 또 다른 사람들을 가르칠 수 있으리라."고 했습니다. 모든 족속으로 그리스도의 제자를 삼아 '내가 너희에게 분부한 모든 것을 가르쳐 지키게 하라'(마 28:20)는 것이 모든 그리스도인들에게 명하신 그리스도의 지상 명령입니다. 그러므로 초대 교회에 선지자, 사도, 목사와 더불어 '교사'라는 전문직을 세우시기도 했습니다. 여러분들도 교사의 은사를 통하여 귀중한 가르침의 직분을 다하는 여러분 되시기를 바랍니다. 하나님과 성령께서 여러분들을 교사로 사용하시기를 바라며, 좋은 교사로서 잘 가르치시는 책임감 있는 여러분들이 되시기를 바랍니다.

· 함께 읽어요 : 에베소서 4장 11절

"그가 혹은 사도로, 혹은 선지자로, 혹은 복음 전하는 자로, 혹은 목사와 교사로 주셨으니"

2. 교사는 계속 배우는 자여야 합니다(마 11:29)

가르친다는 것처럼 어려운 일은 없습니다. 그래서 학교에서도 자기가 학교 교사라도 자기 자식은 다른 선생님에게 맡겨서 가르치기를 원합니다. 베네트라는 분은 「문화와 자유 교육」 이라는 책에서 말하기를 "유일하고 참된 교육자는 스스로를 교육한 사람이다"라고 했습니다. 그리스도께서는 '그리스도의 멍에'를 메고 배우려는 이들만이 참된 그리스도의 제자로서 교사가 될 수 있음을 가르치셨습니다. 그렇다면 기독교의 교사들은 먼저 무엇을 배워야 할까요? 첫째, 온유와 겸손을 배워합니다. 그리스도처럼 온유와 겸손의 자세를 배운 자가 기독교 교사입니다. 둘째, 성경을 연구해야 합니다. 기독교 교사의 은사를 받은 이들은 성경을 늘 연구하고 진리의 새로운 국면을 높고, 깊고, 넓게 배워야 합니다. 셋째, 자신을 먼저 가르치는 일을 배워야 합니다. 교사는 계속 자신이 배워가야 하는 것입니다. 사랑하는 성도들이여! 주님의 일을 위해 항상 배워가는 여러분 되시기를 바랍니다.

· 함께 읽어요 : 마태복음 11장 29절
"나는 마음이 온유하고 겸손하니 나의 멍에를 메고 내게 배우라 그러면 너희 마음이 쉼을 얻으리니"

3. 교사는 항상 준비하는 자여야 합니다(딤후 2:21)

교사는 준비해야 합니다. 첫째, 복음 진리에 대한 확신이 있기까지 준비해야 합니다. 바울은 디모데에게 "네가 진리의 말씀을 옳게 분변하며 부끄러울 것이 없는 일꾼으로 인정된 자로 자신을 하나님 앞에 드리기를 힘쓰라."(딤후 2:15)고 했습니다. 교사들은 무엇보다도 자신이 가르쳐야 할 내용에 대해서 확신이 설 때까지 준비해야 합니다. 둘째, 교육할 수 있는 지혜를 준비해야 합니다(눅 12:42). 교사들은 교육시킬 내용뿐만 아니라 그 진리를 '전달하는 지혜'가 준비되어 있어야 합니다. 셋째, 학습할 내용을 충분히 준비해야 합니다. "묻는 자에게 대답할 것을 항상 예비하되"(벧전 3:15)라고 했습니다. 교사들은 가르치는 방법에 대해서 지혜를 얻도록 준비하는 사람들이 되어야 합니다. 넷째, 사랑을 준비해야 합니다. 바울 사도는 "사랑을 따라 구하라"(고전 14:1)고 성경은 명령합니다. 사실 기독교 교육은 하나님의 사랑과 생명을 전해야 하는 것입니다. 다섯째, 믿음의 분량을 따라 준비해야 합니다. 로마서 12장 3절에는 "믿음의 분량대로 지혜롭게 생각하라."고 했습니다. 항상 준비하여 부끄럼 없는 교사로서 봉사하시기 바랍니다.

· 함께 읽어요 : 디모데후서 2장 21절

"그러므로 누구든지 이런 것에서 자기를 깨끗하게 하면 귀히 쓰는 그릇이 되어 거룩하고 주인의 쓰심에 합당하며 모든 선한 일에 예비함이 되리라."

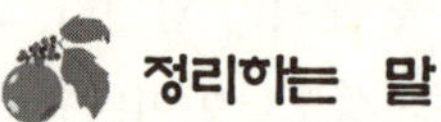

정리하는 말

사랑하는 성도 여러분! 교사는 기독교 교육의 집행자이자 하나님 일의 사역자입니다. 기독교 교육에 있어서 교사는 가르치는 자임과 동시에 배우는 자이며, 그 자신 스스로가 준비하는 자여야 합니다. 기독교 교육에 있어서 교사가 가르칠 것은 그리스도이며, 그 행하신 구원입니다. 사랑하는 성도 여러분! 막중한 교사의 책임을 다하시기 바랍니다.

평가와 결심

1. 막중한 책임을 가진 교사의 첫째 요건은 무엇입니까?
   (엡 4:11, 가르치는 자여야 함)
2. 막중한 책임을 가진 교사의 둘째 요건은 무엇입니까?
   (마 11:29, 배우는 자여야 함)
3. 막중한 책임을 가진 교사의 셋째 요건은 무엇입니까?
   (딤후 2:21, 준비하는 자여야 함)

주간 경건의 시간 <27> · 날마다 말씀과 함께

내용 \ 요일	월(Mon)	화(Tue)	수(Wed)	목(Thu)	금(Fri)	토(Sat)
찬송	183/ 172	452/ 505	421/ 210	434/ 491	446/ 500	445/ 502
성경	딤후 2:	딤후 3:	딤후 4:	딛 1:	딛 2:	딛 3:
적용	귀히 쓰는 그릇	경건한 삶 핍박	전도의 말씀	말씀을 전도로	선한 일에 열심 하라	중생의 씻음

* 가녀에게 가르치는 가장 좋은 방법은 스스로 본을 보이는 일이다. <탈무드>

7단원 혁신 교육의 달

준비된 교사

찬송 / 365, 369, 370/ 통 484, 487, 455
성경 / 에베소서 3:14-21
요절 / 에베소서 3:17
"믿음으로 말미암아 그리스도께서 너희 마음에 계시게 하옵시고, 너희가 사랑 가운데서 뿌리가 박히고 터가 굳어져서"
목표/ 교회가 준비된 교사를 원하고 있음을 알고 배우고 준비하도록 한다.

시작하는 말

우리가 살아가고 있는 사회나 교회는 다같이 참된 교사를 원하고 있습니다. 무릇 교사는 인간적으로도 좋은 천성을 지녀야 하지만 재능을 겸비하고 있어야 합니다. 그와 같은 자질에 정신적으로도 참되고 올바른 진리에 서 있는 사람이어야 참 교사라 할 수 있습니다. 지식은 학교에서 배울지 모르지만 삶의 정신과 인성은 가정이나 교회에서 더 익혀지고 닦아지는 것입니다. 성경은 분명히 "자기를 창조하신 자의 형상을 좇아 지식에까지 새롭게 하심을 받은"(골 3:10) 교사여야 한다고 했습니다. 즉, 그리스도의 뜻과 정신을 품은 교사들이 바로 올바른 교사들입니다. 세상의 지식 외에 준비해야 할 요소들이 무엇인가를 살펴보겠습니다.

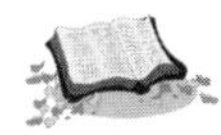

오늘의 말씀

1. 상당한 영력과 지도력이 필요합니다(:16-19; 행 20:31, 32)

교사들은 단순히 성경지식만을 전달하는 시간강사가 아닙니다. 학생들에 대해 모든 면에 스승이 되어야 합니다. 그러기 위해서는 훌륭한 영력과 지도력을 갖추어야 합니다. 기독교교육을 맡은 교사들은 기독교 교육에 대한 진정한 관심이 있어야 합니다. 늘 '하나님 나라'의 교육과 복음전파에 관심을 두고 있어야 하는 것입니다. 그리고 성경의 정확한 지식이 있어야 합니다. 교사들은 복음 진리, 학습내용에 대한 정확한 지혜와 지식을 먼저 갖추어야만 학생들이 인정을 합니다. 또한 겸손과 관용이 있어서 인내와 온유와 관용으로 지도해야 합니다.

· 함께 읽어요 : 사도행전 20장 31~32절

"31 그러므로 너희가 일깨어 내가 삼년이나 밤낮 쉬지 않고 눈물로 각 사람을 훈계하던 것을 기억하라 32 지금 내가 너희를 주와 및 그 은혜의 말씀께 부탁하노니 그 말씀이 너희를 능히 든든히 세우사 거룩케 하심을 입은 모든 자 가운데 기업이 있게 하시리라."

2. 교육에 대한 집중력과 끈기가 있어야 합니다(:20-21; 막 10:29-30)

교사는 기독교 교육의 공인으로서의 관심과 집중력을 가져야 합니다. ① 하나님께 대한 충성에 초지일관해야 합니다. "네가 죽도록 충성하라 그리하면 생명의 면류관을 네게 주리라."(계 2:10)고 했습니다. 바울 사도는 자신의 삶의 면류관이 바로 교육으로 얻은 성도들이라고 고백했으며(빌 4:4), 이 상급을 얻기 위해 끝까지 달려갔다고 고백했습니다(딤후 4:8). ② 교육에 대한 신념이 초지일관 끈기가 있어야 합니다. "우리가 선을 행하되 낙심하지 말지니 피곤하지 아니하면 때가 이르매 거두리라."(갈 6:9). 기독교 교육이란 악한 세상에서 선을 가르치고, 유한한 것에 얽매인 사람들을 영원한 세계로 이끄는 것입니다. 이는 힘든 작업인지라 때로 인간에 대한 회한, 염증, 공포 등으로 인해 진리에 대해 회의와 의구심을 느끼게 되며, 안일과 낙심, 절망으로 마음이 분산되기 쉽습니다. 자신에게 주신 교육적인 사명에 집중할 수 있는 믿음을 가지시기를 바랍니다. 하나님의 일은 모두 '믿음, 소망, 사랑'으로 할 수밖에 없다는 진리를 잊지 마시기를 바랍니다. 세상에서 살 수 없는 믿음과 함께 소망과 사랑을 소유하시기를 바랍니다.

· 함께 읽어요 : 마가복음 10장 29-30절
"29 예수께서 가라사대 내가 진실로 너희에게 이르노니 나와 및 복음을 위하여 집이나 형제나 자매나 어미나 아비나 자식이나 전토를 버린 자는 30 금세에 있어 집과 형제와 자매와 모친과 자식과 전토를 백배나 받되 핍박을 겸하여 받고 내세에 영생을 받지 못할 자가 없느니라."

3. 교사는 올바른 판단력이 있어야 합니다(:16-19; 요 7:24)

W.W.벤이라는 사람은 "지식은 현자의 금고이며 판단은 그 출납계이다."라고 했습니다. 기독교 교사들은 단순한 지식 전달자가 아니라 하나님 나라의 진리의 창고에서 '새 것과 옛 것을 그 곳간에서 내어 오는'(마 13:52) 그런 판단력을 지녀야 합니다. 배운 지식을 잘 응용할 수 있는 능력이 있어야 합니다. 예민한 분별력이 있어야 합니다. 이는 어떤 상황과 문제들을 하나님의 진리 안에서 분별하고 그 문제를 해결할 수 있는 능력입니다(롬 12:1-2). 교사는 학생들의 목자, 의사로서 늘 관찰하고 합당한 지도를 해줄 수 있어야 합니다. 또한 예견력을 가져야 합니다. 즉 현재와 미래의 상황을 성경 말씀 안에서 분별 예측할 수 있어야 합니다(벧전 4:7). 이와 같은 예견적 판단력이 부족하거나 결여된 사람은 결코 이 시대의 그리스도의 교사가 될 수 없을 것입니다. 항상 시대사조와 유행만을 따라 움직이지 말고, 진리를 탐구하는 참 교사가 되기 바랍니다.

· 함께 읽어요 : 에베소서 4장 16-17절
"16 그 영광의 풍성을 따라 그의 성령으로 말미암아 너희 속사람을 능력으로 강건하게 하옵시며, 17 믿음으로 말미암아 그리스도께서 너희 마음에 계시게 하옵시고, 너희가 사랑 가운데서 뿌리가 박히고 터가 굳어져서"

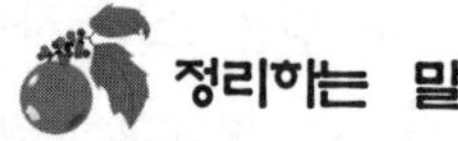

정리하는 말

사랑하는 성도 여러분! 교회는 일꾼을 부르고 있습니다. 전파하는 자도 필요하지만 가르치기를 잘하는 교사도 필요로 합니다. 교사는 준비를 잘 해야 됩니다. 인간적으로 좋은 천성과 재능을 겸비한 사람이어야 합니다. 하나님이 주신 재능과 영력을, 기도하면서 노력해 내 것으로 만들어야 많은 사람들을 옳은 길로 인도할 수 있을 것입니다. 교사는 지도력, 집중력, 판단력을 준비해야 합니다. 최선을 다해 교회에 꼭 필요한 교사로서, 그리스도의 사랑으로 가르치기를 잘 하는 교사가 되어 천국 건설의 역군인 참된 교사의 사명을 다하시기 바랍니다.

평가와 결심

1. 준비된 교사의 첫째 요건은 무엇입니까?(행 20:31~32, 지도력)
2. 준비된 교사의 둘째 요건은 무엇입니까?
(막 10:29-30, 집중력과 끈기)
3. 준비된 교사의 셋째 요건은 무엇입니까?
(요 7:24, 올바른 판단력)

주간 경건의 시간 <28> · 날마다 말씀과 함께

요일 / 내용	월(Mon)	화(Tue)	수(Wed)	목(Thu)	금(Fri)	토(Sat)
찬송	563/ 411	462/ 517	457/ 510	456/ 509	331/ 375	352/ 390
성경	엡 2:	엡 3:	엡 4:	엡 5:	엡 6:	빌 1:
적용	은혜로 구원	영광 풍성함 따라	새 사람을 입으라	성령 충만을 받으라	단 마음으로 섬기기	성령의 도우심

* 일의 괴로움이야말로 참다운 기쁨이다. <마너 휴스>

7단원 혁신 교육의 달

제29과

교사와 경건교육

찬송 / 361, 376, 380/ 통 480, 422, 424

성경 / 빌립보서 4:4-9

요절 / 빌립보서 4:8

"종말로 형제들아 무엇에든지 참되며 무엇에든지 경건하며 무엇에든지 옳으며 무엇에든지 정결하며 무엇에든지 사랑할만하며"

목표/ 참된 교사의 경건을 배우고 실천하는 태도를 배운다.

시작하는 말

기독교인이 갖추어야 할 덕 중에 '경건'이 있습니다. 이것은 영적으로 귀중한 덕목입니다. 경건의 기독교적인 의미는 '하나님께 드리는 예배와 예식의 생활'을 가르칩니다. 그래서 성경은 하나님을 섬기는 생활을 하는 사람들을 가리켜 경건한 사람들(시 12:1; 눅 2:25; 행 10:2)이라고 부르며, 하나님을 섬기지 않는 불신자들을 가리켜 '불경건한 사람들'이라고 부릅니다. 어느 종교인이든지 그 종교 가치관에 걸 맞는 외적인 종교 생활예식을 지니고 있습니다. 기독교는 종교 외적인 생활을 경건교육으로 교육해야 하는 것입니다. 경건이야말로 성도의 의무입니다(딛 2:12). 이번 공과에서는 '교사와 경건 교육'에 대하여 공부하겠습니다.

오늘의 말씀

1. 경건교육의 내용이 무엇입니까?(딛 2:12)

오늘날 지식 전달을 주로 하는 세상의 교육도 입시 제도부터 달라지고 있습니다. 얼마나 암기했느냐가 아니라 얼마나 느끼고 알고 응용하느냐가 더 중요한 것입니다. 경건교육의 내용은 첫째로, 하나님을 예배하는 생활을 가르쳐야 합니다. 경건을 헬라어로 '드레스케이아'(*θρησκεία*)라고 합니다. '종교 예배와 예전'이라는 의미를 지니고 있으며 이를 '경건'이라고 번역한 것입니다. 기독교의 본질은 하나님을 공경치 않고 예배치 않는 사람들을 '예배자'로 만드는 훈련입니다. 둘째로, 교회생활을 가르치는 것입니다. 교회를 중심으로 한 예배참석, 기도, 구제, 헌금, 금식 등의 교회생활을 배우는 것입니다. 그러므로 경건의 훈련을 위해 '온전한 믿음'과 '모이기를 힘쓰는 습관'을 통해 철저히 익혀 전인적인 경건생활을 습관화 하시기를 바랍니다.

· 함께 읽어요 : 히브리서 10장 25절

"모이기를 폐하는 어떤 사람들의 습관과 같이 하지 말고 오직 권하여 그날이 가까움을 볼수록 더욱 그리하자."

2. 경건교육의 역사를 알아두어야 합니다(신 6:4-9; 딤전 4:7)

시편 4편 3절에는 하나님께서 이스라엘 민족을 택하시기를 "여호와께서 자기를 위하여 경건한 자를 택하신 줄 너희가 알지어다."라고 증거하고 있습니다. 구약시대의 교회교육은 율법, 제사장, 성전, 회당을 통하여 예배, 제사, 헌신, 구제를 가르치는 경건교육이었습니다(신 6:4-9). 이와 같은 전생활적인 예배의 삶을 강조하는 구약의 경건교육은 신약의 초대교회에도 전승되었습니다. 기독교를 국교로 삼은 로마 가톨릭 교회에서는 사람들을 교화시키려고 교회교육 중심의 경건 교육에 힘썼습니다. 개신교의 경건교육은 1517년 마르틴 루터의 종교개혁 이후 초대교회의 조화로운 경건교육으로 돌아가려는 개혁을 부단히 행하여 오고 있습니다. 우리들의 신앙의 역사도 이와 같이 경건을 위한 교육과 성화의 노력이 있어야 합니다.

· 함께 읽어요 : 디모데전서 4장 7절
"망령되고 허탄한 신화를 버리고, 오직 경건에 이르기를 연습하라."

3. 경건 교육에는 유익이 있습니다(딤전 4:8~9)

하나님을 예배케 하는 '경건교육' 즉, 교회의 예배 참석, 선행, 구제, 기도, 금식 등을 열심히 수행하다 보면 하나님과의 깊은 교제를 하게 되고, 하나님을 깊이 알게 됩니다. 그래서 성경은 복음 진리를 '큰 경건의 비밀'(딤전 3:16)이라고 부르며, 경건생활을 열심히 하는 사람이 하나님과 깊은 교제를 갖게 된다고 가르칩니다. 그러므로 경건생활이 이어지지 않는 신앙생활은 부패한 삶으로 이어진다고 경고합니다(딤전 6:3-5). 또한 경건은 성도의 신앙을 보호해 줍니다. 열심히 예배에 참석하고, 봉사하고, 구제하며 기도하는 생활을 통해 세상에 빛과 소금의 역할을 하면서 세상 사람들에게 칭송받게 되고 자연히 성도의 신앙도 불의로부터 보호 받게 해 주는 것이 바로 경건생활의 장점입니다. 경건은 성도의 신앙을 성장케 해 줍니다. "습관은 사람의 운명을 결정짓는다."라는 말이 있듯이, 연습된 경건생활은 성도의 영혼을 그리스도의 장성한 분량에까지 성장시켜 주는 힘이 되어 줄 것입니다.

그러므로 여러분도 성경은 범사에 유익하고, 금생과 내생(來生)에 약속이 있는 경건교육에 힘을 다하시기 바랍니다.

· 함께 읽어요 : 디모데전서 4장 8~9절
"8 육체의 연습은 약간의 유익이 있으나 경건은 범사에 유익하니 금생과 내생에 약속이 있느니라. 9 미쁘다 이 말이여 모든 사람들이 받을만하도다."

정리하는 말

사랑하는 성도 여러분! 가르치기를 잘하는 교사는 먼저 자신을 철저하게 배우고 훈련시킴으로 그 생활이 경건으로 기초가 다져져야 합니다. 하나님께서는 경건한 자에게 많은 복을 주십니다. 경건은 범사에 유익하여 금생과 내생에 약속이 있다고 가르칩니다(딤전 4:8). 시험에서 건짐 받고(벧후 2:9), 멸망으로부터 구원함을 받습니다(시 32:6). 하나님이 경건한 자를 택하여 복을 주십니다(시 4:3). 여러분! 경건의 생활화로 금생과 내세에 축복의 주인공이 되시기를 기원합니다.

평가와 결심

1. 경건 교육은 어떤 교회생활을 통해 이루어집니까?
   (딛 2:12, 예배참석, 기도, 구제, 헌금, 금식 등)
2. 구약시대에 누가, 무엇을 통해서 경건교육이 이루어졌습니까?
   (신 6:4-9, 율법, 제사장, 성전, 회당)
3. 경건교육의 유익이 무엇입니까? (딤전 4:8-9)
   (① 하나님 깊이 알게 함, ② 성도 신앙 보호와 신앙성장)

주간 경건의 시간 <29> · 날마다 말씀과 함께

요일 / 내용	월(Mon)	화(Tue)	수(Wed)	목(Thu)	금(Fri)	토(Sat)
찬송	441/ 498	442/ 499	447/ 448	452/ 505	453/ 506	455/ 507
성경	빌 2:	빌 3:	빌 4:	골 1:	골 2:	빌 3:
적용	예수의 마음	성령으로 봉사하며	같은 마음 품으라	구속 곧 죄 사함	하나님의 비밀	위엣 것을 찾으라!

* 시계를 보지 말라. <조셉 에디슨, 1672-1719, 영국 수필가, 국무장관>

7단원 혁신 교육의 달

제30과

무너져 가는 윤리교육

찬송 / 434, 433, 550/ 통 491, 490, 248

성경 / 마태복음 5:43-48

요절 / 마태복음 5:48

"그러므로 하늘에 계신 너희 아버지의 온전하심과 같이 너희도 온전 하라."

목표/ 무너져 가는 윤리교육을 되살려 도덕적인 습관과 태도를 기른다.

시작하는 말

오늘날 세상은 윤리와 도덕 부재의 시대가 되었습니다. 교회 안까지 부정부패가 침투해 윤리 부재로 도덕이 무너져 내리고 있습니다. 구약시대의 노아 홍수 직전의 음란 퇴폐함과 부패처럼 오늘날 세상은 물론 가정과 교회까지 위협을 받고 있습니다. 이러한 현상의 근본적인 근원지는 하나님을 일부러 잊어버리고, 무시하며, 성경을 교육하지 않고, 배우지 않으며, 쾌락제일주의로 살아가기 때문입니다.

어느 시대나 하나님 없이 인간의 의지대로 살아간 시대는 모두 타락했습니다. 황금만능 내지 물질만능 시대가 도래 했습니다. 최소한의 양심까지 저버리고 약육강식의 방법으로 짐승처럼 살아갑니다. 형제자매 간의 끈끈한 정마저 함몰되어 회복의 기미가 보이지 않습니다.

오늘의 말씀

1. 이 시대는 복음으로 회복시켜야 할 시대입니다(롬 1:29; 9:18)

현대의 죄악상을 볼 때 하늘도 울고, 땅도 눈물을 흘립니다. 이 시대상을 바라보면서 바울 사도는 "저희가 하나님 두기를 싫어하매 하나님께서 저희를 그 상실한 마음대로 내어 버려두사 합당치 못한 일을 하게 하셨으니"(롬 1:28)라고 하면서 21가지 죄악을 열거하고 있습니다. 사람들이 자기를 사랑하며, 돈을 사랑하며, 자긍하며, 교만하며, 훼방하며, 부모를 거역하며, 감사치 아니하며, 거룩하지 아니하며, 무정하며, 원통함을 풀지 아니하며, 참소하며, 절제하지 못하며, 사나우며, 선한 것을 좋아 아니하며, 배반하여 팔며, 조급하며, 자고하며, 쾌락 사랑하기를 하나님 사랑하는 것보다 더한 것을 봅니다(딤후 3:2-4). 사람들이 마음에 하나님 두기를 싫어하기 때문에 이런 결과가 나타나는 것입니다. 이러한 어그러진 시대를 바로 잡기 위하여 하나님의 말씀과 경건교육을 통하여 복음대로 살아가기를 간절히 소원합니다.

· 함께 읽어요 : 로마서 9장 18절
"그런즉 하나님께서 하고자 하는 자를 긍휼히 여기시고 하고자 하시는 자를 강퍅케 하시느니라."

2. 하나님의 거룩하고 흠 없는 자녀가 되어야 합니다(히 7:25)

성령과 예수 그리스도를 통하여 나타나신 하나님의 구원은 완전한 구원이었습니다. 비록 우리가 다시 죄를 지을 가능성이 있고, 옛사람을 완전히 벗어버리지 못했다 하더라도 하나님께서는 예수 그리스도를 통하여 완전한 구원을 이루셨습니다. 누구든지 예수를 믿는 순간, 곧 주님을 영접하는 순간에 하나님의 자녀가 됩니다(요 1:12). 당신의 자녀로 삼아주시는 것입니다. 그러므로 구원받은 성도는 하나님의 자녀답게 하나님의 뜻 가운데 살아야 하는 것이 우리의 올바른 삶의 모습입니다. 빛 가운데 있다 하면서도 형제를 미워하는 자는 어둠 가운데 있는 자라고 했습니다(요일 2:9). 우리는 하나님의 자녀로 택함을 받은 자들인 만큼 그에 합당한 삶을 살아야 할 것입니다.

· 함께 읽어요 : 히브리서 7장 25절
"그러므로 자기를 힘입어 하나님께 나아가는 자들은 온전히 구원하실 수 있으니 이는 그가 항상 살아서 저희를 위하여 간구하심이니라."

3. 세상의 어둠을 비추는 빛들로 나타내야 합니다(마 5:17)

예수께서는 내가 율법이나 선지자를 폐하러 온 줄로 생각지 말라. 폐하러 온 것이 아니요. 완전케 하려 함이라고 말씀하셨습니다(마 5:17). 그러므로 우리는 하나님께서 세우신 율법을 폐하려 해서는 안 됩니다. 우리가 먼저 윤리적인 삶을 살면서 율법을 세워가야 하는 것입니다. 그러므로 우리가 불신자보다 더 엉망진창인 삶을 살아간다면 그들의 인정도 못 받고, 하나님의 인정도 못 받는 것입니다. 우리가 세상에서 다른 이들에게 윤리적인 생활로 빛을 비출 때, 그들은 우리의 행실을 보고 하나님께 영광을 돌리게 되는 것입니다(마 5:16). 우리가 선하게 산다는 것이 구원의 조건은 아니지만 우리의 선행을 통하여 다른 이를 구원할 수 있는 것입니다. 윤리적인 기독교인의 삶은 하나님께서도 원하시는 것이지만 세상 사람들이 더욱 원하고 있는 것입니다. 이 세상에는 빛과 소금의 역할을 할 사람들이 기독교인이기 때문입니다.

이제 우리는 이러한 생명의 말씀을 밝혀야 합니다. 그래서 아직도 흑암에 있는 이들로 하여금 빛을 찾고 구원을 얻을 수 있도록 해야 하겠습니다. 하나님께서는 이러한 귀중한 사명을 우리들에게 맡겨주셨습니다(딤후 4:2). 여러분 한 사람 한 사람이 윤리와 도덕적인 삶의 빛으로 암흑 같은 세상을 밝게 비추는 등불이 되시기를 바랍니다.

· 함께 읽어요 : 마태복음 5장 17절

"내가 율법이나 선지자나 폐하러 온 줄로 생각지 말라 폐하러 온 것이 아니요. 완전케 하려 함이로라."

정리하는 말

사랑하는 성도 여러분! 여러분들은 어두운 세상에 작은 등불들입니다. 그리스도의 빛을 받아 세상을 밝게 비추십시오. 기독교가 들어가는 나라마다 그들의 삶이 변화되었습니다. 방탕과 술 취함이 없어지고, 도덕과 선행으로 세상이 변하여 윤리와 도덕수준이 높아지시기를 바랍니다.

평가와 결심

1. 오늘날의 시대를 어떻게 진단하며 무엇이라 말할 수 있습니까?
   (롬 1:28, 윤리부재, 어그러지고 거스르는 시대 - 복음으로 회복)
2. 하나님께서 당신의 자녀들에게 원하시는 것이 무엇입니까?
   (히 7:25, 거룩하고 흠 없는 자녀 되기를 원하심)
3. 기독신자가 세상에 어떻게 나타나야 합니까?
   (마태복음 5:17, 세상의 어둠을 비추는 빛으로 나타내야 함)

주간 경건의 시간 <30> · 날마다 말씀과 함께

요일 / 내용	월(Mon)	화(Tue)	수(Wed)	목(Thu)	금(Fri)	토(Sat)
찬송	315/ 512	314/ 511	309/ 409	310/ 410	311/ 185	312/ 341
성경	마 9:	마 10:	마 11:	마 12:	마 13:	마 14:
적용	죄 사함의 권세	평안하기를 빌라	천국은 침노 당함	자비를 원하고	씨 뿌리는 비유	기도하러 따로 산에

* 영웅이 정말로 위대한 점은 좀처럼 절망하지 않는다는 것이다. <제임스 존스>

8단원 생명 사랑의 달

새 생명 주시는 하나님

찬송 / 565, 564, 563/ 통 300, 299, 411

성경 / 요한일서 5:6-12

요절 / 요한일서 5:12
"아들이 있는 자에게는 생명이 있고 하나님의 아들이 없는 자에게는 생명이 없느니라."

목표/ 새 생명을 주시는 하나님을 사랑하는 태도를 기른다.

시작하는 말

하나님은 우주 만물을 지으시고, 그 안에 생명을 창조하셨습니다. 만물 중에 특별히 사람을 구별하셔서 만물의 영장이요, 하나님의 형상을 따라 지음 받은 생령(living soul)이 되게 하셨습니다. 이렇듯 인간으로 생령이 되게 하셔서 생명을 부여하신 하나님은 죄로 말미암아 사망의 권세 아래에 놓인 인생을 다시금 그리스도 안에서 구원해 주셨습니다. 그리고 새로운 생명으로 거듭나게 하셔서 더욱 더 풍성한 삶을 누리게 하셨으며 영원한 생명을 소유하게 하셨습니다. 하나님께서 부여하신 생명, 그리고 그리스도 안에서 이루어지는 새 생명의 의미는 무엇인지, 그리고 이렇듯 새 생명을 덧입은 성도에게 주어지는 은총을 어떠한 것인지 함께 생각하며 은혜를 나누고자 합니다.

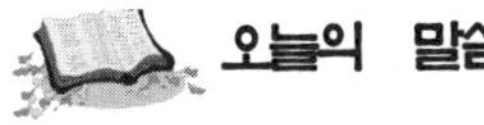

오늘의 말씀

1. 하나님은 아름답고 복된 생명을 주셨습니다(시 36:9)

하나님께서 지으신 우주 만물이 하나님 보시기에 좋았던 것처럼 하나님께서 인생에게 부여하신, 생명은 아름답고 복된 것이었습니다. 시편 기자는 "내가 주께 감사 하옴은 나를 지으심이 신묘막측 하심이라. 주의 행사가 기이함을 내 영혼이 잘 아나이다."(시 139:14)라며 하나님의 창조하심과 생명을 부요하심에 대해 찬양했습니다. 하나님은 생명을 창조하셨을 뿐만 아니라 생명을 유지하는데 필요한 모든 조건과 환경을 마련해 주셨습니다. 우리에게 부여하신 생명은 영원하고 선한 생명입니다. 하나님은 흙으로 사람을 지으시고 생기를 그 코에 불어넣으심으로 인간에게 생명을 부여하셨습니다. 에덴동산에서 생명나무를 주신 것은 영원한 생명을 허락하셨던 것입니다.

· 함께 읽어요 : 시편 36편 9절
"대저 생명의 원천이 주께 있사오니 주의 광명 중에 우리가 광명을 보리이다."

2. 사망의 저주 아래 매여 구원이 절실한 생명입니다(잠 8:35; 36)

죄와 사망은 아담의 범죄에서 비롯되었고, 그 결과로 하나님께서 부여하신 생명은 필연적으로 사망의 저주 가운데 놓이게 되었습니다(롬 5:12, 14). 아담이 범한 원죄의 유전에서 비롯된 인간의 죄성은 "신 포도를 먹는 자마다 그 이가 신 것 같이 각기 자기의 죄악으로 말미암아 죽으리라"(렘 31:30)는 예레미야의 지적처럼 우리를 사망으로 이끌어 가게 되었습니다. 그래서 사도 바울은 죄로 저주받은 생명임을 자각하고 통탄하며 탄식합니다. "오호라 나는 곤고한 사람이로다. 이 사망의 몸에서 누가 나를 건져 내랴."(롬 7:24). 시편 기자는 죄 가운데 거하며 죄 사함을 받지 못한 상태에 대해 "저희 죄악을 인하여 저희를 끊으시리니, 여호와 우리 하나님이 저희를 끊으시리라"(시 94:23)고 경고합니다. 죽었던 생명이요. 멸망이 예비된 생명임에도 불구하고 인생은 영원히 살 것처럼 이 땅에서의 삶에 집착하며 죄악을 서슴지 않고 행합니다.

이러한 생명은 살았다 하나 죽은 생명이요. 영원한 멸망과 심판이 예비된 생명입니다. 사랑하는 성도 여러분! 죄의 삯은 사망이지만 그리스도 예수 안에 있는 하나님의 은사로 말미암아 성도는 영원한 심판과 멸망으로부터 구원함을 받았습니다.

· 함께 읽어요 : 요한일서 5장 12절
"아들이 있는 자에게는 생명이 있고 하나님의 아들이 없는 자에게는 생명이 없느니라."

3. 하나님이 우리에게 영원한 새 생명을 주십니다(고후 5:15)

사도 바울은 죄 가운데 죽을 수밖에 없던 저주받은 생명이 그리스도 안에서 구원받아 영생을 소유하고 새 생명이 된 기쁨을 "이전 것은 지나갔으니 보라 새 것이 되었도다."라고 표현합니다. 아담으로부터 유전된 옛 사람의 죄성이 그리스도 안에서 죽고 새 생명의 은총에 참여하였음을 표현한 것입니다. 이렇듯 우리의 죄로 오염된 세상은 우리에게 장례식만을 제공하지만 하나님께서 허락하신 독생자 예수 그리스도는 새롭고 풍성하며 영원한 생명을 부여하신 것입니다. 이러한 은총을 시편 기자는 "대저 생명의 원천이 주께 있사오니 주의 광명 중에 우리가 광명을 보리이다"(시 36:9)라고 표현합니다.

지금 우리에게 주어진 삶을 어떻게 살아야 할지 모른다면서 그리스도 안에서 누리게 될 영원한 생명을 고대한다는 것은 우스운 일일 것입니다. 그리스도 안에서 변하여 새 사람이 된 성도 여러분! 성령을 좇아 행하는 새 생명의 사람이 되시기를 바랍니다.

· 함께 읽어요 : 갈라디아서 5장 16절
"내가 이르노니 너희는 성령을 좇아 행하라. 그리하면 육체의 욕심을 이루지 아니하리라.

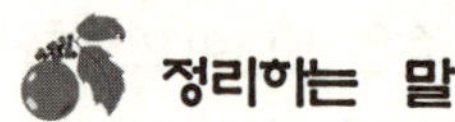

정리하는 말

사랑하는 성도 여러분! 새 생명의 근원이 되시는 그리스도를 위하여 죽도록 충성하는 삶을 살도록 합시다. 이러한 삶에 대해 주님은 "내가 생명의 면류관을 네게 주리라."고 말씀하셨습니다. 생명은 우리 능력으로는 한 치도 연장시킬 수 없습니다. 죄 가운데 사는 생명은 영벌에, 그리스도 안에서 새롭게 된 생명은 영생을 소유한 은총 가운데 이 땅에서의 삶도 생명력 있고, 풍성하게 사는 새 생명이 될 것입니다. 이러한 은혜로 충만한 성도가 되시기 바랍니다.

평가와 결심

1. 하나님이 주신 생명은 어떤 생명이십니까?
   (시 36:9, ① 아름답고 복된 생명, ② 영원하고 선한 생명임)
2. 사망에 매인 생명은 어떤 생명입니까?
   (잠 8:35, 36, ① 죄로 저주받은 생명, ② 멸망과 심판이 예비 된 생명)
3. 새 생명을 주시는 하나님이 주시는 생명은 어떤 생명이십니까?
   (고후 5:17, ① 새롭게 피조 된 생명임, ② 영원한 상급이 예비 된 생명)

주간 경건의 시간 <31> · 날마다 말씀과 함께

요일 / 내용	월(Mon)	화(Tue)	수(Wed)	목(Thu)	금(Fri)	토(Sat)
찬송	427/ 516	428/ 488	405/ 458	406/ 464	322/ 357	323/ 355
성경	요일 2:	요일 3:	요일 4:	요일 5:	요이 1:	요삼 1:
적용	기름부음을 받고	행함과 진실함으로	시인하는 영마다	성령은 진리니라	서로 사랑하자	범사에 잘되고

* 질문을 정문에서 거절하면 의심은 창문으로 들어온다. <벤자민 죠윗, 영국 신학자>

육체적인 생명 사랑

찬송 / 234, 235, 237/ 통 220, 222, 226

성경 / 이사야 40:6-11

요절 / 베드로전서 1:23

"너희가 거듭난 것이 썩어질 씨로 된 것이 아니요 썩지 아니할 씨로 된 것이니 하나님의 살아 있고 항상 있는 말씀으로 되었느니라."

목표/ 육체적인 생명을 사랑하는 태도를 기른다.

시작하는 말

사람들이 생명을 생각하면 먼저 육체적인 생명을 생각합니다. 육체적인 생명은 느낄 수 있고, 보고 감각할 수 있기에 정신적, 종교적인 생명과는 달리 모든 사람들에게 생명의 요체로 인식되어 있습니다. 그래서 생명의 누림, 생명의 존속의 중심점을 육체에 맞춥니다. 육체적 생명이 긴 것을 장수의 복으로 여기고, 그것을 바라며 온갖 수단으로 몸을 지키려고 합니다. 그러나 이 육체의 생명에는 반드시 한계가 있으며 그 점이 바로 인류 비극의 시작이요, 근거가 되는 것입니다. 함께 육체적 생명의 한계와 그것을 극복하는 길은 무엇인지 생각해 보겠습니다.

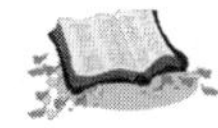

오늘의 말씀

1. 육체적 생명은 인간의 한계를 표현하고 있습니다(창 2:7)

사람의 육체적 생명은 육체적 죽음으로 인해 인류 세계에는 허무와 비극의 개념이 생기게 된 것입니다. 육체적 생명의 본질은 영원 불사의 것으로 창조된 것입니다. 창조 기사를 면밀하게 연구해 보면 태초에 인간은 자신의 선택에 따라 영원 불사할 수 있는 육체를 소유한 것으로 추정됩니다. 하나님께서 직접 흙으로 빚은 육체에 하나님의 영원한 생명인 생기를 소유한 존재로 지음을 받은 것이며 그 육체를 하나님은 '심히 좋았더라.'(창 1:31)라고 표현하셨습니다. 성경학자 데이빗슨은 말하기를 "성경의 기록을 보면 인간은 원래 죽어야만 하는 육체를 지닌 존재로 지음 받은 것이 아님을 확신한다. 하나님은 은혜로 인간을 자신의 행동에 대한 자유 의지로 죽지 않을 수 있도록 하셨다."고 했습니다.

육체적 생명은 원죄로 인해 한계를 지니게 됩니다. 하나님께서 금한 금단의 열매, 즉 먹으면 정녕 죽으리라는 명제가 붙은 것에 손을 댄 후 인간의 육체는 하나님의 영광을 잃어버리고 물질적인 것으로 전락해 버리고 말았습니다. 그 사건이 원죄이며 이 원죄로 인해 모든 인류의 후손은 죽음이라는 한계를 지닌 육체를 지니고 태어나게 된 것입니다. 성경을 살펴보면 범죄 이후라도 인간은 몇 백 년 이상을 살 수 있었는데(창 5:1-32), 그 수명이 점점 줄어들어 결국은 육체의 수명이 120년(창 6:3) 전후로 고정된 것입니다. 이 수명은 현재까지도 모든 인류의 최고 수명치가 됐습니다. 영원 불사의 것으로 창조하였음을 감사하시기 바랍니다.

· 함께 읽어요 : 창세기 2장 7절
"여호와 하나님이 흙으로 사람을 지으시고 생기를 그 코에 불어넣으시니 사람이 생령(生靈)이 된지라."

2. 육체적 생명은 새로운 탄생이 필요함을 의미합니다(창 3:19)

인간의 육체적 생명에는 한계의 원인이 있습니다. 첫째는 하나님의 심판원리에 의거합니다. "죄 지은 영혼은 죽으리라."(겔 18:20)는 법칙은 "너는 흙이니 흙으로 돌아가라."는 심판 원리에 의한 것입니다. 이 심판의 원리에 의해 육체는 영혼과 분리되고 그 영혼은 장차 '둘째 죽음'으로 분리되고 영벌을 받게 됩니다. 둘째는 본래의 것으로 되돌아가는 원리로 인합니다. "너는 흙이니 흙으로 돌아가라."는 명령대로 육체는 흙으로 돌아가려는 성질이 있습니다. 셋째는 궁극적으로 갱신되기 위함입니다. 육체적인 죽음의 기독교적인 의미는 새롭고 영원한 것으로 갱신되기 위함입니다. 죽음 이후에 부활의 생명을 바라보시기를 바랍니다.

· 함께 읽어요 : 창세기 3장 19절
"네가 얼굴에 땀이 흘러야 식물을 먹고 필경은 흙으로 돌아가리니 그 속에서 네가 취함을 입었음이라. 너는 흙이니 흙으로 돌아갈 것이니라 하시니라."

3. 육체적 생명의 믿음은 영원한 생명의 푯대가 됩니다(살전 4:13)

성도 여러분! 육체적인 한계를 두려워하지 말아야 합니다. 그리스도의 언약 안에서 구속과 부활, 새 생명의 원리와 법칙에 지배받는 존재가 된 것입니다(롬 8:1-2). 육체의 죽음은 영원한 생명을 얻는 길의 현관인 것입니다. 마지막 때 반드시 부활하여 하나님과 온전케 된 성도들과 더불어 영원한 삶을 누릴 것입니다. 우리 성도는 육체와 영혼을 멸하시는 하나님을 두려워해야 합니다. "몸을 죽여도 영혼은 능히 죽이지 못하는 자들을 두려워하지 말고 오직 몸과 영혼을 능히 지옥에서 멸하시는 자를 두려워하라"(마 11:28)고 주님은 말씀하셨습니다. 육체적인 생명에는 한계가 있고, 그 죽음 이후에는 영원한 심판이 있지만 그 심판이 사실은 영원한 생명과 죽음을 가늠하는 전기가 됩니다. 성도는 육체적 죽음이 두렵지 않고, 하나님의 영원한 심판이 두려운 것입니다.

· 함께 읽어요 : 데살로니가전서 4장 13절
"형제들아 자는 자들에 관하여는 너희가 알지 못함을 우리가 원치 아니하노니 이는 소망 없는 다른 이와 같이 슬퍼하지 않게 하려 함이라."

정리하는 말

사랑하는 성도 여러분! 육체의 생명에는 숙명적으로 그 한계가 있으며, 그 한계 속에는 하나님의 심판과 구속의 의미가 있음을 알아야 합니다. 그러므로, 우리 성도들는 육체가 자신의 것이라고 마음대로 남용해서는 않됩니다. 왜냐하면, 하나님은 우리에게 영생의 길을 제시하고 있기 때문입니다. 이 세상에서 영생의 소망 가운데 남은 육체의 생명을 하나님의 의의 병기로 드리는 지혜로운 성도가 되시기 바랍니다.

평가와 결심

1. 육체적 생명의 본질이 무엇입니까?
   (창 2:7, ① 영원 불사의 것으로 창조됨, ② 원죄로 인해 한계를 지니게 됨)
2. 육체적 생명의 소멸원인이 무엇입니까? (창 3:19, ① 하나님 심판 원리, ② 본래의 것으로 되돌아가는 원리, ③ 궁극적으로 갱신되기 위함)
3. 육체적 생명에 관한 올바른 인식이 무엇입니까?
   (살전 4:13, ① 한계를 두려워 말아야 함, ② 육체와 영혼을 멸하시는 하나님을 두려워 해야 함)

주간 경건의 시간 <32> · 날마다 말씀과 함께

요일 / 내용	월(Mon)	화(Tue)	수(Wed)	목(Thu)	금(Fri)	토(Sat)
찬송	282/ 339	285/ 209	286/ 218	287/ 205	288/ 204	289/ 208
성경	사 35:	사 36:	사 37:	사 38:	사 39:	사 40:
적용	여호와의 책	쳐서 멸하라	여호와의 전 앞에	네 기도 네 눈물	무기고 보물고	내 백성 위로하라

* 언어는 생각의 의복이다. <사무엘 존슨, 1709-1784, 영국 저술가>

8단원 생명 사랑의 달

정신적인 생명 사랑

찬송 / 472, 471, 458/ 통 530, 528, 513

성경 / 데살로니가전서 5:23-28

요절 / 데살로니가전서 5:23

"평강의 하나님이 친히 너희로 온전히 거룩하게 하시고 또 너희 온 영과 혼과 몸이 우리 주 예수 그리스도 강림하실 때에 흠 없게 보전되기를 원하노라."

목표/ 정신적인 생명을 사랑하는 태도를 기른다.

시작하는 말

여러분! 인간이 어떻게 구성되어 있습니까? 인간 구성 요소에 대한 이론에는 이분설과 삼분설이 있습니다. 삼분설은 인간이 육과 혼과 영으로 구성되어 있다는 것입니다. 여기서 혼은 정신적인 것으로서 도덕이나 가치기준을 판단하는 의지적인 기능을 말하고 있습니다. 또한 영이 하나님과 관계된 기능을 수행하는 기관이라고 한다면, 혼은 인간이나 그 밖의 사물에 대해 처신하는 정신적인 기능이라고 할 수 있습니다. 인간이 타락하여 하나님의 형상을 상실하였다 할지라도 정신적인 생명은 여전히 살아있어 도덕적인 책임을 지게 되어 있습니다. 인간은 도덕적 가치를 지니고 판단하는 존재입니다. 정신적인 생명의 역할은 무엇입니까?

오늘의 말씀

1. 서로 책임과 사랑의 관계를 맺게 합니다(요일 3:9-11)

인간은 사회적 존재라고 합니다. 그러므로 타인에 대해 서로 책임을 져야 합니다. 인간의 모든 행위는 사회적 환경의 산물이기 때문에 사회적 환경과 삶의 조건에 상당 부분의 책임을 돌려야 한다고 주장하기도 합니다. 그러나 성경은 그렇게 말하지 않습니다. 성경은 분명히 타인을 살인하거나(창 9:6) 해를 가하지 말라고 명령하고 있으며(출 20:17), 타인을 향해 거짓 증거 하거나 저주해서는 안 된다고 말합니다(출 20:16; 약 3:9-10). 또한 서로 사랑하여야 합니다. 하나님께서 인간에게 주신 가장 큰 계명은 바로 사랑입니다. 이것은 인간이 가장 필요로 하는 욕구이기도 합니다. 마치 흔히 말하는 모성애를 들먹이지 않는다 할지라도 사랑이 인간에게 반드시 필요한 것임은 누구도 부인할 수 없는 사실입니다. 그래서 요한 사도는 우리에게 서로 사랑하라고 권면하면서 사랑은 사망에서 생명으로 옮기는 것이라고 말합니다(요일 3:14).

· 함께 읽어요 : 요한일서 3장 9절
"하나님께로서 난 자마다 죄를 짓지 아니하나니 이는 하나님의 씨가 그의 속에 거함이요 저도 범죄치 못하는 것은 하나님께로서 났음이라."

2. 생명 사랑은 자신과 자연이 연대감을 갖도록 합니다(창 1:28)

인간은 그리스도인이든 아니든 간에 죽으면 누구나 한 줌의 흙으로 돌아간다는 사실을 잘 압니다. 흙으로 돌아갈 수밖에 없는 것은 바로 인간이 흙으로 지음을 받았기 때문입니다. 그러므로 우리는 하나님이 창조하신 자연과 조화를 이루어가야 합니다. 자연에 대한 책임을 져야 합니다. 사막은 인간이 자연을 황폐화시킨 결과라고 합니다. 또한 인간은 오존층을 파괴함으로 그 대가를 치르고 있습니다. 생활하수와 공장 폐수로 물을 오염시킨 결과 인간의 생명을 유지하는 가장 중요한 요소인 깨끗한 물을 찾아보기 어렵게 되었으며, 그 결과 생존의 위협을 당하게 되었습니다. 하나님은 자연을 잘 다스리라고 명령하셨습니다. 이 다스림은 무작위한 정복과 파괴가 아닙니다. 하나님의 소유를 위탁관리하는 것을 의미합니다. 우리는 하나님의 명령대로 잘 관리하는 책임을 져야만 합니다. 그럴 때 자연은 인간에게 생명과 건강을 가져다 줄 것입니다. 자연을 사랑하고 보호하시기를 바랍니다.

· 함께 읽어요 : 창세기 1장 28절
"하나님이 그들에게 복을 주시며 그들에게 이르시되 생육하고 번성하여 땅에 충만 하라. 땅을 정복하라. 바다의 고기와 공중의 새와 땅에 움직이는 모든 생물을 다스리라 하시니라."

3. 자기 자신의 행위를 돌아보는 지혜가 필요합니다(계 20:12)

인간은 하나님의 형상대로 지음을 받은 존재입니다(창 1:26). 우리 인간은 자신의 모습을 돌아보아 하나님에게로 돌아가야 합니다. 최초의 인간인 아담과 하와가 범죄 함으로 하나님의 형상을 상실했습니다.

우리는 자기 자신의 행위를 돌아보아야 합니다. 오늘날의 과학자들은 인간이 입으로 소리를 내면 잠시 들렸다가 사라지지만 우리가 들을 수 없을 뿐이지 사라지는 것은 아니라고 말합니다. 그 소리의 파장을 통해서 재생할 수 있다고 합니다. 마찬가지로 인간의 행위도 그렇습니다. 인간이 자기가 한 행위가 망각으로 인하여 잊어버린다 할지라도 성경은 그런 인간의 행위가 하나님의 책들에 기록된다는 것을 말씀하고 있습니다. 그것이 바로 인간의 심판의 기준이 되는 것입니다. 여러분들의 기억에서 여러분들의 범죄 행위가 생각날 때, 철저히 회개하시기 바랍니다.

· 함께 읽어요 : 요한계시록 20장 12절
"또 내가 보니 죽은 자들이 무론 대소하고 그 보좌 앞에 섰는데, 책들이 펴있고, 또 다른 책이 펴졌으니 곧 생명책이라 죽은 자들이 자기 행위를 따라 책들에 기록된 대로 심판을 받으리니"

정리하는 말

사랑하는 성도 여러분! 아담과 하와의 범죄는 인간으로 하여금 하나님의 형상을 상실하도록 만들었습니다. 비록 하나님의 형상을 상실하였다 할지라도 인간은 누구나 정신적인 생명을 가진 책임 있는 도덕적 존재로서 정신은 물론 자신의 환경을 구성하고 있는 타인이나 자연에 대해 책임을 가지시고 하나님께서 주신 정신적인 생명을 소유하시기를 바랍니다.

평가와 결심

1. 정신적인 생명을 통해서 이루시는 역할 첫째는 무엇입니까?
   (요일 3:9~11, 타인과의 책임과 사랑의 관계를 맺게 하심)
2. 정신적인 생명을 통해서 이루시는 역할 둘째는 무엇입니까?
   (창 1:28, 자연과 조화를 이루고 책임을 져야 함)
3. 정신적인 생명을 통해서 이루시는 역할 셋째는 무엇입니까?
   (계 20:12, 자기 자신의 행위를 돌아보게 함)

주간 경건의 시간 <33> · 날마다 말씀과 함께

요일 / 내용	월(Mon)	화(Tue)	수(Wed)	목(Thu)	금(Fri)	토(Sat)
찬송	324/ 360	325/ 359	337/ 363	336/ 383	347/ 382	348/ 388
성경	살전 2:	살전 3:	살전 4:	살전 5:	살후 1:	살후 2:-3:
적용	부자와 나사로	겨자씨 한 알	믿음을 보겠느냐	장사하라	산 자의 하나님	일어나 머리 들라

* 건전한 신앙은 몸을 건전케 한다.

<윌리엄 E, 글래드스턴(1809~1898) 영국 정치가>

8단원 생명 사랑의 달

영적 생명을 사랑하자

찬송 / 515, 516, 528/ 통 256, 265, 318

성경 / 요한복음 5:24-29

요절 / 요한복음 5:24

"내가 진실로 진실로 너희에게 이르노니 내 말을 듣고 또 나 보내신 이를 믿는 자는 영생을 얻었고 심판에 이르지 아니하나니 사망에서 생명으로 옮겼느니라."

목표/ 영적 생명 사랑하는 태도를 가지도록 한다.

시작하는 말

사람들은 흔히 육체적인 생명만을 생각합니다. 그러나 인간은 육체적인 생명도 중요하지만 그보다 영적인 생명이 더욱 귀중합니다. 육체적인 생명은 그 존재기간이 매우 짧습니다. 욥은 '베틀의 북'보다 빠르고(욥 7:6), 모세의 말처럼 '신속히 날아가는 것'(시 90:10)이 육체적인 것보다도 영적인 것, 즉 영적인 생명입니다. 육체적으로 건강해도 영적으로 빈곤한 사람은 허망한 삶을 사는 것입니다. 영적 생명을 소유한 자, 영적으로 풍요로운 자라야 하나님의 창조 원리에 따라 사는 것입니다.

오늘의 말씀

1. 영적 생명은 그리스도 안에서 거듭난 새 생명입니다(요 3:3-5)

성경은 "누구든지 그리스도 안에 있으면 새로운 피조물이라"(고후

5:17)고 했습니다. 영적인 생명이란 그리스도 안에서 거듭난 사람이 소유하는 새 생명을 가리킵니다. 이것은 예수를 주님으로 믿어야 소유하게 됩니다. 거듭남에 관한 교훈은 저 유대의 랍비였던 니고데모조차도 이해하기 어려웠던 신비스러운 사건입니다(요 3:4). 거듭나지 않고서는 아무라도 영적인 생명을 소유하지 못합니다. 대개의 사람들은 자신들이 당면하게 되는 여러 문제들이 돈이나 그밖에 다른 인간적인 수단에 의해 해결될 수 있다고 믿고 있습니다. 이것은 올바른 생각이 아닙니다. 사람이 스스로 해결할 수 있는 일들은 지극히 제한적입니다. 중요한 문제일수록 해답을 찾기가 더욱 어렵게 되며, 주께서 하시는 일들은 그분이 명하신 방법 이외의 다른 것으로는 접근하기조차도 불가능합니다. 예수를 믿어야만 사람이 거듭날 수 있습니다. 특별히, 새 생명은 지배를 받지 아니합니다. 바울을 비롯하여 많은 신앙의 선배들은 우리들이 새 생명으로 사망의 지배에서 벗어나시기를 간절히 소원합니다.

· 함께 읽어요 : 요한복음 3장 5절
"예수께서 대답하시되 진실로 진실로 네게 이르노니 사람이 물과 성령으로 나지 아니하면 하나님 나라에 들어갈 수 없느니라."

2. 영적 생명은 하나님과의 교통이 가능한 삶을 말합니다(렘 33:3)

성경은 거듭나기 이전의 인간의 상태는 '죄인'이라고 가르치고 있습니다. 여기에는 모든 계층의 모든 사람들이 포함됩니다. 바울은 증거 하기를 "의인은 하나도 없다"고 했습니다. 의로운 사람은 하나도 없었습니다(롬 3:10). 죄란 하나님과의 교통을 가로막는 큰 장애물입니다. 때문에 인간은 하나님과 어떤 형태의 교통도 불가능한 상태에 있었습니다. 그러나 예수를 믿는 이들은 죄에서 자유하게 됨으로 하나님과의 교통이 이뤄지는 것입니다.

뿐만 아니라, 기도에 응답을 받습니다. 하나님과의 지속적인 교통이 있을 때 성도의 기도에 대한 응답이 있습니다. 그분과 친밀한 관계에 있는 사람, 원만한 교통이 이뤄지는 사람의 기도가 응답을 받습니다. 죄가 장애물이 되어서 기도의 응답을 막는 것입니다.

· 함께 읽어요 : 예레미야 33장 3절
"너는 내게 부르짖으라. 내가 네게 응답하겠고, 네가 알지 못하는 크고 비밀한 일을 네게 보이리라."

3. 영적 생명은 영원한 미래가 보장되는 삶을 말합니다(빌 3:20)

사랑하는 성도 여러분! 미국에서 태어난 사람이나 미국 시민과 결혼한 사람에게는 그 나라에서 살 수 있는 권리가 부여됩니다. 이 문제를 위해서 따로 어떤 수고를 할 필요가 없습니다. 마찬가지로 성도는 천국 시민권이 확보된 것입니다. 그리스도에게 속한 사람들, 거듭난 새 생명을 소유한 자들은 자동적으로 그 나라에서 거할 권리를 지니게 됩니다. 성경은 이와 관련하여 두 가지를 교훈합니다. 첫째, 우리가 그리스도와 함께 유업을 잇게 된다는 것입니다(롬 8:17). 둘째로, 세상으로부터 미움을 받게 된다는 것입니다(요 15:18-20). 우리는 성도로서 영광의 약속에 참여하게 됩니다. 천국은 주의 영광의 약속들이 완전하게 실현되는 곳입니다. 이 땅에서 누리는 어떤 혜택들과도 비교될 수 없는 많은 것들을 우리는 거기서 얻게 됩니다. 우리는 이를 위해서 주께서 주신 기회들을 최대한 활용토록 힘써야 하겠습니다. '세월을 아껴라'(엡 5:16)는 바울의 권고는 그 나라에 이를 때에 우리가 일한 대로 받게 된다는 주님의 가르침과 관련이 있습니다(계 22:12). 영광의 기약과 약속이 확실하게 보장되는 줄 믿으시기 바랍니다.

· 함께 읽어요 : 빌립보서 3장 20절
"오직 우리의 시민권은 하늘에 있는지라 거기로서 구원하는 자 곧 주 예수 그리스도를 기다리노니"

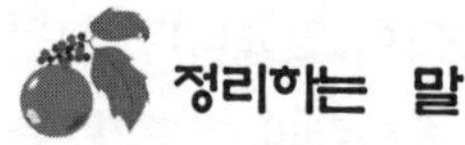

정리하는 말

사랑하는 성도 여러분! 영적 생명은 어떤 특정한 사람들을 위해서만 준비된 것이 아닙니다. 하나님은 모든 사람이 이에 참여하기를 원하십니다. 주의 날이 더딘 것도 그분의 이 같은 마음과 관련이 있습니다(벧후 3:9). 우리는 이 생명을 소유하게 된 것이 은혜임을 알고 감사하며, 오늘 힘써야 할 일이 무엇인가를 찾아 주께 영광을 돌려야 합니다. 사랑하는 성도 여러분! 영원한 생명을 소유하시고, 소망 가운데 날마다 기뻐하며 주님을 증거 하시기 바랍니다.

평가와 결심

1. 영적인 생명은 어떤 생명입니까?
   (요 3:3-5, 그리스도 안에서 거듭난 생명임)
2. 영적인 생명은 우리에게 무엇을 가능하게 합니까?
   (렘 33:3, 하나님과의 교통이 가능하게 됨)
3. 영적인 생명은 무엇을 보장하게 됩니까?
   (빌 3:20, 영원한 미래가 확실하게 보장됨)

주간 경건의 시간 <34> · 날마다 말씀과 함께

요일 / 내용	월(Mon)	화(Tue)	수(Wed)	목(Thu)	금(Fri)	토(Sat)
찬송	290/ 412	298/ 35	299/ 418	300/ 406	301/ 460	303/ 403
성경	요 2:	요 3:	요 4:	요 5:	요 6:	요 7:
적용	물로 된 포도주	물과 성령으로	신령과 진정으로	생명의 부활로	하나님의 일을	생수의 강이 흘러

* 언어는 말의 기능은 물론, 하나님의 직접적인 선물이다. <노아 웹스터, 1758-1843>

8단원 생명 사랑의 달

영원한 생명을 사랑하자

찬송 / 315, 415, 414/ 통 512, 471, 475
성경 / 요한복음 11:17-27
요절 / 요한복음 17:3
"영생은 곧 유일하신 참 하나님과 그의 보내신 자 예수 그리스도를 아는 것이니이다."
목표/ 영원한 생명을 사랑하는 태도를 가지도록 한다.

시작하는 말

인간들은 이 세상의 삶 밖에 더 없는 것으로 착각을 합니다. 육신의 생명이 사라지면 끝나는 줄 압니다. 그러나 성경은 영생이 우리에게 있다고 증거 합니다. 사도 바울은 "만일 그리스도 안에서 우리의 바라는 것이 다만 이생뿐이면 모든 사람 가운데 우리가 더욱 불쌍한 자리라."(고전 15:19)고 했습니다. 유한한 생명을 살아가는 인생이 다 불쌍하지만 그나마 세상을 즐기지 못하고 살아가는 성도들은 더 불쌍하다는 것입니다. 그렇지만 예수 그리스도를 믿는 성도들은 확고한 믿음이 있어야 합니다. 하나님이 주시는 영원한 생명에 대하여 살펴보겠습니다.

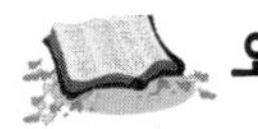

오늘의 말씀

1. 그리스도를 믿음으로 소유하는 영생입니다(요 3:16)

오늘날 의학의 발달로도 인간의 영생불사(永生不死)는 불가능하다고 합니다. 그러나 성경은 말하기를 인간의 영원한 생명은 예수 그리스도와 연관되어 있습니다. 예수님은 영생하는 양식을 주시는 인자시요(요 6:27), 그의 살은 참된 양식이요. 그의 피는 참된 음료(요 6:55)라고 했습니다. 이런 말씀을 전하실 때 깨닫지 못한 많은 군중들 그리고 제자 중에 많이 물러가고 다시 그와 함께 하지 아니 하더라고 했습니다(요 6:66). 주님의 수제자 베드로는 "주는 그리스도시요. 살아계신 하나님의 아들이시니이다."라고 신앙고백을 했고, "너희도 가려느냐?" 할 때 "주여! 영생의 말씀이 계시매 우리가 뉘게로 가오리까? 우리가 주는 하나님의 거룩하신 자신 줄 믿고 알았삽나이다"(요 6:67-68)라고 했습니다. 예수 그리스도를 믿음으로 영생합니다. 하나님의 은혜로 얻은 영생입니다. 그래서 우리가 예수 그리스도를 믿을 때에 영생을 주시는데 그것을 빼앗을 자가 없다고 하셨습니다(요 10:28). 믿음으로 얻는 영생을 잃어버리지 마시고 꼭 소유하시기를 바랍니다.

· 함께 읽어요 : 요한복음 3장 16절
"하나님이 세상을 이처럼 사랑하사 독생자를 주셨으니 이는 저를 믿는 자마다 멸망치 않고 영생을 얻게 하려 하심이니라."

2. 죄 사함을 받음으로 소유하는 영생입니다(행 10:43)

사망은 이 땅 위에서 지금 왕 노릇합니다. 아담의 범죄와 함께 폭군으로 침입해 들어온 사망은 절대 권력을 휘두르며 이 땅에서 왕 노릇하고 있습니다(롬 5:12). 죄가 있는 곳에는 어디든 사망이 왕 노릇합니다. 그러나 아무리 사망 권세가 크다 해도 예수를 믿는 성도에게는 효력을 발휘하지 못합니다. 그것은 예수 그리스도를 믿는 믿음이 죄 사함을 얻게 하기 때문입니다. 믿음은 죄와 사망의 권세를 무력화 시키고 영원한 멸망과 형벌로부터 우리를 구원합니다. 또한 예수 그리스도를 믿는 믿음은 죄 사함과 함께 성도를 영생의 나라로 옮깁니다. 죄 사함으로 그치는 것이 아니라 더욱 큰 은혜는 성도를 영생의 나라로 옮기는 데에 있습니다.

즉 은혜와 의가 영원히 왕 노릇하는 나라로 옮겨 가는 결과를 산출하는 것입니다(롬 5:21). 죄 사함으로 영생을 주십니다. 할렐루야!

· 함께 읽어요 : 사도행전 10장 43절
"저에 대하여 모든 선지자도 증거 하되 저를 믿는 사람들이 다 그 이름을 힘입어 죄 사함을 받는다 하였느니라."

3. 인생의 궁극적 가치로서의 영생입니다(요 12:50)

예수께서는 "나는 그의 명령이 영생인 줄 아노라."라고 말씀했습니다. 하나님의 명령인 영생입니다. 왜 우리가 그리스도를 믿고 영생을 얻어야 합니까? 그것은 하나님의 엄격하고 고귀하신 명령이기 때문입니다. 하나님은 태초부터 인간을 영원히 살도록 지으셨고, 범죄한 인간을 위하여 예수 그리스도를 보내사 영원한 생명에 이르게 하셨습니다.

예수 그리스도는 영생이 되십니다. 요한은 그의 최초의 서신 초두에 영생과 관련하여 매우 의미심장한 말을 했습니다. "이 생명이 나타내신 바 된지라. 이 영원한 생명을 우리가 보았고, 증거하여 너희에게 전하노니 이는 아버지와 함께 계시다가 우리에게 나타내신바 된 자니라."(요일 1:2). 그렇습니다. 영생이란 예수 그리스도 그 자체요, 그를 아는 것이요. 그를 믿는 것이요 그를 찬양하는 것입니다. 죽음의 위협과 핍박이 있는 곳일지라도 예수 그리스께서 계신 곳이 하늘나라요, 영광의 나라요, 영생입니다(행 7:54-56). 사랑하는 성도 여러분! 영생이요, 생명이신 그리스도께서 우리 안에 계심을 믿으시기 바랍니다.

· 함께 읽어요 : 요한복음 12장 50절
"나는 그의 명령이 영생인 줄 아노라 그러므로 나의 이르는 것은 내 아버지께서 내게 말씀하신 그대로 이르노라 하시니라."

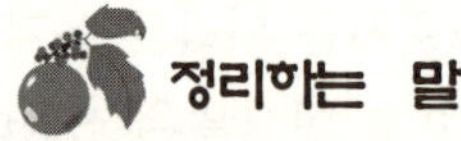

정리하는 말

오늘날 생명경시의 풍조가 사회에 만연하고 있습니다. 하나님께서는 인간을 창조하실 때 영원한 생명을 주셨습니다. "믿음의 결국 곧 영혼의 구원을 받음이라"(벧전 1:9). "너희가 그 은혜를 인하여 믿음으로 말미암아 구원을 얻었나니 이것이 너희에게서 난 것이 아니요 하나님의 선물이라"(엡 2:8)고 했습니다. 예수 그리스도를 믿음으로 말미암아 구원과 영생을 주신 줄 믿고 영원한 생명 주심을 감사하시기 바랍니다.

평가와 결심

1. 첫째 어떻게 하여 영원한 생명인 '영생'을 주십니까?
   (요 1:16, 그리스도를 믿음으로 영생을 주심)
2. 둘째 어떻게 하여 영원한 생명인 '영생'을 주십니까?
   (행 10:43, 죄 사함을 받음으로 영생을 주심)
3. 셋째 '영생'을 가진 의미와 가치는 무엇입니까?
   (요 12:50, 영생은 하나님의 명령이시며 최고의 가치이며 생명)

주간 경건의 시간 <35> · 날마다 말씀과 함께

요일 / 내용	월(Mon)	화(Tue)	수(Wed)	목(Thu)	금(Fri)	토(Sat)
찬송	354/ 394	358/ 400	359/ 401	360/ 402	371/ 419	376/ 422
성경	요 9:	요 10:	요 11:	요 12:	요 13:	요 14:
적용	세상의 빛이로라	나는 양의 문이라	믿게하려 함이라	나사로 까닭에	서로 사랑하라	내 이름으로 시행하리라

* 위대함은 흔히 위대한 성공과 공손한 동의어로 통한다. <필립 게달라, 1889-1801, 영국사학자>

성령 충만함을 받자

찬송 / 182, 183, 184/ 통 169, 172, 173
성경 / 에스겔 3:22-27
요절 / 에베소서 5:18
"술 취하지 말라 이는 방탕한 것이니 오직 성령의 충만함을 받으라."
목표/ 하나님의 자녀로서 성령 충만함을 받아 살아가는 태도를 기른다.

시작하는 말

성경에서 '오직 성령의 충만함을 받으라.'는 말씀은 '내 제자를 삼으라.'는 명령과 더불어 그리스도 안에서 거듭난 성도들에게 주신 하나님의 지상 명령입니다. 성경은 그 누구에게도 인간적인 노력에 의해서 중생과 성령의 내주를 받으라고 명령하지는 않습니다. 그러나 '성령 충만'은 그리스도인들에게 '받으라'고 명령하고 있습니다. 본문에는 여호와께서 권능으로 에스겔에게 임하셨다고 하였습니다. 선지자들과 주의 종들은 성령의 권능으로 일했습니다. 그리스도 안에서 거듭난 어린 성도라 할지라도 성령 충만의 조건들을 갖춘다면 즉시로 성령 충만의 은혜를 누릴 수 있는 것입니다. 성령 충만의 요건을 살펴보면서 우리도 성령 충만함을 받아 주님의 충성된 일꾼으로 일하시기를 간절히 소원합니다.

오늘의 말씀

1. 회개는 성령 충만함의 첫 번째 요건입니다(:22-24; 행2:38)

크리스천은 은혜와 구원을 받아야 합니다. '회개'는 구원을 위해 거쳐야 할 필수적인 관문이기도 합니다(막 1:15; 눅 13:3). 또한 '회개'는 성령님과의 친밀한 교제를 얻는 단계이기도 합니다. 에스겔 선지자가 엎드렸을 때 주의 신이 일으켜 세웠습니다. 성도가 성령님의 임재를 아주 잃어버릴 수는 없지만(히 13:5), 성령님의 뜻을 거슬러 불복하는 생활을 계속한다면 성령님과의 교제생활이 끊어집니다. 하나님의 말씀을 멀리하고, 방탕한 탐욕, 이기주의, 물질주의적인 생활을 계속한다면 성령 충만한 은총을 누릴 수 없으며, 성령님의 뜻을 질식시키고 억누르는 결과를 초래하여 성령님을 근심시켜 드리는 것입니다. 회개의 자세와 내용은 첫째, 성령 충만을 위한 회개의 본질은 '순종'임을 명심해야 합니다. 구원을 위한 회개의 본질이 그리스도의 '영접'이라면 성령 충만을 위한 회개는 하나님의 말씀을 등한히 하고 성도로서의 본문을 벗어난 '불순종'에 대한 회개라는 점을 기억해야 합니다.

· 함께 읽어요 : 사도행전 2장 38절

"베드로가 가로되 너희가 회개하여 각각 예수 그리스도의 이름으로 세례를 받고 죄 사함을 얻으라. 그리하면 성령을 선물로 받으리니"

2. 성령 충만함은 헌신이 필요합니다(:25-26; 롬 12:1-2)

"너희 몸을 하나님이 기뻐하시는 산제사로 드리라."고 했습니다. 성령 충만의 의미는 '성령 하나님과의 기쁘고 충만한 교제 상태'라고 할 수 있습니다. 성령 충만이란 삼위 하나님 되시는 인격적인 성령과의 올바른 교제로서 얻어지는 결과인 것입니다. 그러므로 내 뜻과 정성과 전 생활을 드려야 하는 이유가 여기에 있는 것입니다. 인격적인 헌신이 결여된 형식적인 물질 봉사와 교회생활만으로 성도의 할 바를 다했다고 할 수 없습니다. 이는 진정한 헌신이 결여된 가인의 제물과도 같습니다(창 4:3-5). 성도는 물질보다 먼저 인격적인 마음을 먼저 드려야 하나님께서 기뻐 받으십니다. 마음이 없으면 비인격적이며 위선된 헌신이기에 성령 하나님을 기쁘시게 할 수 없습니다. 에스겔 선지자는 철저한 순종과 경건의 생활을 통해 하나님의 말씀을 자기 삶 속에 완전히 생활화하는 준비기간을 가졌습니다(:22-27). 그렇습니다. 성도는 물질적이며 형식적인 면에서의 헌신도 중요하지만 먼저 진실한 인격으로 나의 전인적인 내용을 하나님의 뜻에 바칠 때, 그것이 하나님을 기쁘시게 해드리는 헌신이요, 성령 충만의 은총을 누리게 되는 조건이 되는 것입니다. 온전한 헌신으로 하나님이 기뻐하시는 충성과 봉사를 다하시기를 간절히 소원합니다.

· 함께 읽어요 : 로마서 12장 1-2절
"1 그러므로 형제들아 내가 하나님의 모든 자비하심으로 너희를 권하노니 너희 몸을 하나님이 기뻐하시는 거룩한 산제사로 드리라 이는 너희의 드릴 영적 예배니라 2 너희는 이 세대를 본받지 말고 오직 마음을 새롭게 함으로 변화를 받아 하나님의 선하시고 기뻐하시고 온전하신 뜻이 무엇인지 분별하도록 하라."

3. 성령 충만을 위해 간구와 의존이 필요합니다(:27; 갈 5:16)

바울 사도는 "성령을 좇아 행하라"고 했습니다. 이 말의 의미는 성령님의 도움을 요청해야 함을 의미합니다. 우리가 성도라 할지라도 옛사람의 본성을 좇아 살려는 욕구가 일어납니다. 이럴 때 성령님의 도우심을 요청해야 합니다. 그때 성령께서 말로 다할 수 없는 뛰어난 능력으로 우리에게 힘을 주셔서 이기게 하십니다. 하나님의 자녀로서 행할 수 있도록 도우십니다. 우리는 성령님을 의존해야 합니다. 구원도 결국은 그리스도의 은총을 의지함으로써 얻어지는 것처럼, 우리의 본성을 이기고 하나님의 자녀로서 생활하는 힘을 얻는 일도 성령님의 능력에 의존함으로써 가능한 것입니다. 에스겔은 말씀 선포하도록 하실 때까지 기다렸습니다.

· 함께 읽어요 : 빌 4장 13절
"내게 능력 주시는 자 안에서 내가 모든 것을 할 수 있느니라."

정리하는 말

사랑하는 성도 여러분! 우리 성도들이 성령의 충만함을 입는다는 것은 나의 마음과 정신과 영혼 전체에 성령에 의해서 압도당하는 상태를 의미합니다. 우리 주님도 하나님이 성령을 한량없이 주셨습니다(요 3:34). 또한 성령으로 기뻐하셨습니다(눅 10:21). 사랑하는 여러분! 성령이 충만하여 충성봉사하시기를 바랍니다. 성령으로 기쁘게 일하시기를 바랍니다. 성령님과 같은 마음, 같은 뜻, 같은 행동으로 하나님께 드려지는 헌신과 봉사, 그리고 예물 드림이 되시기를 간절히 바랍니다.

평가와 결심

1. 성령 충만함을 받으려면 첫째 무엇이 필요합니까?
   (행 2:38, 회개가 필요함)
2. 성령 충만함을 받으려면 둘째 무엇이 필요합니까?
   (롬 12:1, 2, 산 제물로 드리는 헌신이 필요함)
3. 성령 충만함을 받으려면 셋째 무엇이 필요합니까?
   (갈 5:16, 성령님을 간구하고 의존해야 함)

주간 경건의 시간 <36> · 날마다 말씀과 함께

요일 / 내용	월(Mon)	화(Tue)	수(Wed)	목(Thu)	금(Fri)	토(Sat)
찬송	190/ 177	191/ 427	197/ 178	202/ 241	204/ 379	214/ 349
성경	겔 2:	겔 3:	겔 4:	겔 5:	겔 6:	겔 7:
적용	인자야 일어서라	피 값을 네 손에서	인분 불을 피워 구워	성소를 더럽혀	제단이 황무하고	몽둥이가 꽃피며

* 인격은 완전하게 교육된 의지이다.
<노발리스, 1772-1801, 프리드리히 폰 하르덴 베르그의 필명, 독일 철학자>

9단원 성령 충만의 달

제37과

성령 충만의 결과

찬송 / 189, 187, 188/ 통 181, 171, 180

성경 / 갈라디아서 6:1-10

요절 / 갈라디아서 6:8

"자기의 육체를 위하여 심는 자는 육체로부터 썩어진 것을 거두고 성령을 위하여 심는 자는 성령으로부터 영생을 거두리라."

목표/ 성령 충만의 결과를 알고 살아가는 태도를 기른다.

시작하는 말

성도의 신앙생활 중에 '성령 충만'은 대단히 중요합니다. 오늘날 세상은 사악해 질대로 사악해져 있습니다. 인간의 노력이나 수양으로 양심을 회복하기에는 힘이 버겁습니다. 성령 충만한 성도의 삶은 모든 삶이 축복으로 이어집니다. 그 축복은 바로 그리스도 예수 안에서 얻어진 영광스러운 영생을 성도가 만끽하게 됨을 뜻합니다. 그리고 성령 충만한 성도들은 자기 자신을 향하신 하나님의 뜻이 무엇인지를 확신하게 되고, 또 그 뜻을 생활 속에서 이루어 드리는 하나님의 참된 자녀의 길을 가게 됩니다. 이러한 성령 충만한 삶을 살았던 초대교회 성도들은 칭송을 받는 성도들이 되었습니다. 귀한 그리스도인이라는 칭호를 들었던 것입니다. 여러분들도 그런 칭송을 받는 성도되시기를 바랍니다.

오늘의 말씀

1. 성령 충만의 결과는 그리스도의 지배 받는 삶이 됩니다(갈 2:20)

사도 바울은 갈라디아서 2장 20절에서 "그런즉 이제는 내가 산 것이 아니요 오직 내 안에 그리스도께서 사신 것이라."고 고백합니다. 이 말은 죄악의 권세 아래 포로 되었던 인격이 은혜의 왕 그리스도의 통치 안에 거하게 된 은총을 고백한 것입니다. 성령 충만한 삶은 안전한 삶을 누리게 됩니다. 그리스도 안에 뿌리를 두고 살기에 세상 풍조에 밀리지 않고 그리스도의 능력에 의지하여 산다는 뜻입니다. 또한, 진리 가운데로 인도받는 삶을 살게 됩니다. "무릇 하나님의 영으로 인도함을 받는 그들은 곧 하나님의 아들이라."(롬 8:14)고 했습니다. 험난한 이 세상을 살아가는 사람들에게 가장 필요한 분은 올바른 '인도자'일 것입니다. 성령 충만한 성도들은 성령님이 인도자가 되셔서 하나님의 뜻 가운데로 인도해 주시는 것입니다. 그런 복된 삶을 살아가시기를 소원합니다.

· 함께 읽어요 : 로마서 8장 28절
"우리가 알거니와 하나님을 사랑하는 자 곧 그 뜻대로 부르심을 입은 자들에게는 모든 것이 합력하여 선을 이루느니라."

2. 성령 충만의 결과는 그리스도를 닮아가는 삶이 됩니다(갈 5:22-23)

바울 사도는 갈라디아서 5장 22-23절에서 '성령의 열매'에 대해서 설명하고 있습니다. 이 열매의 내용은 바로 그리스도의 인격이며 인품의 내용인 것입니다. 성도들의 궁극적인 삶의 목표는 그리스도의 인격을 닮아가는 것입니다. 이는 하나님께서 성도에게 내려주시는 하나님의 본질적인 축복입니다. 왜냐하면 장차 성도가 저 하늘나라에서 온전히 누릴 영생 축복의 한 부분을 이 땅에서도 누리는 부분이 바로 그리스도의 인격을 닮는 축복이기 때문입니다(고전 13:13). 이를 신학적인 표현으로는 '점진적인 성화'라고 부릅니다. 그 내용은 예수 그리스도를 깊이 아는 것입니다. 주님은 장차 성령께서 오셔서 모든 진리를 가르쳐 주실 것이라고 하셨습니다(요 16:12-13). 성령 충만한 성도들만이 예수 그리스도께 속한 진리를 광범위하고 깊게 깨달을 수 있는 것입니다. 성령 충만하게 되면, 예수 그리스도의 인품으로 변화 받게 됩니다. 사랑하는 성도 여러분! 성령의 아홉 가지 열매인 사랑, 희락, 화평, 오래 참음, 자비, 양선, 충성, 온유, 절제라는 인품적인 요소들을 갖추게 되시기를 간절히 바랍니다.

· 함께 읽어요 : 갈라디아서 5장 22-23절
"22 오직 성령의 열매는 사랑과 희락과 화평과 오래 참음과 자비와 양선과 충성과
23 온유와 절제니 이 같은 것을 금지할 법이 없느니라."

3. 성령 충만의 결과는 '봉사적인 삶'을 살게 되는 것입니다(요 7:37-39)

성령 충만한 삶은 바로 봉사적인 삶을 살도록 합니다. 말하자면 봉사적인 삶은 하나님의 자녀된 성도의 삶의 양태입니다. 이 봉사하는 삶은 바로 인생의 승리자와 여유 자들만이 구가할 수 있는 특권이기도 합니다. 성령 충만한 성도들은 다음과 같은 삶을 살아가게 됩니다.

첫째는 경배하는 사람이 됩니다. 하나님을 하나님으로서 경배할 수 있는 참인간이 됩니다. 인간의 불행은 결국 하나님께 경배치 않고 자신이 경배 받으려는 불 신앙적 무지와 교만 때문입니다(롬 1:18-32).

둘째로 이타주의적 가치관을 지니게 됩니다. 이웃의 영혼을 위하여 진심으로 기도하며 이웃을 사랑하는 사람이 된다는 것입니다. 즉, '받는 것보다 주는 것이 복되도다.'(행 20:35)는 진리를 깊이 깨닫는 사람이 됩니다. 이것이야말로 인생 최대의 즐거움이요, 보람의 요소이며 바로 성령 충만한 성도만이 얻는 하나님의 선물이기도 합니다.

· 함께 읽어요 : 베드로전서 3장 8절
"8 마지막으로 말하노니 너희가 다 마음을 같이 하여 체휼하며 형제를 사랑하며 불쌍히 여기며 겸손하며"

정리하는 말

사랑하는 성도 여러분! 여러분은 과연 성령 충만한 삶을 살아가고 있습니까? 성령 충만한 삶이야말로 그리스도인이 지향하고 있는 삶의 방향이며 목표인 것입니다. 왜냐하면 크리스천들은 그리스도의 인격으로 살아가야 되기 때문입니다. 바로 크리스천은 그리스도의 인격을 점점 닮아가야 하며, 점진적인 성화를 이뤄가야 하는 것입니다. 여러분! 성령 충만함으로 점진적인 성화를 이뤄 가시기를 바랍니다.

평가와 결심

1. 성령 충만함의 결과 첫째가 무엇입니까?
   (갈 2:20, ① 안전한 삶을 누림, ② 진리 가운데 인도받는 삶)
2. 성령 충만함의 결과 둘째가 무엇입니까?
   (갈 5:22-23, ① 예수 그리스도를 깊이 앎, ②그리스도의 인품으로 변화됨)
3. 성령 충만함의 결과 셋째가 무엇입니까??
   (요 7:37-39, ① 경배하는 삶, ② 이타주의 적 가치관을 지니게 됨)

주간 경건의 시간 <37> · 날마다 말씀과 함께

요일 / 내용	월(Mon)	화(Tue)	수(Wed)	목(Thu)	금(Fri)	토(Sat)
찬송	543/ 342	544/ 343	545/ 344	546/ 399	549/ 431	550/ 248
성경	갈 1:	갈 2:	갈 3:	갈 4:	갈 5:	갈 6:
적용	그리스도의 계시	그리스도 믿음으로	믿음으로 살리라	아바 아버지	사랑으로 역사하는	예수의 흔적

* 고상한 정신을 지녀라! 우리에 대한 남의 의견이 아니라 우리 자신의 마음이 우리의 참된 명예를 형성한다. <요한 크리스토프 프리드리히 혼 쉴러, 1759-1805, 독일 시인>

제38과

성령의 은사를 받자

찬송 / 196, 195, 197/ 통 174, 175, 178
성경 / 고린도전서 12:1-13
요절 / 고린도전서 12:7
"각 사람에게 성령의 나타남을 주심은 유익하게 하려 하심이라."
목표/ 성령의 은사를 받아 은혜롭게 살아가는 태도를 기른다.

시작하는 말

성령께서 주시는 성령의 은사를 받아 성령의 인도하심을 따라 살아가는 것은 복된 특권이며, 하나님의 자녀라는 확실한 표시이며, 하나님 자녀의 유일한 능력입니다. 우리가 성령의 은사를 받기위하여 필요한 것은 믿음입니다. 당신 자신이 성령의 전이라는 확신으로 충만해질 때까지 말씀 속에 있는 하나님의 영광스러운 말씀들을 읽으십시오. 둘째로 필요한 것은 당신의 목소리를 조용히 가라앉힐 때 당신은 성령의 목소리를 듣게 됩니다. 하나님께 대하여 고요하게 자신을 가라앉히는 사람만이 성령의 음성을 들을 수 있고, 인도를 받을 수 있습니다. 매일 당신 속에 말씀으로 채우시고, 성령께서 계시하실 때 그것을 행하십시오. 그러면 당신에게 성령의 은사가 역사하기 시작할 것입니다.

오늘의 말씀

1. 한 성령의 뜻대로 은사를 주십니다(고전 12:11)

은사는 한 성령에 의해 주어집니다. “은사는 여러 가지나 성령은 같고 직임은 여러 가지나 주는 같으며, 또 역사는 여러 가지나 모든 것을 모든 사람 가운데 역사하시는 하나님은 같으니”(고전 12:4-6)라고 했습니다. 성령의 은사는 그리스도의 직임이고, 하나님의 역사이며, 한 하나님으로부터 나누어 주시는 것입니다. 성령의 은사는 그리스도의 몸인 교회의 지체적(肢體的) 기능으로 주어지는 신적(神的) 기능입니다. 이처럼 교회에 필요한 신적 기능으로 각 성도들에게 주시는 하나님의 선물인 것입니다. 성령의 뜻에 따라 주시는 은사를 사모하시기 바랍니다. 사랑하는 성도 여러분! 이러한 은사들은 한 몸에 붙어 있는 여러 지체들과 같이 유기적이며 협동적인 것입니다. 이런 성령의 은사와 동역하시기를 바랍니다.

· 함께 읽어요 : 고린도전서 12장 12절
“몸은 하나인데 많은 지체가 있고 몸의 지체가 많으나 한 몸임과 같이 그리스도도 그러하니라.”

2. 성령은사로 그리스도와 연합하여 하나 되게 하십니다(고전 12:12-13)

하나님은 성도들에게 그리스도 안에서 성령세례를 주심으로 예수 그리스도의 죽음에 동참케 하셨고, 예수 그리스도의 부활에 참여케 하셨습니다. 하나님께서는 이를 통해 우리를 그리스도 안에서 연합하게 하시고, 죽은 자들 가운데서 이미 살아난 것으로 여겨 주십니다. 또한, 주 예수 그리스도와 동일한 목적을 수행하고 있다고 여겨주십니다. 여러분! 주님의 능력을 나타내기 위해 성령충만을 사모하고 주의 임재를 간구하시기 바랍니다. 그리하여 그리스도와 유기체(신비적 연합)를 이루시기 바랍니다. 우리 성도들에게 이 세상에서 가장 행복한 삶은 성령은사의 삶인 것을 명심하시고, 성령세례와 성령의 더 큰 은사를 사모하시기 바랍니다.

· 함께 읽어요 : 고린도전서 12장 31절; 14장 1절
“너희는 더욱 큰 은사를 사모하라 내가 또한 제일 좋은 길을 너희에게 보이리라.”

"사랑을 따라 구하라 신령한 것을 사모하되 특별히 예언을 하려고 하라."

3. 각 사람에게 나누어 주시는 은사입니다(고후 9:6~7)

성령의 은사는 어느 개인에게 독점적으로 주시지 않습니다. 성령의 은사는 독점적이 아니라 분배적입니다. 로마서 12장 6절에 보면 "우리에게 주신 은혜대로 받은 은사가 각각 다르니"라고 했습니다. 은사는 여러 사람에게 분배적으로 주신다는 말씀입니다. 은사는 하나님의 일을 하는 교회의 기능이기 때문에 그것은 다양해야 하며 또 여러 사람에게 주어져야 합니다. 왜냐하면 교회는 다양한 인간들의 공동체이며 연합체이기 때문입니다. 교회는 대외적으로나 대내적으로 많은 기능을 발휘해야 하기 때문에 다양한 은사를 구비해야 합니다. 여러 가지 은사를 지닌 교회야말로 가장 조화된 교회라 할 수 있습니다.

성령의 은사는 교회의 봉사적 능력으로의 은사입니다. 바울이 은사를 교회의 직임(고전 12:1)으로 본 것은 은사가 봉사를 위한 하나님의 능력이기 때문입니다. 교회의 모든 직분은 성령의 은사에 따라 주어져야 하며 그것은 교회의 머리이신 예수 그리스도의 영광을 위하여 행사되어야 합니다. 성령의 열매가 자기 성화를 위한 내향적 은사라면 성령의 은사는 철저하게 타인 봉사를 위한 능력임을 명심해야 합니다. 교회의 지체들에게 주시는 성령의 은사를 받아 충성스럽게 봉사하시기를 바랍니다.

· 함께 읽어요 : 고린도전서 12장 7-11절

"7 각 사람에게 성령의 나타남을 주심은 유익하게 하려 하심이라 8 어떤 이에게는 성령으로 말미암아 지혜의 말씀을, 어떤 이에게는 같은 성령을 따라 지식의 말씀을, 9 다른 이에게는 같은 성령으로 믿음을, 어떤 이에게는 한 성령으로 병 고치는 은사를, 10 어떤 이에게는 능력 행함을, 어떤 이에게는 예언함을, 어떤 이에게는 영들 분별함을, 다른 이에게는 각종 방언 말함을, 어떤 이에게는 방언들 통역함을 주시나니 11 이 모든 일은 같은 한 성령이 행하사 그 뜻대로 각 사람에게 나눠 주시느니라."

정리하는 말

사랑하는 성도 여러분! 여러분들은 교회의 지체들입니다. 그러므로 여러분들에게도 무슨 은사이든지 성령의 은사가 주어졌습니다. 하나님이 원하시는 교회의 다양한 역할을 감당하려면 각양 은사가 필요한 것입니다. 그래서 각 사람에게 성령님께서 당신의 뜻에 따라 필요한 것으로 나누어주십니다. 여러분들에게 나누어 주신 성령의 은사를 선용하여 하나님께 영광돌리고, 주님의 교회에서 축복된 사명을 잘 감당하시기 바랍니다.

평가와 결심

1. 성령의 은사는 첫째 누구에게 어떻게 주십니까?
   (고전 12:1, 교회를 섬기는 자들에게 성령의 뜻에 따라 주심)
2. 성령의 은사는 둘째 누구에게 어떻게 주십니까?
   (고전 12:12-13, 그리스도와 함께 세례를 받은 자에게 주심)
3. 성령의 은사는 셋째 무엇을 하라고 주십니까?
   (고전 12:4, 교회의 봉사적 능력으로 주심)

주간 경건의 시간 <38> · 날마다 말씀과 함께

요일 / 내용	월(Mon)	화(Tue)	수(Wed)	목(Thu)	금(Fri)	토(Sat)
찬송	202/ 241	200/ 235	198/ 284	197/ 178	191/ 427	190/ 177
성경	고전 9:	고전 10:	고전 11:	고전 12:	고전 13:	고전 14:
적용	값없이 전하고	반석이신 그리스도	본받는 자 되라	성령으로 세례를	사랑이 없으면	사랑을 따라

* 자기 존중, 그것은 모든 미덕의 초석이다. <존 허셀 경, 1792-1871, 영국 작가>

9단원 성령 충만의 달

제39과

성령의 열매를 맺자

찬송 / 188, 189, 187/ 통 180, 181, 171

성경 / 요한복음 15:1-8

요절 / 갈라디아서 5:22-23

"22 오직 성령의 열매는 사랑과 희락과 화평과 오래 참음과 자비와 양선과 충성과 23 온유와 절제니 이 같은 것을 금지할 법이 없느니라."

목표/ 그리스도인으로서 성령의 열매를 맺고 살아가도록 한다.

시작하는 말

주님께서는 말씀하시기를 그 열매를 보고 그 나무를 안다고 하셨습니다. 콩 심은데 콩이 나고, 팥 심은데 팥이 나는 것입니다. 그래서 심은 대로 거둔다는 법칙이 있는 것입니다. 바울 사도는 "스스로 속이지 말라 하나님은 만홀히 여김을 받지 아니하시나니 사람이 무엇으로 심든지 그대로 거두리라."(갈 6:7)고 했습니다. "육체를 위하여 심는 자는 육체로부터 썩어진 것을 거두고 성령을 위하여 심는 자는 성령으로부터 영생을 거두리라."고 했습니다. 오늘 요절에는 성령의 열매를 말씀하고, 성령의 열매를 통해서 하나님께 영광을 돌리게 되는 것입니다. 사랑하는 성도 여러분! 성령의 열매를 통하여 하나님께 영광을 돌리시기 바랍니다.

오늘의 말씀

1. 하나님을 향한 열매는 사랑, 희락, 화평입니다(갈 5:22)

사실 갈라디아교회의 성도들은 처음에는 사랑이 뜨겁게 불타있었습니다. 그래서 갈라디아 성도들은 "할 수만 있었다면 너희의 눈이라도 빼어 나를 주었으리라"(갈 4:15)고 바울이 말한 것처럼 사랑이 넘쳤습니다. 그런데 이들의 사랑이 식어졌습니다. 성령의 첫 열매는 사랑(*ἀγάπη*:아가페)입니다. 사랑은 성령의 열매의 기초요, 믿음, 소망, 사랑, 이 세 가지는 항상 있을 것인데 그 중에 제일은 사랑이라고 했습니다. 둘째 열매는 희락(*χαρά*:카라)입니다. 사랑의 열매가 있는 곳에 희락이 있습니다. 사랑이 있는 곳에는 사랑을 주는 자도 기쁘고, 사랑을 받는 자도 기쁜 것입니다. 셋째 열매는 화평(*εἰρήνη*:에이레네)입니다. 주님이 세상에 오신 목적이 바로 그를 믿는 사람들의 마음에 화평을 주시기 위해 오신 것입니다. 기독교는 한 마디로 사랑과 기쁨과 평화의 종교라고 할 수 있습니다.

· 함께 읽어요 : 갈라디아서 5:22-23절

"22 오직 성령의 열매는 사랑과 희락과 화평과 오래 참음과 자비와 양선과 충성과 23 온유와 절제니 이 같은 것을 금지할 법이 없느니라."

2. 인간을 향한 열매는 오래 참음, 자비, 양선입니다(갈 5:22)

인간이 하나님과 올바른 관계를 맺기 위해서는 중간에 막힌 담인 죄악을 허물어야 합니다. 예수 그리스도의 보배로운 피로 죄 사함을 받아야 합니다. 본문 말씀에 인간을 향한 열매요 사회적인 덕목이 있습니다. 바로 오래 참음의 열매입니다. 오래 참음이란 '긴 마음'(*μακροθυμία*:마크로뒤미아)이라는 뜻입니다. 인내는 성령이 우리에게 주신 오래 참음의 보화를 가치 있게 사용하도록 주셨습니다. 자비(*χρηστότης*:카레스토테스)의 열매입니다. 가난한 자를 불쌍히 여기는 자비는 자선입니다(잠 21:·13). 양선(*ἀγαθωσύνη*:아가도수네)입니다. 자비의 특성이 부드럽고 따뜻한 마음으로 용서해 주는 것이라면, 양선의 특성은 적극적이고 질적인 선행으로 그들을 대하는 것입니다. 성경은 말씀합니다. "악에게 지지 말고 선으로 악을 이기라." 이는 하나님의 자녀만이 할 수 있는 일인 것입니다. 사랑하는 성도 여러분! 오래 참음, 자비, 양선의 열매를 맺으셔서 사람을 기쁘게 하며 복되게 사시기를 바랍니다.

· 함께 읽어요 : 요한복음 5장 19절
"19 아름다운 열매를 맺지 아니하는 나무마다 찍혀 불에 던지우느니라. 20 이러므로 그의 열매로 그들을 알리라."

3. 대인관계의 미덕인 충성, 온유, 절제의 열매입니다(갈 5:22-23)

나무가 좋으면 열매도 좋은 것입니다. 나무는 그 열매를 보아 알 수 있는 것입니다. 성령의 열매 중에 대인관계의 미덕은 충성(*πίστις*:피스티스)의 열매입니다. 충성은 신실하다, 굳게 잡는다는 뜻이 있습니다. 충성(忠誠)은 마음 가운데 있는 말씀이 성취되는 것이며 신실하게 맡은 일을 해나가는 것입니다. 온유(*πραότης*:프라오테스)의 열매도 있습니다. "모세는 온유함이 지면의 모든 사람보다 승하더라."(민 12:3)고 했습니다.

절제(*ἐγκράτεια*:엑크라테이아)의 열매입니다. 이 말은 자기 조절(Self Control)을 가리키는 말입니다. 우리가 식욕, 정욕, 명예욕을 절제해야 합니다. 동양의 공자는 젊어서 색에 조심하고, 장년이 되어 혈기로 싸움에 조심하고, 나이 들어 욕심에 조심하라고 했습니다. 인간의 마음(人心)은 조석변(朝夕變)이지만 성령이 임하시면 권능을 얻고 모든 욕심을 제어하고 절제할 힘을 얻습니다.성령의 충만함을 입으면 사랑과 희락과 화평과 오래 참음과 자비와 양선과 충성과 온유와 절제 등 9가지의 열매를 맺게 됩니다. 여러분! 개인의 신앙생활이 왕성하고, 여러분들이 하는 일마다 형통하고, 교회가 왕성하게 되기를 간절히 소원합니다.

· 함께 읽어요 : 갈라디아서 5장 24-26절
"24 그리스도 예수의 사람들은 육체와 함께 그 정과 욕심을 십자가에 못 박았느니라 25 만일 우리가 성령으로 살면 또한 성령으로 행할지니 26 헛된 영광을 구하여 서로 격동하고 서로 투기하지 말지니라."

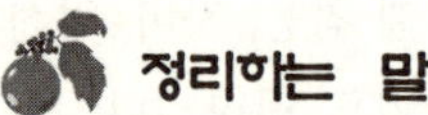

정리하는 말

사랑하는 성도 여러분! 여러분에게도 성령 충만함을 주십니다. 여러분들의 인격에 열매를 맺게 하시고, 나를 이기고 정욕을 이기고, 세상을 이기는 권세를 주셨습니다. 그리고 성령의 인도하시는 바가 되어 율법 아래 있지 아니하고, 성령 충만함으로 새로운 인격과 생애로 살아가시면서 세상을 이기는 힘을 부여 받아 살아가시기를 간절히 소원합니다.

평가와 결심

1. 하나님을 향한 성령의 열매는 무엇입니까?
   (갈 5:22, ① 사랑, ② 희락, ③ 화평)
2. 인간을 향한 성령의 열매요 사회적인 덕목은 무엇입니까?
   (갈 5:22, ④ 오래 참음, ⑤ 자비, ⑥ 양선)
3. 대인관계의 미덕인 성령의 열매는 무엇입니까?
   (갈 5:22-23, ⑦ 충성, ⑧ 온유, ⑨ 절제)

주간 경건의 시간 <39> · 날마다 말씀과 함께

요일 / 내용	월(Mon)	화(Tue)	수(Wed)	목(Thu)	금(Fri)	토(Sat)
찬송	182/ 169	183/ 172	184/ 173	185/ 179	186/ 176	188/ 180
성경	요 16:	요 17:	요 18:	요 19:	요 20:	요 21:
적용	보혜사	영생은 곧	주신 잔	유대인의 왕	예수의 사랑하던	어린 양을 먹이라

* 무엇보다 너 자신을 존중하라.

<피타고라스, B.C. 582-500 그리스 철학자, 수학자>

말씀을 새겨듣자

찬송 / 198, 199, 200/ 통 284, 234, 235
성경 / 신명기 4:9-14
요절 / 신명기 6:6
"오늘날 내가 네게 명하는 이 말씀을 너는 마음에 새기고"
목표/ 하나님의 말씀을 새겨듣는 태도를 가지게 한다.

시작하는 말

사람은 육신적인 생명과 영적인 생명이 있습니다. 생명은 같지만 먹고 사는 양식이 다릅니다. 육신적인 생명은 물질적인 음식을 날마다 먹어야 살아갑니다. 그러나 영적인 생명은 영적인 말씀, 하나님의 말씀을 날마다 묵상하고 먹으며 살아가야 합니다. 사랑하는 성도 여러분! 여러분들은 과연 매일 육신의 양식처럼 영적인 양식을 섭취하고 있습니까? 건강하게 자라는 아이들을 보세요. 건강한 자녀들은 주는 대로 잘 먹습니다. 여러분들의 영혼이 잘되고 강건하기 위해서 하나님의 말씀을 사모하고 묵상하며 살아가시기를 바랍니다. 여러분! 생명과 축복이 되는 말씀을 대하는 자들에게 요구되는 것은 과연 무엇입니까? 여러분들의 장래가 잘 되기 위해서 어떻게 살아야 하겠습니까?

오늘의 말씀

1. 하나님의 말씀은 가감하지 말고 그대로 받아들여야 합니다(:2-)

하나님의 말씀은 살았고 운동력이 있습니다. 그러나 하나님의 말씀을 가감해서는 안 됩니다. 하나님의 말씀을 가감하는 처사는 하나님의 권위를 향해 도전하는 행위입니다. 따라서 하나님께서는 신·구약 성경의 모든 계시를 마감하면서, 말씀에 다른 것은 더하거나 조금이라도 제하는 행위에 대해서 엄중히 경고하고 계십니다(계 22:18-20). 하나님의 말씀은 그 자체로서 완전무결하기(시 19:7) 때문에 어떤 이유로도 더하거나 뺄 수 없습니다(12:32; 잠 30:6).

· 함께 읽어요 : 요한계시록 22장 19절
"만일 누구든지 이 책의 예언의 말씀에서 제하여 버리면 하나님이 이 책에 기록된 생명나무와 및 거룩한 성에 참예함을 제하여 버리시리라."

2. 하나님의 말씀은 그대로 행해야 됩니다(:5; 시 19:8-10)

하나님 앞에서는 말씀을 듣는 자가 의인이 아니라 행하는 자라야 의롭다하심을 얻는 것입니다(롬 2:13). 날마다 자신의 삶 속에서 하나님의 말씀을 적용시켜 실천하지 않고서는 말씀이 주는 생명과 축복과 지혜를 얻을 수 없습니다. 하나님의 말씀을 듣고 배우고서도 그대로 행하지 않는 자는 스스로를 속일 뿐 아니라(약 1:22-23) 심지어 하나님을 만홀히 여기려는 잘못을 범하는 것입니다. 부흥사 무디에 관한 이야기입니다. 하루는 어떤 청년이 무디를 찾아와서는 이렇게 말했습니다. "선생님! 선생님은 성경말씀을 사랑하고 그 말씀으로 평생을 살아오신 분인데, 선생님의 성경을 한 번 보고 싶습니다." 그래서 청년에게 자신의 성경을 보여주었습니다. 그 성경에는 구구절절 색연필로 그어져 있었고, 깊은 묵상의 언어들로 빽빽하게 채워져 있었습니다. 또한 창세기부터 계시록까지 성경 도처에는 'T. P.'라는 글자가 씌어져 있었습니다. 그 청년은 무디에게 이렇게 물었습니다. "아니, 무디 선생님! 도대체 이것이 무슨 뜻입니까?" 그때 무디가 빙그레 웃으면서 대답했습니다. "이것은 '실험해 보았더니(Test) 입증되었다(Prove)'라는 뜻입니다." 무디는 창세기부터 계시록까지 어느 말씀, 어느 구절 하나라도 생활 속에 적용될 수 없는 말씀이 없으며, 이 말씀은 곧 그대로 그에게 생명과 능력과 광명이 된 것을 우리에게 체험적으로 보여준 것입니다. 하나님께서는 "너희는 여호와의 선하심을 맛보아 알지어다."(시 34:8)라고 했습니다. 하나님의 말씀은 살았기에 그 말씀을 붙들고 믿음으로 나아가면 말씀 그대로 이루어지는 역사를 체험하게 되는 것입니다. 여러분, 하나님의 말씀인 성경을 꿀보다 더 달게 느끼면서 읽고 묵상하며, 시간을 정해 놓고 매일 매일, 그리고 신약 · 구약을 균형 있게 읽고 들으면서 하나님의 은혜로 살아가시기를 바랍니다.

· 함께 읽어요 : 시편 19장 8-10절

"8 여호와의 교훈은 정직하여 마음을 기쁘게 하고 여호와의 계명은 순결하여 눈을 밝게 하도다. 9 여호와를 경외하는 도는 정결하여 영원까지 이르고 여호와의 규례는 확실하여 다 의로우니 10 금 곧 많은 정금보다 더 사모할 것이며 꿀과 송이 꿀보다 더 달도다."

3. 하나님의 말씀을 자녀에게 가르쳐야 합니다(:10; 6:2)

하나님의 말씀은 단지 한 시대와 특정 집단에게만 국한되는 것이 아닙니다. 태초에 말씀으로 천지를 창조하신 하나님께서는 장차 말씀으로 온 세상을 심판하실 것입니다. 따라서 그 말씀을 대함에 있어서 자신의 취향에 따라 가감 선택하는 것은 결국 말씀에 대한 전적인 확신과 순종을 방해합니다. "내 발에 등이요 내 길에 빛이신 주의 말씀만 따라 살아가는 삶이 곧 복된 생활입니다(시 1:2; 119:105). 하나님의 말씀을 끊임없이 섭취함으로 영·육간에 건강회복하시기를 바랍니다.

· 함께 읽어요 : 시편 119편 105절

"주의 말씀은 내 발에 등이요 내 길에 빛이니이다."

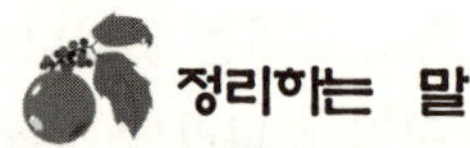

정리하는 말

사랑하는 성도 여러분! 성경은 하나님께서 우리에게 주신 영의 양식인 것입니다. 하나님의 말씀은 우리를 푸른 초장으로 안내해줍니다. 우리를 바른 길로 인도하십니다. 우리는 말씀을 듣고 깨닫는 대로 행하며 실천해야 합니다. 하나님의 말씀을 새겨들으시고, 주님의 뜻대로 살아가는 복된 삶의 주인공들이 되시기를 바랍니다.

평가와 결심

1. 말씀에 대한 태도 첫째는 무엇입니까?
   (신 4:2, 가감해서는 안 됨)
2. 말씀에 대한 태도 둘째는 무엇입니까?
   (신 4:5, 말씀을 그대로 행해야함)
3. 말씀에 대한 태도 셋째는 무엇입니까?
   (신 4:10; 6:2, 자녀에게 부지런히 가르쳐야 함)

주간 경건의 시간 <40> · 날마다 말씀과 함께

요일 / 내용	월(Mon)	화(Tue)	수(Wed)	목(Thu)	금(Fri)	토(Sat)
찬송	87/ 87	86/ 86	88/ 88	89/ 89	90/ 98	91/ 91
성경	신 2:	신 3:	신 4:	신 5:	신 6:	신 7:
적용	네 손에 붙이시려	너희를 위하여	너희의 지혜요	오늘날 여기 살아	경외하며 섬기며	민족 중에 가장 적다

* 자랑이 끝나는 시점이 곧 위업이 시작되는 시점이다.<에드워드 영, 1683-1765>

제41과

말씀에 대한 태도

찬송 / 184, 183, 182/ 통 173, 172, 169
성경 / 신명기 8:1-3
요절 / 신명기 8:2하반절
"이는 너를 낮추시며 너를 시험하사 네 마음이 어떠한지 그 명령을 지키는지 아니 지키는지 알려하심이라."
목표/ 성도로서 말씀을 지켜 살아가는 태도를 기른다.

시작하는 말

우리가 바르게 산다는 것은 말씀을 지켜 행하는 삶인 것입니다. 하나님께서 기뻐하시는 삶이란 하나님의 말씀대로 살아가는 삶을 말합니다. 하나님 앞에서 거룩하고 온전하며 순결하게 사는 것입니다. 죄의 유혹에서 이기고, 죄악 세상에서 순결하게 살아갈 수 있는 방법은 하나님의 말씀을 따라 사는 것입니다. 죄와 더러움, 욕망에서 자신을 지켜낼 수 있는 것도 하나님의 말씀입니다. 하나님의 말씀에 대한 우리의 태도는 무엇입니까?

오늘의 말씀

1. 우리는 하나님의 말씀을 주목하고 지켜 행해야 합니다(:1-; 시편 119:9)

이집트에서 원유를 생산하고 있는 유명한 미국계 회사 중, '스텐더드 오일'이라는 회사가 있었습니다. 이 회사가 하나님의 은혜로 이집트에서 석유를 퍼내게 된 짧막한 스토리가 있습니다. 이 회사의 중역 가운데 신앙이 돈독한 사람이 있었습니다. 그가 성경 출애굽기 2장을 읽을 때였는데, 모세의 어머니가 100일 된 모세를 갈대상자에 담아 강물에 띄워 보내야만 했을 때 잠시라도 더 살았으면 하는 간절한 마음으로 역청을 가져다가 갈대 상자에 칠했다는 내용이 눈에 들어 왔습니다. 그 중역은 역청이 굳은 상태의 석유라는 것을 알았기 때문에 그곳에 기름이 날 것이라 확신했습니다. 그리고 성경에 기록된 장소에 지질학자를 보내 조사하게 했고, 드디어 석유를 캐내게 된 것입니다. 이를 계기로 스탠더드 오일회사는 세계적인 석유기업으로 발전하게 되었습니다. 사랑하는 성도 여러분! 하나님의 말씀을 따라 지키고 행함으로 죄악의 권세를 물리치고 승리의 주인공이 되시기 바랍니다.

· 함께 읽어요 : 시편 119편 9절
"청년이 무엇으로 그 행실을 깨끗케 하리이까? 주의 말씀을 따라 삼갈 것이니이다."

2. 하나님 말씀을 기억해야 합니다(:2-; 시편 119:10)

본문 2절에서 "너로 광야 길을 곧게 하신 것을 기억하라."고 했습니다. 하나님의 말씀에서 떠나지 않으려면 말씀을 기억해야 합니다. 또한 전심으로 말씀을 찾고 간구해야 합니다. 광야 같은 세상에서 하나님의 말씀으로 인생길을 지켜 가야 합니다. 그러기 위해서 간절한 마음으로 진리의 말씀을 찾고 사모해야 합니다. 하나님을 만나겠다는 믿음과 하나님의 말씀으로 자신의 삶을 돌이켜 순결한 마음으로 살아야 합니다. 여러분, 얼마나 열심히 성경을 읽으십니까? 얼마나 간절히 묵상하십니까? 하나님을 간절히 찾는 마음으로 묵상하는 자에게 하나님은 만나주시고 역사하십니다. 우리가 전심으로 하나님을 찾고 하나님의 말씀에서 떠나지 않을 때, 죄악에서 자신을 지켜가고 거룩하게 구별될 수 있습니다. 말씀을 의심 없이 받아드릴 때 '불신앙'이 극복됩니다. 세상은 우리를 하나님께 가까이

하지 못하도록 말씀을 듣는데 방해하고, 이것이야말로 하나님을 떠나게 하려는 술책입니다. 의심, 염려, 불신앙, 불순종을 다 떨쳐버리고, 온전히 하나님의 말씀으로 날마다 승리하는 신앙을 가지시기 바랍니다.

· 함께 읽어요 : 시편 119편 10절
"내가 전심으로 주를 찾았사오니 주의 계명에서 떠나지 말게 하소서."

3. 하나님의 말씀을 마음에 두어야 합니다(:3-; 시편 119:11)

이 세상에서 가장 귀한 것은 하나님의 말씀입니다. 광야 40년 동안 하나님께서는 이스라엘 백성들에게 매일 같이 만나를 내려주셨습니다. 오늘도 우리가 새벽기도를 통하여 말씀을 공급 받습니다. 이 귀한 말씀을 바로 우리의 '마음'에 간직해야 합니다. 독일의 유명한 작곡가 헨델이 어느 날 길을 가다가 가발을 잃어버렸습니다. 한참동안 난처해하고 있을 때, 그 근처 이발관에서 일하는 아가씨가 찾아주었습니다. 그 후 헨델은 고마운 마음으로 그녀를 자주 찾아가게 되고, 어느덧 그녀와 사랑하는 사이가 되었습니다. 헨델은 사랑하는 여인에게 자신의 오라토리오 '메시야'의 친필 악보를 선물로 주었습니다. 헨델은 그녀와 결혼할 생각을 가지고 있었으나 어느 날 헨델이 그 이발관에 들렀을 때 그 아가씨는 헨델이 온 줄 모르고, 한 손님의 머리를 만지면서 무심코 다른 이발사에게 "머리를 말게 악보 몇 장만 갖다 줘."라고 했습니다. 그 말을 들은 헨델은 조용히 이발관을 나와 다시는 그 이발관에 가지 않았다고 합니다. 헨델의 명작 '메시아'의 가치를 알지 못하는 여인처럼 많은 사람들이 하나님의 말씀을 듣고, 읽지만 그 말씀의 진가와 소중함을 깨닫지 못합니다. 그래서 시편 기자는 "내 눈을 열어 주의 말씀을 보게 해 주소서"라고 간구하고 있습니다. 하나님의 말씀은 성령님께서 역사하시고 조명해 주셔야만 그 깊이 있는 의미를 알 수 있습니다.

· 함께 읽어요 : 시편 119편 11절
"내가 주께 범죄치 아니하려 하여 주의 말씀을 내 마음에 두었나이다."

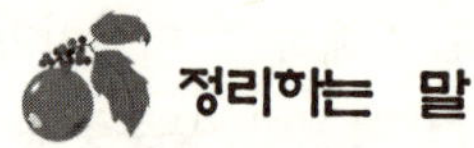

정리하는 말

하나님 말씀의 효력은 여러분들을 죄악에서 구원해 주십니다. 말씀을 통하여 천지가 하나님의 작품이라는 것을 알게 합니다. 하나님의 말씀이야말로 인생의 안내자요, 나침반입니다. 죄악으로 더러워진 우리가 거룩함과 순결함으로 나아가는 길은 '오직 말씀!' 뿐입니다. 여러분! 말씀에 대한 진가와 소중함을 깨닫고 올바른 태도로 살아가시기를 간절히 소원합니다.

평가와 결심

1. 하나님의 말씀에 대한 태도 첫째가 무엇입니까?
   (시 119:9, 말씀을 따라 지켜 행해야 함)
2. 하나님의 말씀에 대한 태도 둘째가 무엇입니까?
   (시 119:10, 하나님의 말씀을 기억해야 함)
3. 하나님의 말씀에 대한 태도 셋째가 무엇입니까?
   (시 119:11, 말씀으로 사는 줄을 알아야 함)

주간 경건의 시간 <41> · 날마다 말씀과 함께

요일 / 내용	월(Mon)	화(Tue)	수(Wed)	목(Thu)	금(Fri)	토(Sat)
찬송	91/ 91	92/ 97	93/ 93	94/ 102	95/ 82	96/ 94
성경	신 9:	신 10:	신 11:	신 12:	신 13:	신 14:
적용	언약의 두 돌판	행복을 위하여	말씀을 강론하고	택하신 곳	꿈꾸는 자	여호와 경외하기

* 효과 없는 정직은 남을 괴롭힌다. <오비디우스, B.C.43~A.D.17, 로마 시인>

10단원 말씀 사랑의 달

살진 꼴로 먹이소서

찬송 / 277, 278, 282/ 통 335, 336, 339

성경 / 에스겔 34:7-16

요절 / 에스겔 34:14
"좋은 꼴로 먹이고 그 우리를 이스라엘 높은 산 위에 두리니 그것들이 거기서 좋은 우리에 누워 있으며 이스라엘 산 위에서 살진 꼴을 먹으리라."

목표/ 성도가 좋은 목자를 만나는 것이 축복임을 알게 한다.

시작하는 말

본문은 이스라엘 백성을 바벨론 포로로부터 해방시켜 고토인 유대 땅으로 돌아오게 하는 장면입니다. 이스라엘을 양으로 생각하시는 하나님의 목자 같은 심정을 보십시오. 유목민인 이스라엘 백성들은 하나님과 그들과의 관계를 이보다 더 적절하게 표현할 비유가 없을 것입니다. 그들이 매일 매일 대하는 목양의 구체적인 삶을 통하여 하나님과 그들의 관계를 이해했다(겔 34:31)는 사실은 참으로 지혜로운 일이 아닐 수 없습니다. 오늘 현대를 살아가는 우리 성도들이 좋은 목자를 만나는 것이 행복이요. 삶을 풍요롭고 안전하게 할 뿐 아니라, 부족함이 없도록 살아가도록 하는 최선의 방법일 것입니다.

오늘의 말씀

1. 양은 목자 없이 살아갈 수 없는 존재입니다(:7-8; 요 10:9-10)

이스라엘 백성들은 그들의 목양을 통해서 양떼의 본성을 잘 파악하고 있습니다. 양떼들은 어리석어서 목자 없이 살아갈 수 없습니다. 그 양떼들에게는 목자가 절대적인 존재입니다. 목자가 저들에게 있으므로 저들이 안전하고 좋은 꼴과 마실 물을 얻을 수 있는 것입니다. 또한 사나운 짐승들에게서부터 안전하게 보호를 받을 수 있습니다. 목자는 때로는 길을 잃어버린 양을 찾아 들판에 나서기도 하며 병든 양떼들을 돌아보아 치료하기도 하는 것입니다. 이스라엘 백성들은 자기들이 꼭 양과 같다고 생각했습니다. 주님께서도 "나는 선한 목자라 선한 목자는 양들을 위하여 목숨을 버리거니와"(요 10:11)라고 말씀했습니다. 길을 잃은 양은 불안하고 피곤하고 목마르고 배고픕니다. 양은 목자 없이 살아가기란 참으로 어렵습니다. 이 세상에서 주님은 바로 우리의 목자가 되십니다.

· 함께 읽어요 : 에스겔 34:11-12절

"11 나 주 여호와가 말하노라 나 곧 내가 내 양을 찾고 찾되 12 목자가 양 가운데 있는 날에 양이 흩어졌으면 그 떼를 찾는 것 같이 내가 내 양을 찾아서 흐리고 캄캄한 날에 그 흩어진 모든 곳에서 그것들을 건져낼지라."

2. 목자는 양을 찾고 찾아 큰 위험에서 구원해 주십니다(:12-16)

본문 12절에 '흐리고 캄캄한 날'이란 이스라엘 백성들이 포로로 잡혀 이방에 흩어져 있는 때를 가리킵니다. 따라서 전체적으로 이 구절은 하나님께서 흩어진 당신의 백성들을 모든 열방에서 찾아 돌아오게 하실 것이라는 말씀입니다. 아흔 아홉 마리의 양을 놓아두고 잃어버린 한 마리 양을 찾는 심정으로 하나님은 이스라엘 백성들을 모든 열국으로부터 찾아 모으실 것입니다. 양을 찾으시는 하나님의 심정은 예수 그리스도에 의하여 더욱 분명하게 표현되었습니다. 그것은 당신의 생명을 버리시기까지 잃어버린 양을 찾기 위하여 십자가 위에서 피를 흘리심으로써 나타내셨습니다. 또한 환난 날에 하나님은 당신의 이름을 부르는 자들을 구원하실 것입니다. 하나님을 부르는 방법은 회개와 믿음입니다. 회개는 하나님의 말씀으로 말미암습니다. 16절에 "상한 자를 내가 싸매어 주며 병든 자를 내가 강하게 하려니와"라고 했습니다. 회개로서 치료받아 견고한 믿음을 소유하여 탄탄대로의 구원의 주인공이 되시기 바랍니다.

· 함께 읽어요 : 에스겔 34장 16절
"그 잃어버린 자를 내가 찾으며 쫓긴 자를 내가 돌아오게 하며 상한 자를 내가 싸매어 주며 병든 자를 내가 강하게 하려니와 살찐 자와 강한 자는 내가 멸하고 공의대로 그것들을 먹이리라."

3. 목자는 양들을 안전하고 풍성한 초장으로 인도해 주십니다(:13-14)

본문에서 목자가 양들을 인도해 주시는 방법이 아주 구체적입니다.

첫째로, 좋은 우리로 인도해 주십니다(13절). 이스라엘 백성들의 가장 좋은 거주지는 고국 유대입니다. 성도들에게 가장 좋은 곳은 주님께서 예비하신 하늘 집입니다. 거기에는 안식이 있기 때문입니다.

둘째로, 좋은 푸른 초장으로 인도하시며 좋은 꼴로 먹이십니다(14절). 이스라엘 백성에게 좋은 꼴은 '율법'이요, 오늘날 우리 성도들에게 가장 좋은 꼴은 신·구약 성경 말씀이요. 모든 인간들에게 좋은 꼴은 '복음'입니다. 이 좋은 꼴들을 얻기 위해서는 은혜의 보좌 앞에 나와야 합니다.

셋째로, 관계 회복으로 놀라운 축복을 주십니다. 언제나 세상에는 우리들을 도적질하고 죽이고 파괴하려는 원수들이 있습니다(벧전 5:8). 그러나 주님께서는 "내 양들은 내 손에서 빼앗아 갈 자가 없을 것이라"고 했습니다. 아버지의 품은 좋은 꼴과 양식이 풍족한 안전한 곳입니다.

· 함께 읽어요 : 에스겔 34장 14절
"좋은 꼴로 먹이고 그 우리를 이스라엘 높은 산 위에 두리니 그것들이 거기서 좋은 우리에 누워 있으며 이스라엘 산 위에서 살진 꼴을 먹으리라."

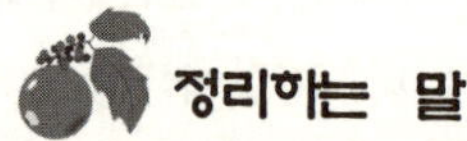

정리하는 말

사랑하는 성도 여러분! 여러분들이 지치고 고달플 때 주님께서 찾고 찾아 기다리고 계심을 기억하시기 바랍니다. 우리가 필요한 푸른 초장으로 인도하여 살진 꼴과 생명 강수를 제공해 주십니다. 그분의 좋은 꼴은 생명의 말씀이요, 성령의 생수인 것입니다. 여러분! 여러분의 지친 영혼을 하나님께 맡기고 준비된 생명양식으로 새로운 활력을 얻으시기를 바랍니다.

평가와 결심

1. 선한 목자의 역할 첫째는 무엇입니까?
   (:12-, 흩어진 양을 찾고 찾으심)
2. 선한 목자의 역할 둘째는 무엇입니까?
   (:16-, 상처를 싸매주며 치료해 주심)
3. 선한 목자의 역할 셋째는 무엇입니까?
   (:13-14, ① 좋은 우리로 인도하심, ② 푸른 초장으로 인도하심)

주간 경건의 시간 <42> · 날마다 말씀과 함께

요일 / 내용	월(Mon)	화(Tue)	수(Wed)	목(Thu)	금(Fri)	토(Sat)
찬송	261/ 195	262/ 196	265/ 199	266/ 200	268/ 202	270/ 214
성경	겔 34:	겔 35:	겔 36:	겔 37:	겔 38:	겔 39:
적용	좋은 우리 살진 꼴	국문 할 때	거룩한 이름	생가야 사방에서	세상중앙에 거하는	나의 거룩함

* 찬양은 기도보다 더 거룩하다. 기도는 우리의 길을 하늘로 향하게 하지만 찬양은 이미 그곳에 있다. <에드워드 영(1683~1765) 영국 시인>

10단원 말씀 사랑의 달

제43과

말씀 순종의 복

찬송 / 338, 339, 340/ 통 364, 365, 366

성경 / 신명기 28:1-10

요절 / 신명기 28:2

"네가 네 하나님 여호와의 말씀을 순종하면 이 모든 복이 네게 임하며 네게 미치리니."

목표/ 말씀을 전하며 지켜 살아가는 태도를 기른다.

시작하는 말

신명기는 모세 5경의 다섯 번째 책입니다. 신명기란 두 번째 율법이란 뜻입니다. 보통 한 번 부탁해서 잘 안 될 때 다시 한번 부탁하듯이 하나님의 간절한 심정이 깃들여 있는 말씀입니다. 신명기에는 하나님의 생각, 하나님의 바람이 담겨져 있습니다. 잘 믿고 신앙생활 잘하는 것은 하나님을 경외하는 믿음이 있어야 하고, 여호와의 말씀을 삼가 듣고 순종할 때 가능한 것입니다. 신명기에는 3가지 명령 '기억하라' '복종하라' '보라'는 명령이 나타납니다. 하나님의 말씀은 한번 듣고 끝나는 것이 아닙니다. 듣고 또 듣고, 기억하고, 그 말씀을 순종하고, 지켜 살면 축복받는다는 것입니다. 그러면 오늘은 하나님께서 어떤 자에게 축복하시며, 어떤 축복을 주시는지 살펴보겠습니다.

오늘의 말씀

1. 하나님을 경외하고 순종해야 합니다(28:1-2)

신명기 28장은 하나님의 선민인 이스라엘이 복 받는 비결에 대해 강조하여 주신 말씀입니다. 신약성경 맨 처음 마태복음 1장 1절에 "아브라함과 다윗의 자손 예수 그리스도의 세계라"고 했는데, 아브라함이 메시아의 족보를 여는 인물이 된 것은 우연이 아닙니다. 창세기 12장 1절 이하에 보면 여호와께서 아브라함에게 이르시되 "너는 본토 친척 아비 집을 떠나 내가 네게 지시하는 땅으로 가라 내가 너로 큰 민족을 이루고 네게 복을 주어 네 이름을 창대케 하리라."고 했습니다.

아브라함이 인물이 잘나고 학벌 좋고 학식이 많아서 하나님이 복을 주신 것이 아닙니다. 다만 여호와의 말씀을 순종하여서 믿음의 조상이라는 큰 축복을 받은 것입니다.

· 함께 읽어요 : 창세기 12장 2-3절

"2 내가 너로 큰 민족을 이루고 네게 복을 주어 네 이름을 창대케 하리니 너는 복의 근원이 될지라. 3 너를 축복하는 자에게는 내가 복을 내리고 너를 저주하는 자에게는 내가 저주하리니 땅의 모든 족속이 너를 인하여 복을 얻을 것이니라 하신지라."

2. 하나님의 말씀을 지켜 행하여야 축복을 받습니다(:1-; 출 20:6)

본문 1절에 "네가 네 하나님 여호와의 말씀을 삼가 듣고 내가 오늘날 네게 명하는 그 모든 명령을 지켜 행하면 네 하나님 여호와께서 너를 세계 모든 민족 위에 뛰어나게 하실 것이라."고 했습니다.

첫째로, 주일을 잘 지키는 자가 축복을 받습니다. 귀한 시간을 드리는 것입니다. 성수주일은 근면 하라는 계명이며, 건강의 계명입니다. 둘째로, 십일조 생활을 하는 자가 축복을 받습니다(말 3:10). 축복해 주시는가? 안 주시는가? 시험해 보라는 말씀입니다. 십일조 생활하는 자가 가정에 한 사람만 있어도 그 가정은 희망이 보입니다. 셋째로, 주의 종을 존경하는 자가 축복 받습니다. 히브리서 13장 17절에 "너희를 인도하는 자들에게 순종하고 복종하라 저희는 너희 영혼을 위하여 경성하기를 자기가 회계할 자인 것 같이 하느니라 저희로 하여금 즐거움으로 이것을 하게하고 근심으로 하게 말라 그렇지 않으면 너희에게 유익이 없느니라."고 말씀했습니다. 명심하시기 바랍니다.

· 함께 읽어요 : 출애굽기 20장 6절
"나를 사랑하고 내 계명을 지키는 자에게는 천 대까지 은혜를 베푸느니라."

3. 하나님의 말씀 순종은 축복의 열쇠입니다(신 28:1-6)

하나님은 오늘날 현대를 살아가는 성도들에게 축복의 길을 활짝 열어놓으셨습니다. 지금 여호와 하나님께서는 앞으로 주실 젖과 꿀이 흐르는 가나안 복지로 가려면 어떻게 해야 복을 받을 것인가 하는 것이 신명기 27장에서 34장까지 언급된 내용입니다. 하나님을 경외한다는 것은 곧 하나님의 말씀을 순종한다는 것입니다. 바로 여호와 하나님의 말씀을 제대로 행하는 자에게 축복을 허락하셨습니다. 이것을 간단히 말씀드리면 십계명에서 1-4계명까지는 하나님을 사랑하라는 말씀이며, 5-10계명까지는 이웃을 네 몸과 같이 사랑하라는 말씀인 것입니다. 어떻게 순종하고 지킬 것이냐? 먼저 주일(안식일 → 주님의 날→ 주일)을 거룩하게 지키라는 것입니다. 물질의 십분의 일을 드리라는 것입니다. 주님의 종 즉 말씀의 사역자들을 잘 섬기라는 것입니다. 성경말씀대로 산다는 것이 신앙생활 잘 한다는 것입니다. 그 결과는 자녀들에게 축복하십니다. 생업에 풍성한 축복 내려 주십니다. 하는 일마다 형통케 하실 것입니다.

· 함께 읽어요 : 신명기 28장 2-3절
"2 네가 네 하나님 여호와의 말씀을 순종하면 이 모든 복이 네게 임하며 네게 미치리니 3 성읍에서도 복을 받고 들에서도 복을 받을 것이며 4 네 몸의 소생과 네 토지의 소산과 네 짐승의 새끼와 우양의 새끼가 복을 받을 것이며"

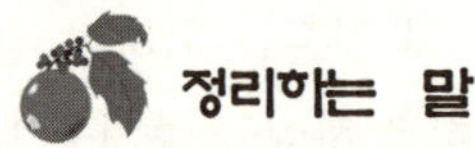

정리하는 말

사랑하는 성도 여러분! 신앙은 성숙되어갑니다. 하루 더 철야기도 새벽기도 하고, 말씀을 한 장 더 읽고, 예배를 계속 참석하면 우리의 신앙은 저울에 달아도 몸무게는 변하지 않고, 미모는 그대로라 할지라도 자신도 모르게 훨신 더 성숙되어지는 것입니다. 하나님의 말씀을 조금 더 순종하면 그 만큼 더 축복해 주시는 것을 믿으시기 바랍니다.

평가와 결심

1. 하나님께 축복을 받는 비결 첫째는 무엇입니까?
   (신 28:2, 하나님을 경외함)
2. 하나님께 축복을 받는 비결 둘째는 무엇입니까?
   (신 28:1, ① 주일성수, ② 십일조 생활, ③ 주의 종 섬김)
3. 하나님께 받는 축복의 내용은 무엇입니까?
   (신 28:4, ① 자녀에게 축복주심, ② 생업에 축복해 주심)

주간 경건의 시간 <43> · 날마다 말씀과 함께

요일 / 내용	월(Mon)	화(Tue)	수(Wed)	목(Thu)	금(Fri)	토(Sat)
찬송	341/ 367	342/ 395	343/ 443	345/ 461	346/ 398	347/ 382
성경	신 23:	신 24:	신 25:	신 26:	신 27:	신 28:
적용	교회 중에 찬송	깊이 생각하라	하나님의 말씀	구원의 근원	안수와 부활과	영원한 제사장

* 정직하지 않고 본성이 악한 자에게는 다른 모든 지식이 해로울 뿐이다.

<미셸 E. 몽테뉴, 1533-1592, 프랑스 수필가>

11단원 감사 실천의 달

제44과

감사는 축복의 통로

찬송 / 590, 591, 592/ 통 309, 310, 311

성경 / 사무엘상 15:17~23

요절 / 사무엘상 15:22하반절

"순종이 제사보다 낫고 듣는 것이 수양의 기름보다 나으니"

목표/ 성도의 삶에서 축복의 씨앗인 감사 드리는 태도를 기른다.

시작하는 말

21세기 지식전략 연구소의 윤복만 소장은 다음과 같이 말했습니다. "영원히 즐거움을 누리는 삶을 살기 위해서는 지능지수, 감성지수를 높이기보다 감사지수를 높여야 한다. 어떤 사람은 화려한 궁전 같은 집에 살면서도 삶이란 왜 이렇게 괴로운 것이냐고 불평, 불만을 일삼는가 하면 어떤 사람은 작은 집에서 사는 모습이나마 감사하며 행복해하는 사람이 있다. 행복을 누리는 삶을 살기 위해서는 지능지수, 감성지수보다 감사지수를 높여야 한다." 그렇습니다. 신앙생활도 생산적이고 멋진 신앙생황을 하기 위해서는 항상 감사해야 합니다. 감사는 곧 축복의 씨앗이자 축복의 통로이기 때문입니다.

오늘의 말씀

1. 하나님의 은혜를 알아야 감사가 나옵니다(엡 2:5)

은혜를 아는 사람은 어떤 형태로든 감사하게 마련입니다. 우리가 감사해야할 큰 이유가 있습니다. 첫째로, 생명을 구속하신 은혜에 감사해야 합니다. 허물로 죽은 우리가 하나님의 은혜로 구원을 얻게 되었으니 놀라운 은혜요 축복입니다. 우리의 죽었던 생명을 십자가의 공로로 사셨습니다. 그러므로 우리는 마땅히 감사해야 합니다. 둘째로, 일상의 필요를 돌보시는 은혜에 감사드려야 합니다. 하나님은 우리가 먹고 입고 마시는 일상의 자질구레한 문제에 이르기까지 구체적으로 역사하시고 살펴주심으로 영육간에 풍족히 공급해 주신다는 사실에 감사하시기 바랍니다.

· 함께 읽어요 : 에베소서 2장 4-5절
"4 긍휼에 풍성하신 하나님이 우리를 사랑하신 그 큰 사랑을 인하여 5 허물로 죽은 우리를 그리스도와 함께 살리셨고, 너희가 은혜로 구원을 얻은 것이라."

2. 범사에 주님을 인정하면 감사가 나옵니다(잠 3:6)

칼뱅의 중요한 교리 중에 '하나님의 절대 주권'이란 게 있습니다. 성도가 범사에 주를 인정한다는 것은 주님의 절대주권을 인정하는 것입니다. 이것이야말로 축복의 씨앗입니다. 주는 그 마음의 원하시는 대로 역사하시는 유일하신 분이십니다. 모든 것은 결국 하나님의 주권에 따라 움직이게 됩니다. 범사에 주를 인정하는 사람들은 역사관이 바뀌게 되고, 역사에 대한 외경심을 갖게 됩니다.

우리에게는 주님의 인도하심에 대한 신뢰가 필요합니다. 하박국 선지자의 감사에서 보듯이 주변 여건이 열악하고 최악의 상태를 맞게 되었을지라도 주의 인도하심을 신뢰하는 사람들은 감사할 수 있는 것입니다. 오늘날 크리스천 중에 주의 인도하심을 신뢰하지 않고 망각하며 사는자가 있습니다. 이것은 신앙의 근거가 잘못되었든지, 신본주의 신앙이 아니라 인본주의 신앙으로 살아가기 때문입니다. 범사에 주님을 인정하여 하나님의 가호 속에서 이 세상을 선도하는 축복의 통로가 되시기 바랍니다.

· 함께 읽어요 : 잠언 3장 6절
"6 너는 범사에 그를 인정하라 그리하면 네 길을 지도하시리라."

3. 주님께 순종코자 하는 결단이 큰 감사를 이룹니다(삼상 15:22)

주님께 순종코자 하는 결단이 그렇게 쉽지는 않습니다. 그러나 순종하려는 결단이 있을 때 감사가 나오는 법입니다. 그러기 위해서는 제사보다 나은 순종이 있어야 합니다. 주님께 순종하고자 하는 결단, 이것이야말로 축복의 씨앗입니다. 축복이라는 열매를 거두고자 하는 사람들은 순종으로 심어야 합니다. 하나님은 제사보다 순종을 더 기뻐하십니다. 이사야 선지자가 이스라엘 백성을 책망하신 것은 그들이 제사를 소홀히 하거나 제물이 풍족하지 못해서가 아니었습니다. 하나님의 목소리를 듣지 않고 매를 자청했기 때문입니다(사 1:5). 아무리 많은 제물을 주께 드린다할지라도 그분께 순종함이 없으면 기뻐하지 않으십니다. 유대 지도자들이 책망을 받은 것은 성경에 무지하거나 종교 의식상의 어떤 문제 때문이 아니었습니다. 다만 주를 순종하는 생활, 진실한 삶의 태도가 없음을 책망하신 것입니다(마 23:).

불순종에는 형벌이 따름을 알아야 합니다. 심은 대로 거두게 하시는 것은 영원히 불변하는 하나님의 법칙입니다. 아무도 이 법칙을 깨뜨릴 수 없습니다. 하나님의 사람 모세도 불순종하여 가나안 땅에 못 들어갔습니다. 불순종은 형벌이 따른다는 사실을 꼭 기억해야 합니다. 사울이 버림받아 망하게 된 사실은 시간과 공간을 초월하여 주님께 불순종하는 모든 사람들에게 경고의 표적이 됩니다. 자신의 인생이라는 밭에서 축복의 열매를 거두고자 하면 불순종의 뿌리를 뽑아야 합니다.

인생의 성패는 주변 사람들의 반응 여부가 결정하는 것이 아닙니다. 최종 결재권자, 평가자는 하나님이심을 알아야 합니다.

· 함께 읽어요 : 사무엘상 15장 22절

"사무엘이 가로되 여호와께서 번제와 다른 제사를 그 목소리 순종하는 것을 좋아하심 같이 좋아하시겠나이까? 순종이 제사보다 낫고 듣는 것이 수양의 기름보다 나으니"

정리하는 말

사랑하는 성도 여러분! 축복은 그 밭에 무엇을 뿌렸느냐에 따라 그 거두는 열매가 다른 것입니다. 성경은 "사람이 무엇으로 심든지 그대로 거두리라"(갈 5:7하)고 했습니다. "육체를 위하여 심는 자는 육체로부터 썩어진 것을 거두고 성령을 위하여 심는 자는 성령으로부터 영생을 거두리라."(갈 6:8)고 했습니다. 사람마다 그 밭에 감사하는 생활, 감사가 넘치는 마음을 심으면 축복이라는 열매를 거두게 되는 것입니다. 하나님은 범사에 감사하는 사람의 삶 속에 넘치는 복을 채워 주십니다. 주님의 주권과 인도하심을 신뢰하고 감사하시기를 간절히 소원합니다.

평가와 결심

1. 축복의 씨앗을 맺는 첫째 감사는 무엇입니까?
   (엡 2:5, 주의 은혜를 아는 자의 감사임)
2. 축복의 씨앗을 맺는 둘째 감사는 무엇입니까?
   (잠 3:6, 범사에 주를 인정하는 자의 감사임)
3. 축복의 씨앗을 맺는 셋째 감사는 무엇입니까?
   (삼상 15:22, 주님께 순종코자 결단하는 자의 감사임)

주간 경건의 시간 <44> · 날마다 말씀과 함께

요일 / 내용	월(Mon)	화(Tue)	수(Wed)	목(Thu)	금(Fri)	토(Sat)
찬송	250/ 182	249/ 149	251/ 137	252/ 184	254/ 186	257/ 189
성경	삼상 10:	삼상 11:	삼상 12:	삼상 13:	삼상 14:	삼상 15:
적용	변하여 새사람이	하나님의 신	가만히 서서	부득이 하여	여호와의 구원은	순종이 제사보다

* 감사할 줄 모르는 자식을 갖는 것은 뱀의 이에 물리는 것보다 더 따가운 일이다.

<윌리엄 셰익스피어, 1564-1616, 영국 시인 극작가>

11단원 감사 실천의 달

참된 감사 예물

찬송 / 587, 588, 589/ 통 306, 307, 308

성경 / 신명기 26:1-11

요절 / 신명기 26:10

"여호와여 이제 내가 주께서 내게 주신 토지소산의 만물을 가져왔나이다 하고 너는 그것을 네 하나님 여호와 앞에 두고 네 하나님 여호와 앞에 경배할 것이며."

목표/ 성도가 참된 감사예물을 드리는 태도를 가지게 한다.

시작하는 말

이스라엘 백성이 40년 광야생활을 청산하고 가나안에 들어가서 그 땅에서 얻게 될 소산물에 대한 취급 절차에 관한 교훈의 말씀입니다.

즉 모든 소산의 첫 수확을 거둔 후에 그 이름을 두시려고 택하신 곳(하나님의 성전)에 가지고 가서 제사장에게 고하면 제사장은 그것을 여호와의 제단에 놓고 감사의 제사를 드리는 절차와 과정을 말합니다. 이것은 곧 이스라엘 선민의 전 생활 과정이요 또한 그들이 축복받는 비결이요 복의 원천이었습니다. 분문은 신명기(12장, 26장)의 결론부분입니다. 이 단원을 통해 성도의 참된 감사에 대하여 공부하면서 감사의 축복과 복을 받는 비결을 배우게 됩니다.

오늘의 말씀

1. 참된 감사와 축제는 감사제의 원칙이 있습니다(:1-)

1절은 "네 하나님 여호와께서 네게 기업으로 주사 얻게 하시는 땅에 네가 들어가서 거기 거할 때에"라고 했습니다. 기업으로 주신 땅은 바로 가나안 땅을 가리킵니다. 또한 이 땅은 장래 기업으로 얻을 천국의 상징이며 현실적으로는 주님의 몸 된 교회라고 할 수 있습니다. 감사를 통해 복을 주시는 장소가 어디입니까?

첫째로, 교회는 신령한 의미에서 가나안 복지입니다. 이스라엘 백성이 가나안에서 추수한 선물을 드리기 전, 해야 할 우선 순위로 가나안 땅에 들어와 살아야 하듯이 교회에 출석하여야 합니다. 둘째로, 지난날의 비참함에서 구원하신 은혜에 감사하는 마음으로 드리는 제물이 있어야 합니다. 장구한 역사를 통하여 구원하시는 하나님의 은총에 감사 감격하여 드리는 것이어야 합니다. 셋째로, 토지소산의 맏물을 하나님께 드려야 합니다(출 22:29; 레 2310; 민 18:12). 넷째로, 하나님께서 주신 모든 축복을 인하여 레위인과 너희 중에 우거하는 객과 함께 즐거워하라고 했습니다. 때문에 감사제는 함께 나누는 기쁨의 축제여야 합니다.

· 함께 읽어요 : 레위기 23장 10절

"이스라엘 자손에게 고하여 이르라 너희는 내가 너희에게 주는 땅에 들어가서 너희의 곡물을 거둘 때에 위선 너희의 곡물의 첫 이삭 한 단을 제사장에게로 가져갈 것이요."

2. 은혜에 감사, 감격하여 맏물을 드리는 축제여야 합니다(겔 41:31; 시 69:30-31)

이스라엘 백성이 드려지는 감사제는 장구한 역사 속에 펼쳐진 하나님의 구원하심의 구체적인 감사의 조건들을 들어서 감사를 드렸습니다. 이런 신앙고백을 들은 제사장들은 백성들의 광주리를 취하여 여호와의 제단 앞에 가져다 놓았습니다. 그리고 "여호와여 주께서 내게 주신 토지소산의 맏물을 가져왔나이다." 하고 여호와 하나님께 엎드려 경배를 드렸습니다. 맏물을 바치는 의미가 무엇입니까? 가나안 복지로 인도하시는 은혜에 감사함이요, 토지소산에 추수를 주신 하나님께 감사함입니다. 전체를 대표하여 거룩하게 구별하여 드림이요(롬 11:16), 여호와를 공경하는 방법입니다(잠 3:9). 이는 여호와께 축복받는 비결입니다(잠 3:10).

기독교 2천년 역사에서 시대마다 감사의 제물을 드렸지만 박해시대와 암흑시대 및 교회속화시대에는 드리지 못했습니다. 그러나 미국 개척자 청교도들이 1620년 겨울에 미국에 상륙하여 다음해 첫 곡식을 거두고 원주민과 함께 축제일을 일주일 동안 가지면서부터 감사제가 시작된 것입니다.

· 함께 읽어요 : 시편 69편 30-31절

"30 내가 노래로 하나님의 이름을 찬송하며 감사함으로 하나님을 광대하시다 하리니 31 이것이 소 곧 뿔과 굽이 있는 황소를 드림보다 여호와를 더욱 기쁘시게 함이 될 것이라."

3. 우리도 하나님의 영광과 은혜를 찬양하는 축제의 감사절로 지켜야 합니다(시 96:8)

하나님께서 인간을 축복하심은 먼저 마음으로 감사할 수 있도록 감사하는 마음을 주신 것입니다. 일본의 내촌감삼 선생은 "하나님께서 만일 인간을 저주하신다면 질병이나 실패, 그리고 배신이나 죽음으로 저주하시는 것이 아니고, 하나님이 계신 것을 믿지 못하는 불신앙으로, 그리고 성경을 읽어도 귀에 들어오지 않는 막힌 귀로, 또한 감사하는 마음이 전혀 생기지 않도록 메마른 마음으로 저주하실 것이다." 라고 말했습니다.

기쁘고 감사한 마음으로 지난 일을 회상하면서 하나님께 감사해야 합니다. 개인, 교회, 국가 등 모든 면에서 생각해 볼 때 하루 밤사이에 무슨 일이 일어날지 알 수 없는 불안과 공포에 싸여 있는 세상에서 건강과 의식주에 별 어려움 없이 지내 온 것 감사해야 합니다. 참된 예물을 드림으로 감사해야 합니다. 마음으로도 감사해야 하겠지만 물질로도 감사해야 합니다. 말로만 감사하는 것보다 우리의 물질과 소득을 주신 것으로 감사해야 합니다. 이스라엘 백성은 일년에 세번씩 하나님께 빈손으로 보이지 않고 주신 복을 따라 힘대로 물건을 드렸습니다.

· 함께 읽어요 : 신명기 16장 16-17절

"16 너의 중 모든 남자는 일년 삼차 곧 무교절과 칠칠절과 초막절에 네 하나님 여호와의 택하신 곳에서 여호와께 보이되 공수로 여호와께 보이지 말고 17 각 사람 이 네 하나님 여호와의 주신 복을 따라 그 힘대로 물건을 드릴지니라."

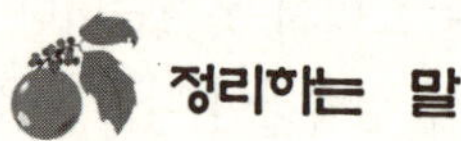

정리하는 말

사랑하는 성도 여러분! 인생의 참된 목적은 하나님께 영광을 돌리는데 있습니다. 그런데 그의 영화와 영광은 성도들이 감사할 때 가장 잘 나타납니다. 사실 우리는 감사보다 불평과 원망이 앞섭니다. 그러나 믿음이 성숙한 성도는 참된 예물로 감사드리는 성도입니다. 그 비결은 하나님의 베풀어주신 은혜에 대한 감사뿐이요. 하나님의 무한한 사랑과 은혜에 대한 참된 봉사와 감사하는 생활을 회복해야 합니다.

평가와 결심

1. 하나님께 드려야 할 감사제의 원칙은 무엇입니까?
   (신 1:1, ① 교회로 나옴, ② 감사하는 마음, ③ 토지소산의 맏물)
2. 근대교회의 감사절의 역사는 어떻게 시작 되었습니까?
   (미국 청교도들이 1620년 이듬해 첫 곡식으로 축제드림으로)
3. 추수감사절을 어떻게 지켜야 합니까?
   (① 기쁘고 감사한 마음, ② 예물드림으로 감사드려야 함)

주간 경건의 시간 <45> · 날마다 말씀과 함께

요일 / 내용	월(Mon)	화(Tue)	수(Wed)	목(Thu)	금(Fri)	토(Sat)
찬송	370/ 455	430/ 456	441/ 498	375/ 421	382/ 432	369/ 487
성경	신 30:	신 31:	신 32:	신 33:	신 34:	수 1:-2:
적용	네 얼굴을 숨기리라	네 얼굴을 숨기리라	눈동자 같이	너는 행복자로다	기력이 쇠하지	노래하라 찬양하라

* 항상 네 감사하는 일을 처음에는 하늘에 하고 다음에는 땅에 하라.

<데이빗 토머스, 1776-1850, 미국 농학자, 저술가>

11단원 감사 실천의 달

제46과

요단 언덕의 감사제

찬송 / 456, 419, 407/ 통 509, 478, 465

성경 / 여호수아 4:1-9

요절 / 여호수아 4:7하반절

"언약궤가 요단을 건널 때에 요단 물이 끊어졌으므로 이 돌들이 이스라엘 자손에게 영영한 기념이 되리라."

목표/ 성도가 어렵고 힘들 때에도 감사하는 태도를 기른다.

시작하는 말

본문은 여호수아를 비롯한 모든 전사들이 요단을 건널 동안에 얼마나 힘들고 분주했는가를 엿볼 수 있습니다. 이런 다급한 중에 하나님께서는 놀라운 일을 계속 생생하게 기억하게 하도록 영영한 기념예배를 준비하여 드리도록 했습니다. 우리 성도들도 어렵고 힘들 때마다 하나님의 위대하신 역사를 기념하여 찬양과 감사의 예배와 예물을 드려야 합니다. 오늘날에도 힘들고 어려울 때 우리는 모든 것을 계획하시고, 이루게 하신 하나님께 감사의 축제를 준비하여 드려야 하는 것입니다.

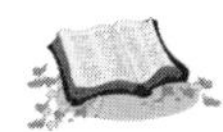

오늘의 말씀

1. 영원한 기념비는 백성이 모두 요단강을 건넌 증표입니다(수 4:6)

이스라엘 백성들은 하나님이 약속하여 주신 가나안을 떠나 애굽으로 이민을 갔습니다. 430년간 애굽 땅에서 이스라엘 백성은 선민의식도 가나안 땅도 모두 잊어버린 채 애굽에서 소수 민족의 서글픈 생활을 하다가 결국에는 노예가 되고 말았습니다. 그러나 하나님은 이스라엘 백성을 잊지 않으시고 그 백성을 훈련시키사 모세를 세워 애굽에서 불러내었습니다. 그 때 장정만 60만이라 했으니 300만이나 되는 거대한 인구였습니다. 40년이 지나 모세는 비스가 산정에서 죽었으나 하나님은 살아계셔서 여호수아를 통하여 인도하십니다. 하나님은 요단 물을 말리시고, 이스라엘 백성들을 도하할 수 있도록 하셨습니다. 이 감격을 영원히 기념하기 위하여 여호수아는 이스라엘 자손 중에서 매 지파에서 한 사람씩 택하여 열두 명으로 하여금 한 돌씩 요단강 가운데서 취하여 어깨에 메어와 기념비를 쌓도록 했던 것입니다.

· 함께 읽어요 : 여호수아 4장 7절

"그들에게 이르기를 요단 물이 여호와의 언약궤 앞에서 끊어졌었나니 곧 언약궤가 요단을 건널 때에 요단 물이 끊어졌으므로 이 돌들이 이스라엘 자손에게 영영한 기념이 되리라 하라."

2. 길갈 언덕에 열 두 기념비를 세우라고 하셨습니다(수 9:6)

요단강 수중에 세운 기념비는 조상들이 통과한 영원 길의 표시로서 이스라엘 민족의 광야에서의 불신앙 생활을 장사지냈다는 역사적 의미가 있고요. 길갈 언덕에 세운 열두 돌은 새로운 길과 역사의 시작을 의미하는 돌인 것입니다. 이 열두 돌은 요단강 가운데 제사장들의 발이 굳게 선 그곳에서 취했습니다. 그리고 제사장들이 돌 한 개씩 각 지파가 어깨에 메고 요단 언덕 자기들의 유숙할 곳에 가져다가 세웠습니다. 수중에 세운 돌은 다만 이스라엘 자손들에게 영원한 기념이 되게 하지만 길갈에 세운 돌은 이스라엘 모든 백성에게 하나님의 능하심을 알게 하며 하나님 여호와를 영원토록 경외하는데 의미가 있습니다. 구원하신 만군의 여호와 하나님을 기념하기 위함입니다. 모세의 공은 율법이요, 제사장의 공은 교권입니다. 옛 사람은 요단에 장사지내고, 하나님의 능하신 일을 기념했습니다. 사랑하는 성도 여러분! 기념제를 통하여 하나님을 영원히 경외하고 감사와 기도를 드리는 성도가 다 되시기 바랍니다.

· 함께 읽어요 : 여호수아 4장 9절
"여호수아가 또 요단 가운데 곳 언약궤를 멘 제사장들의 발이 선 곳에 돌 열둘을 세웠더니 오늘까지 거기 있더라."

3. 요단 언덕의 감사제는 이스라엘 전 지파의 단합을 표징합니다.

본문을 자세히 드려다 보세요. 이스라엘 열두 지파 사람이 총동원되어 요단을 건너는 데 있어서 여호수아의 명령을 절대로 믿고 순종하며 마음이 하나로 단합되었던 것을 알 수 있습니다. 더욱이 매 지파에서 미리 예비한 열두 명을 택하여 요단 가운데 제사장들의 발이 굳게 선 그곳에서 돌 열둘을 취하여 자기들의 유숙할 곳에 두게 한 후에, 열두 돌을 기념으로 세운 것은 열두 지파 모두 요단강을 건너는 작업에 총동원되어 일심으로 단합했음을 밝혀 줍니다.

바로 그것입니다. 오늘날 교회에서 치러지는 각종 행사는 그런 축제적인 의미와 거기에 참여하는 모든 성도들로 하여금 하나님의 자녀로서 자부심을 갖게 하며, 그 공동체 즉, 사랑의 공동체, 믿음의 공동체, 소망의 공동체라 할 수 있는 교회 일원으로서 단합해야 함을 가르쳐 줍니다. 교회의 열두 지파는 제직회 및 지역이나 구역, 그리고 각 주일학교 또는 전도회나 선교회 등 각 부서일 수 있습니다. 각 기관과 속회 또는 각 부서들끼리 교제를 이루면서 각자의 사명을 다하시기를 소원합니다.

· 함께 읽어요 : 고린도전서 12장 27, 28절
"27 너희는 그리스도의 몸이요 지체의 각 부분이라 28 하나님이 교회 중에 몇을 세우셨으니 첫째는 사도요 둘째는 선지자요 셋째는 교사요 그 다음은 능력이요 그 다음은 병 고치는 은사와 서로 돕는 것과 다스리는 것과 각종 방언을 하는 것이라."

정리하는 말

사랑하는 성도 여러분! 세상을 살아가면서 이스라엘 백성들이 요단강을 만난 것처럼 어렵고 힘든 상황을 만나게 됩니다. 이런 때 영적 능력과 판단력이 있는 지도자를 만난다는 것은 참으로 행복하고 다행한 일입니다. 지도자의 지시대로 일사분란하게 처신해 간다면 아무리 어렵고 힘든 상황에서도 극복할 수 있습니다. 이때 기념비적인 일들이 지시될 때 함께 공동체의 짐을 나누어지십시오. 자신이 기쁨으로 축제에 동참하여 신령과 진정의 헌신을 다짐하며, 그 축제를 통해 발전의 기회를 삼으시기를 바랍니다.

평가와 결심

1. 요단을 건널 때 누가 가장 먼저 앞서 행했습니까?
   (수 4:10, 언약궤 곧 법궤를 멘 제사장)
2. 요단을 건넌 이스라엘 백성이 무슨 지시를 받습니까?
   (수 4:5, 매 지파에 한 사람씩 열둘이 돌 한개 씩 취하라)
3. 매 지파에 돌 한 개씩 취하라는 이유가 무엇입니까?
   (수 4:7, 자손에게 영영한 기념이 되게 하기 위함)

주간 경건의 시간 <46> · 날마다 말씀과 함께

요일 / 내용	월(Mon)	화(Tue)	수(Wed)	목(Thu)	금(Fri)	토(Sat)
찬송	585/ 384	586/ 521	587/ 306	566/ 301	567/ 436	563/ 411
성경	수 4:	수 5:	수 6:	수 7:	수 8:	수 9:
적용	여호와의 언약	신을 벗어라	여호와께 바치되	바친 물건이	돌로 큰 무더기를	하나님의 집

* 감사하는 마음을 가장 위대한 미덕일 뿐만 아니라 다른 모든 덕의 어버이다.
<마르쿠스 툴리우스 키케로(B.C. 106-43) 로마 웅변가 정치가, 철학자>

11단원 감사 실천의 달

제47과

주께 감사드리자

찬송 / 590, 591, 592/ 통 309, 310, 311

성경 / 역대상 16:7-17

요절 / 역대상 16:8

"너희는 여호와께 감사하며 그 이름을 불러 아뢰며 그 행사를 만민 중에 알게 할지다."

목표/ 성도의 삶의 모습은 감사임을 알고 실천하는 태도를 기른다.

시작하는 말

감사와 찬양은 성숙한 믿음을 소유한자들의 자연적인 표현입니다. 지금 다윗은 하나님의 궤를 안치하고 감사제를 드립니다. 그리고 레위 사람 가운데서 궤 앞에서 섬기며 이스라엘 하나님 여호와를 칭송하며 감사하며 찬양하게 하였으니 두목은 아삽이요. 다음은 스가랴의 아들 여이엘과 스미라못과 여히엘과 맛디디야와 엘리압과 브나야와 오벧에돔과 여이엘이라 악기로는 비파와 수금을 타고, 아삽은 제금을 힘 있게 치고 제사장 브나야와 야하시엘은 항상 하나님 언약궤 앞에서 나팔을 불었습니다. 이러한 모습은 성숙한 믿음을 감사 찬양하는 자에게서 찾아볼 수 있습니다.

성숙한 믿음으로 주님이 기뻐 받으시는 감사로 찬양 드리시기 바랍니다. 하나님께 감사드려야 할 이유를 생각해 보겠습니다.

오늘의 말씀

1. 하나님의 임재하심을 인하여 감사드려야 합니다(시 136:15)

다윗은 하나님의 임재하심인 법궤 즉 하나님의 궤를 처소로 모시고 안치한 후에 하나님의 은혜에 대하여 감사하고 있음을 볼 수 있습니다. 다윗의 신앙의 위대함이 돋보이는 점이 바로 이러한 점입니다. 법궤를 안치하고 하나님께 번제와 화목제를 드림으로써 그 곳을 성별합니다. 백성들에게 축복하고 무론 남녀하고 네 명에 떡 한 덩이와 고기 한 조각과 건포도병 하나씩 나누어주었습니다. 하나님과 이스라엘 백성 사이에 온전한 관계가 회복되었음을 의미합니다(레 3:1-17). 다윗은 제사장들로 하여금 백성을 축복하게 하신 것입니다(민 6:22-27). 주를 향한 온전한 감사에는 이렇게 하나님과의 회복의 관계가 이루어집니다. 그러므로 예배의 실패는 모든 것이 다 실패하게 되는 것입니다. 가룟 유다가 성만찬 예식을 벗어났을 때 어둠이 깔렸던 것을 기억합니다. 감사의 축제를 소중하게 여기시기 바랍니다.

· 함께 읽어요 : 시편 16편 15-17절

"15 바로와 그 군대를 홍해에 엎드러뜨리신 이에게 감사하라 그 인자하심이 영원함이로다. 16 그 백성을 인도하여 광야로 통과케 하신 이에게 감사하라 그 인자하심이 영원함이로다."

2. 언약에 신실하신 하나님을 찬양합니다(:8-17)

감사시의 첫 부분은 자기 백성과의 언약에 신실하셨던 하나님을 찬양하는 내용입니다. 본문은 시편 105편 1-15절과 일치하는 내용으로서 이스라엘의 역사적 기원과 출애굽, 그리고 가나안 땅을 얻기까지 하나님께서 그들을 어떻게 인도하셨는가를 회고함으로서 하나님의 언약과 그 성취의 과정을 다루고 있습니다. 본문과 시편의 차이점은 '아브라함 자손'이 '이스라엘 후손'으로 '기억하셨으니'가 '기억 할지어다'로 바뀐 것뿐입니다. 그러므로 본서가 포로기 이후에 귀환한 백성들을 대상으로 쓰여 졌음을 보여줍니다. 이 찬양의 특징은 선포에 있습니다. 즉, 하나님의 놀라우신 역사와 속성들을 깊이 회고하고 새롭게 인식해야 했습니다.

· 함께 읽어요 : 역대상 16장 15-17절

"15 너희는 그 언약 곧 천대에 명하신 말씀을 영원히 기억할지어다. 16 이것은 아브라함에게 하신 언약이며 이삭에게 하신 맹세며 17 이는 야곱에게 세우신 율례 곧 이스라엘에게 하신 영원한 언약이라."

3. 언약을 이루어주시는 하나님을 찬양합니다(:8, 시편 105:8)

이스라엘이 하나의 민족으로 형성될 수 있었던 것은 오직 하나님의 신실하신 은혜와 구원의 능력에 의한 것이었음을 알아야 했습니다.

8절에 "너희는 여호와께 감사하며 그 이름을 불러 아뢰며 그 행사를 만민 중에 알게 할지어다."라고 했습니다. 여기서 '감사'는 증거의 성격을 지닙니다. '그 이름을 불러 아뢰매'라는 표현은 하나님을 부른다는 의미보다 그분을 선포한다는 의미이며, '만민'은 백성들, 혹은 열방을 가리킵니다. 따라서 본문은 세상을 향하여(이스라엘의 그 주변의 모든 이방 민족과 국가들에게) 하나님의 역사를 알리는 것입니다. 만민 중에 선포하는 증거는 다양한 형태를 띱니다. '노래'와 '찬양', 그리고 그 '모든 기사를 말함으로서' 입니다. 음악과 입술의 증거가 함께하는 것입니다. 또한 '그 성호를 구하는 것'입니다. 성호를 자랑한다는 것은 하나님께서 이스라엘을 위하여 베푸신 구원의 행사를 통하여 그 신실하심과 권능과 은혜 등을 계시하시고 그 거룩하신 이름을 보이셨으니 그 모든 것을 경험한 자로서 하나님께 영광을 돌리라는 것입니다. 또한 10절과 11절의 '구한다'는 말은 금과 음을 찾듯이 간절히 하나님을 찾으라는 듯이며, '얼굴을 구한다'는 것은 하나님께 나아가는 행위를 가리키는 표현입니다. '그 능력을 구하라'는 말에서 '구하라'는 말은 찾으라는 것이 아니라 요청하라는 것입니다. 사랑하는 성도 여러분! 언약궤를 자리에 모셔놓고 하나님의 임재를 바라보면서 찬양하는 그들처럼 신실하신 하나님께 영광과 찬양을 돌리시기 바랍니다.

· 함께 읽어요 : 시편 105편 8절

"그는 그 언약 곧 천대에 명하신 말씀을 영원히 기억하셨으니."

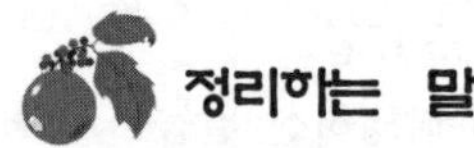

정리하는 말

성숙한 성도의 특징은 언약해 주시고 이루어 주신 은혜의 하나님께 구체적이며 신실하게 집중적으로 감사와 찬양을 드리는 것입니다. 다윗이 그 대표적인 인물입니다. 아브라함과 맺으신 언약은 야곱에게서 재현되고, 구체화되었으며, 야곱의 아들인 열두 지파를 통하여 이스라엘은 비로소 민족적인 기초를 세웠습니다. 사랑하는 성도 여러분! 지금 여러분들이 누리고 있는 은혜를 역사적으로 거슬러 가면서 기억하고, 그 하나하나를 적어보면서 감사와 찬양을 드리시기를 바랍니다. 그러면 훨씬 감사가 차고 넘치며 풍성해 질 것입니다.

평가와 결심

1. 성도가 첫째, 무엇에 대하여 감사와 찬양을 드려야 합니까?
   (대상 16:15, 하나님의 임재하심)
2. 성도가 둘째, 무엇에 대하여 감사와 찬양을 드려야 합니까?
   (대상 16:8-17, 여호와 하나님의 신실하심)
3. 성도가 셋째, 왜 누구에게 감사와 찬양을 드려야 합니까?
   (대상 16:8-17, 언약을 이루어 주시는 하나님께)

주간 경건의 시간 <47> · 날마다 말씀과 함께

요일 / 내용	월(Mon)	화(Tue)	수(Wed)	목(Thu)	금(Fri)	토(Sat)
찬송	608/ 295	588/ 307	566/ 301	567/ 436	574/ 303	580/ 371
성경	대상 11:	대상 12:	대상 13:	대상 14:	대상 15:	대상 16:
적용	다윗이 점점 강성	희락이 있었더라	하나님의 궤가	걸음 걷는 소리	수금을 타서	여호와를 칭송

* 하나님은 감사드리면 용서해 주고, 다른 부드러운 형태로 속박을 풀어주신다.

<R. 크릴리>

11단원 감사 실천의 달

찬양의 감사제

찬송 / 592, 598, 593/ 통 311, 244, 312

성경 / 역대상 23:1-6

요절 / 역대상 23:30

"새벽과 저녁마다 서서 여호와께 축사하며 찬송하며."

목표/ 시와 찬양으로 감사 드리는 태도를 기른다.

시작하는 말

오늘날 많은 사람들이 기득권을 주장하고 남에게 자기 좋은 몫을 절대로 주려고 하지 않고 독점하려고 합니다. 본문은 다윗이 성전건축을 위하여 재료를 다 준비했음에도 그 아들 솔로몬에게 허락하신 일에 불평이나 짜증을 내지 않는 모습을 봅니다. 오히려 성전 건축 후에 섬길 조직을 정비하고 있는 모습에서 우리에게 큰 감동을 줍니다. 다윗은 중차대한 성전건축은 아들 솔로몬에게 미루고, 자신은 새롭게 성전 봉사의 반차를 나누고 찬양대의 조직과 악기 제작과 위대한 감사와 찬양 시들을 만들어 그 백성들이 실제로 부르도록 하나님을 섬기는 일을 구체적으로 언급합니다. 다윗처럼 하나님 섬김의 멋진 매너를 가지시기를 바랍니다.

오늘의 말씀

1. 성전 봉사는 자신의 역할을 감당하는 찬송입니다(23:1-5)

사람마다 자기가 하고 있는 일도 만년에 이르러서는 대충 시간만 때우려고 합니다. 체력이 허락하지 않고, 생각이 모두 귀찮아지기 때문입니다. 그러나 다윗은 놀랍게도 그러한 흔적이 보이지 않습니다. 하나님을 섬기는 일에 대한 다윗의 열정은 쇠하지 않았습니다.

본문 1절 이하에서 "다윗이 나이 많아 늙으매 아들 솔로몬으로 이스라엘 왕을 삼고, 이스라엘 모든 방백과 제사장과 레위 사람을 모았더라. 레위 사람은 삼십 세 이상으로 계수하였으니 모든 남자의 명수가 삼만 팔천인데"라고 했습니다. 다윗은 스케일이 큰 하나님의 웅장한 찬양의 오케스트라를 재현하고 싶어 했습니다. 이 웅장한 찬양을 받으시는 분은 만군의 여호와 하나님이십니다. 태양, 달, 별들, 언덕과 들판, 나무들, 바다와 대양, 천사들, 장로들, 살아 있는 모든 피조물들이 이 웅대한 오케스트라에 참가하고 있으며, 곧 전능자의 영광과 영원한 송가에 참여하고 있는 것입니다.

· 함께 읽어요 : 시편 19편 1절
"하늘이 하나님의 영광을 선포하고 궁창이 그 손으로 하신 일을 나타내는 도다."

2. 성전 봉사는 질서를 통한 하모니입니다(23:6-23, 엡 5:19)

다윗은 조직의 천재였습니다. 그의 전쟁 기록을 보면 군사의 수효를 중시하지 않으시는 하나님이심을 알면서도 꼼꼼하게 계수하는 모습을 볼 수 있습니다(삼상 13:15; 15:4; 18:1) 왜 그렇습니까? 하나님께서 전쟁을 승리로 이끌어 주실 것이 분명하지만 인간이 해야 할 일은 끝까지 수행해야 하기 때문입니다. 바로 그것입니다. 우리는 여기에서 하나님의 백성들이 하나님의 완전하시고 위대하심을 믿는 만큼 인간들의 몫을 철저하게 감당하고 있는 성실함을 배워야 하는 것입니다. 계수한 후 그 종가를 24반열로 나누어서 순차적으로 봉사하도록 했습니다.

하나님의 성전 봉사는 과도한 인간의 욕심보다는 주어진 차례에 따라서 상호간에 예절을 지키도록 질서를 만들었습니다. 이러한 성전 봉사의 규례가 전사요, 왕이요, 지도자인 다윗에게서 나왔다는 것은 우연한 일이 아닙니다. 정치란 바로 아름다운 삶을 위한 질서를 세우는 일입니다. 교회에서의 봉사는 어느 누구의 특권이나 노력에 의해서가 아니라 공동체 운영의 묘를 살려야 합니다. 이러한 조직과 운영 방법은 다윗의 순간순간 기도하는 모습에서 그 방법을 찾을 수 있습니다. 주님께 아름다운 감사와 찬양을 드리시기를 원하십니까? 교회의 직분과 봉사를 위해 구체적으로 기도하십시오. 그리고 지혜로운 설계를 하십시오. 하나님께서 성령을 통하여 도와주실 것입니다.

· 함께 읽어요 : 에베소서 5장 19절
"시와 찬미와 신령한 노래들로 서로 화답하며 너희의 마음으로 주께 노래하며 찬송하며."

3. 환경을 초월하여 감사와 찬양을 드려야 합니다(시 150:1-6)

우리는 흔히 찬양을 드리려면 환경과 조건을 따집니다. 그러나 하나님께서는 사랑하는 자녀들에게 누구나 감사와 찬양을 드릴 수 있도록 찬양의 은사를 주셨습니다. 성전 찬양대의 조직은 역대상 25장 1-31절에서 구체적으로 언급하고 있습니다. 성전에서 찬양으로 봉사할 성전 찬양대도 족속에 따라 24반열로 나누고, 제비 뽑아 순서대로 섬기도록 했습니다. 여러분! 환경을 초월한 감사와 찬양 드리시기를 소원합니다.

· 함께 읽어요 : 역대상 25장 1절
"다윗이 군대 장관들로 더불어 아삽과 헤만과 여두둔의 자손 중에서 구별하여 섬기게 하되 수금과 비파와 제금을 잡아 신령한 노래를 하게 하였으니 그 직무대로 일하는 자의 수효가 이러하니라."

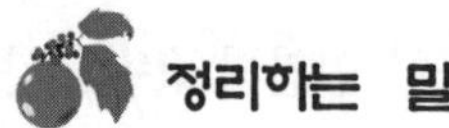

정리하는 말

사랑하는 성도 여러분! 우리는 성전에서 봉사하는 임무 중에 찬양대의 임무가 얼마나 중차대한 것을 알았습니다. 찬송의 사람 다윗은 인생의 앞길에 펼쳐진 고난의 기회를 '감사와 찬송의 물줄기'로 바꾸었습니다. 신앙의 위대한 인물들은 모두 고난의 터널을 찬양하면서 슬기롭게 잘 통과했습니다. 사랑하는 성도 여러분! 고난 앞에 좌절하거나 피하거나 비겁하게 도망치지 말고, 하나님의 은혜와 사랑을 감사드리며, 지금 당하는 고난을 찬송과 감사의 통로로 바꾸시기를 바랍니다.

평가와 결심

1. 첫째로 성전 봉사를 위해 누구를 선택했습니까?
   (민 8:14, 레위인)
2. 둘째로 성전 봉사를 위해 레위인들을 어떻게 했습니까?
   (대상 23:6-23, 반열로 나누었음)
3. 셋째로 찬양 감사하는 자의 기본자세는 무엇입니까?
   (시 150:1-6, 환경에 초월하여 찬양 드려야 함)

주간 경건의 시간 <48> · 날마다 말씀과 함께

요일 / 내용	월(Mon)	화(Tue)	수(Wed)	목(Thu)	금(Fri)	토(Sat)
찬송	471/ 528	472/ 530	475/ 272	478/ 78	480/ 293	486/ 474
성경	대상 18:	대상 19:	대상 20:	대상 21:	대상 22:	대상 23:
적용	여호와께서 이기게	너를 도우리라	장대한 자의 소생	괘씸히 여기사	솔로몬을 도우라	찬송하기 위하여

* 배은망덕 다음으로 가장 견디기 어려운 것은 감사할 줄 모르는 마음이다.

<헨리 워드 비쳐, 1813~1887 미국 목사, 설교가>

제49과

대속의 복음을 전하자

찬송 / 519, 520, 521/ 통 251, 257, 253
성경 / 레위기 6:24-30
요절 / 히브리서 9:22
"율법을 좇아 거의 모든 물건이 피로써 정결케 되나니 피 흘림이 없은즉 사함이 없느니라."
목표/ 복음의 성경적 의미를 알고 대속의 복음을 전하는 태도를 기른다.

시작하는 말

이 단원에서는 기독교가 생명을 이어온 역할을 감당한 '복음 전파'에 대하여 다루려고 합니다. 신약성경에 나오는 '복음'을 뜻하는 헬라어는 유앙겔리온(εὐαγγέλιον)이며, 영어로 God-spell(신의 말씀), 즉 가스펠(Gospel)을 '복음'이라고 부릅니다. 일반적으로 '복음'이란 '좋은 소식' 또는 '기쁜 소식'을 뜻합니다(눅 2:10, 롬 10:15). 오늘 공과에서는 기독교의 핵심적인 '대속의 복음'에 대하여 구약의 속죄제 제사 규례와 함께 공부하면서 '나도 복음을 전파할 수 있다'는 확신을 느끼게 될 것입니다. 복음은 우리 구주 예수 그리스도께서 십자가에서 흘려주신 보배로운 피로 속죄함을 받았기 때문에 우리는 담대히 복음을 전파할 수 있는 것입니다.

오늘의 말씀

1. '속죄제'의 제물은 거룩합니다(6:25, 벧전 1:18-19)

구약에서 이스라엘 백성들은 속죄제 제물을 드림으로써 대속함을 받고 죄의 문제를 해결했습니다. 오늘날 도덕종교나 수신(修身)을 강조하는 종교에서는 선을 행하고 자비를 베풂으로써 구원이 있다고 합니다. 로마 카톨릭 교회에서는 구원은 믿음과 행함으로 얻는다고 가르칩니다. 그러나 개혁주의 신앙은 '오직 믿음'(Sola Fide)으로만 구원함을 얻는다고 가르칩니다. 속죄제를 드릴 때 그 짐승이 거룩하다는 것이 아니라 희생제물이 대속물로써 하나님께 구별되어 바쳐졌다는 의미에서 거룩한 것입니다. 따라서 거룩하여진 제물을 함부로 사용해서는 안 됩니다.

우리 주님께서 십자가에서 흘려진 피로 말미암아 우리가 죄 사함을 받았기에 그 피를 보혈(寶血), 즉 '보배로운 피'라고 부릅니다. 그리스도의 보배로운 피로 말미암아 대속함에 감사함을 드려야 합니다.

· 함께 읽어요 : 베드로전서 1장 18-19절

"18 너희가 알거니와 너희 조상의 유전한 망령된 행실에서 구속된 것은 은이나 금 같이 없어질 것으로 한 것이 아니요 19 오직 흠 없고 점 없는 어린양 같은 그리스도의 보배로운 피로 한 것이니"

2. 피는 거룩한 제물이며 생명을 상징합니다(히 9:14)

제물에서 피는 거룩한 제물이며 생명을 상징합니다. 피의 거룩성을 지키기 위하여 제물을 성막 밖으로 나가는 것을 철저히 금하고 있습니다. 거룩한 것을 외부에 접촉하면 속된 것으로 만드는 행위입니다. 그렇기 때문에 제사장이 제사를 집례 하는 중에 옷에 피가 묻게 되면, 피 묻은 옷은 반드시 거룩한 곳에서 정결케 하여야 했습니다. 이렇게 하나님께 드려진 피는 소중하고 거룩한 것입니다. 피는 생명을 뜻하기 때문에 여호와께 드려 속죄하는 일 외에 다른 용도로 쓰여 질 수 없는 것입니다. 이를 통하여 주시는 교훈은 하나님의 거룩성은 반드시 지켜져야 하며 생명은 천하보다 귀하고 소중하다는 것을 알아야 된다는 것입니다. 성도는 그리스도의 생명을 통하여 구속, 곧 죄 사함을 받았으니 나 자신이 먼저 그리스도의 은혜의 성령의 힘으로 변화되어 복음을 전하는 자들이 되시기를 간절히 소원합니다.

· 함께 읽어요 : 히브리서 10장 29절
"하물며 하나님 아들을 밟고 자기를 거룩하게 한 언약의 피를 부정한 것으로 여기고 은혜의 성령을 욕되게 하는 자의 당연히 받을 형벌이 얼마나 더 중하겠느냐 너희는 생각하라."

3. 피에 접촉된 그릇도 거룩성을 지켜야 합니다(레 6:28)

제물은 구별하여 하나님께 드려진 것이기에 그 제물을 담은 그릇도 거룩성을 지켜져야 하는 것입니다. 그러므로 토기에 삶았을 경우에는 깨뜨리고, 유기에 삶았으면 물로 씻어 깨끗케 하라고 했습니다. 제물의 피를 함부로 처리하지 않았듯이 제물에 접촉된 그릇들도 거룩함을 유지하기 위하여 처리방법이 다른 것입니다. 즉, 토기는 흡수성이 있으므로 제물의 성분을 제거할 수 없었습니다. 따라서 그 그릇을 다른 목적으로 사용한다면 하나님의 거룩성을 오염되게 하는 것입니다. 그러므로 그릇은 깨드려 없애도록 했던 것입니다. 그러나 유기그릇은 물로 닦으면 제물의 성분이 온전히 제거 되므로 깨드리지 아니하고 물로 깨끗이 씻은 후 다시 사용하여도 가하였던 것입니다.

이와 같이 우리 성도들은 하나님의 백성으로서 거룩한 삶을 살기 위하여 거절할 것은 단호하게 거절하고, 끊을 것은 끊어버려 신자의 거룩성이 유지되고 하나님의 거룩하심이 영원토록 보존되기를 바랍니다.

· 함께 읽어요 : 레위기 7장 28-29절
"그 고기를 토기에 삶았으면 그 그릇을 깨뜨릴 것이요 유기에 삶았으면 그 그릇을 닦고 물에 씻을 것이며 29 그 고기는 지극히 거룩하니 제사장의 남자마다 먹을 것이니라."

정리하는 말

하나님께서는 죄와 허물로 영원히 죽었던 인생들을 살릴 수 있는 방법과 길을 만들어 놓으셨습니다. 오직 주님의 십자가에서 흘리신 보혈로 대속함을 얻은 백성은 그 누구나 다 죄를 사하시고 용서해 주셔서 구원과 생명을 주셨습니다. 이 소식이 복음이며 '피의 복음'인 것입니다. 그러므로 우리가 세상 살 동안 지은 죄가 많지만 끊을 것은 끊어버리고, 복음을 믿어야 하는 것입니다. 그리스도의 보혈 피로 생명을 얻은 자마다 하나님의 자녀라는 권세를 주셨고, 복음을 전할 수 있는 특권을 주셨습니다. 기쁜 마음으로 '피의 복음'을 열심히 전하시기를 간절히 소원합니다.

평가와 결심

1. 전도의 제 일 보는 무엇입니까? (벧전 1:18-19, 대속의 복음)
2. 피는 무엇을 상징합니까? (히 9:14, 생명을 상징함)
3. 피에 닿은 그릇도 어떻게 되어야 합니까?
(레 6:28, 거룩하게 되어야 함)

주간 경건의 시간 <49> · 날마다 말씀과 함께

요일 / 내용	월(Mon)	화(Tue)	수(Wed)	목(Thu)	금(Fri)	토(Sat)
찬송	95/ 82	94/ 102	191/ 427	214/ 349	250/ 182	254/ 186
성경	갈 1:	갈 2:	갈 3:	갈 4:	갈 5:	갈 6:
적용	다른 복음	기둥같이 여기는	성령으로 시작	때가 차매	그리스도는 자유케	좋은 것 함께하라

* 내가 철학을 전파하였더니, 사람들은 칭찬하였다. 그러나 내가 그리스도를 전파하였더니 사람들은 회개하였다. <A. P. 깁스>

12단원 복음 전파의 달

제50과

메시야 복음을 전하자

찬송 / 518, 519, 522/ 통 252, 251, 269

성경 / 누가복음 4:16-24

요절 / 누가복음 4:19

"세상의 염려와 재리의 유혹과 기타 욕심이 들어와 말씀을 막아 결실치 못하게 되는 자요."

목표/ 메시야의 바른 복음을 알고 전하는 태도를 갖도록 한다.

시작하는 말

사랑하는 성도 여러분! 예수께서 회당에서 성경 이사야서를 읽으시고 책을 덮으시며, 그것을 맡은 자들에게 건네주시고 앉으셨습니다. 메시야이신 예수 그리스도의 놀라운 주장의 목소리는 카랑카랑하게 공기를 갈랐습니다. "이 글이 오늘날 너희 귀에 응하였느니라." 모든 사람들이 '그분을 주목하였고' 메시야에 대해 묘사된 그 구절의 의미에 집중했고, 응시했고, 매혹되었습니다. 그들은 넋을 잃고 그분을 뚫어지게 쳐다보았습니다. 그들은 그분이 무슨 말을 하는지 보고 듣기 위해 시선을 고정시킨 채 열심히 기다렸습니다. 과연 메시야는 어떠한 분이시며 무슨 일을 하셨습니까?

오늘의 말씀

1. 그리스도는 우리를 구속할 메시야 이심을 주장하셨습니다(눅 4:20-21)

우리가 가장 먼저 전해야 될 점은 예수 그리스도가 메시야라는 점입니다. 그분은 다음과 같이 자신의 메시야 됨을 선포하셨습니다. 성령이 임하셨으며, 가난한 자와 포로 된 자에게 복음을 전하기 위해 기름 부음을 받은 자입니다. 상한 자를 고치실 분이시며, 눈먼 자를 고쳐주실 분입니다. 또한, 눌린 자를 해방시키실 분이시며, 주의 은혜의 해, 곧, 구원의 때를 전파하실 분입니다. 성경의 핵심, 즉, 구약에서 전하는 오실 메시야가 바로 지금 신약에서 오신 메시야이며 자기 자신이라는 점을 강력히 주장하고 전하신 것입니다. 사랑하는 성도 여러분! 이와 같이 메시아 복음을 힘 있게 전하시는 여러분 되시기를 간절히 소원합니다.

· 함께 읽어요 : 누가복음 18-19절

"주의 성령이 내게 임하셨으니 이는 가난한 자에게 복음을 전하게 하시려고 내게 기름을 부으시고 나를 보내사 포로 된 자에게 자유를, 눈먼 자에게 다시 보게 함을 전파하며 눌린 자를 자유케 하고 19 주의 은혜의 해를 전파하게 하려 하심이라."

2. 우리의 예수 그리스도를 향한 반응은 전폭적이어야 합니다(:22-23)

사도 요한은 메시야가 세상에 왔으나 세상이 그를 알지 못하였다고 했습니다. 요한복음 1장 9절 이하를 보세요. "참 빛 곧 세상에 와서 각 사람에게 비취는 빛이 있었나니, 그가 세상에 계셨으며 세상은 그로 말미암아 지은바 되었으되 세상이 그를 알지 못하였고, 자기 땅에 오매 자기 백성이 영접치 아니하였으나"라고 했습니다. 마찬가지로 본문을 보면 백성들은 그리스도의 감화력, 그분의 매혹적이며 압도적인 말씀, 메시지의 능력에 감동을 받았습니다. 그러나 예수님의 은혜로운 말씀을 백성들은 '기이히'(*ἐθαύμαζον* : 에다우마존), 즉, '이상히 여기며 놀라기 시작했다'고 기록하고 있습니다. 그들은 의심하기 시작했습니다. "이 사람이 요셉의 아들이 아니냐?"는 의심의 표현은 예수를 평범한 인간으로 보는

극적인 표현입니다. 즉, 어릴 때부터 고향에서 알아온 어떤 사람이 하나님의 아들 메시야가 되리라고는 상상조차 할 수가 없었습니다. 그들은 증거를 요구했고, 그분께 이적을 일으켜서 자신을 증명하도록 주장했습니다. 요점은 예수님의 주장에 대한 사람들의 감명 깊은 반응에서 시작하여 점점 더 나빠져서 대적하여 증거를 요구할 정도에까지 이르렀다는 것입니다.

· 함께 읽어요 : 누가복음 4장 22절
"저희가 다 그를 증거하고 그 입으로 나오는바 은혜로운 말을 기이히 여겨 가로되 이 사람이 요셉의 아들이 아니냐?"

3. 우리의 생각과 지식을 초월한 권능의 그리스도를 전파해야 합니다 (눅 4:24)

예수님은 고향 사람들을 향해 복음의 표현들을 직접적으로 드러내시며 계속해서 말씀하셨습니다. 그러나 주목할 것은, 예수께서 이미 그들이 복음을 거부할 것을 알고 계셨다는 사실입니다. 그러므로 호기심과 표적을 구하는 그들의 요구를 만족시켜주지 않았고, 계속해서 말씀을 전하시지 못할 것을 아셨습니다. 예수님은 말씀을 거부하는 백성들에게 두 가지 경고를 하셨습니다. "선지자가 고향에서 환영을 받는 자가 없느니라."고 말씀합니다. 그들은 메시야를 거절하는 본 마음을 숨길 수 없었습니다. 그것은 결국 구원을 거부한 행동이었습니다. 하나님의 구원의 역사는 우리의 생각과 지식과 능력을 초월한 기적입니다. 우리는 현실을 냉철히 직시하고 이 기적과 권능의 역사를 세계 만방에 전파해야만 합니다.

· 함께 읽어요 : 누가복음 4장 24절
"또 가라사대 내가 진실로 너희에게 이르노니 선지자가 고향에서 환영을 받는 자가 없느니라."

정리하는 말

사랑하는 성도 여러분! 메시아이신 예수 그리스도께서 자신을 나타내 증거 하실 때에 고향 사람들이 주님을 배척했습니다. 하물며 성도들이 주 예수 그리스도를 증거 할 때, 세상 사람들이 배척하지 않겠습니까? 전도자들의 고통이 여기에 있습니다. 그러나 '세상 끝 날까지 함께 하리라'는 주님의 말씀을 기억하면서 복음을 전하는데 최선을 다하시고, 닫힌 마음들을 여는데, 성령을 힘입어 복음을 효과적으로 전하시기를 소원합니다.

평가와 결심

1. 메시야의 사역에서 그의 사명은 무엇입니까?
   (눅 4:16, 성령의 기름부음으로 복음 선포)
2. 예수 그리스도의 주장은 무엇입니까?
   (눅 4:20-21, 모든 예언이 자신 그리스도에게서 성취됨)
3. 예수 그리스도에 대한 반응이 무엇입니까?
   (행 17:31, 복음으로 감명 받았지만 배척함)

주간 경건의 시간 <49> · 날마다 말씀과 함께

요일 / 내용	월(Mon)	화(Tue)	수(Wed)	목(Thu)	금(Fri)	토(Sat)
찬송	283/ 183	287/ 205	288/ 204	290/ 412	279/ 337	280/ 338
성경	눅 2:	눅 3:	눅 4:	눅 5:	눅 6:	눅 7:
적용	그리스도 주시니라	하나님의 말씀이	성령의 충만함을	말씀에 의지하여	능력이 예수께로	소경이 보며

* "하나님은 성경에만 복음을 기록하신 것이 아니라 나무들과 꽃들, 구름들과 별들에도 기록하셨다."(마르틴 루터)

12단원 복음 전파의 달

제51과

복음에 합당한 생활을 하자

찬송 / 218, 217, 215/ 통 369, 362, 354

성경 / 빌립보서 1:27-30

요절 / 빌립보서 1:27

"오직 너희는 그리스도 복음에 합당하게 생활하라."

목표/ 성도로서 복음에 합당하게 살아가는 태도를 기른다.

시작하는 말

바울 사도는 감옥에 갇혀 있었습니다. 중죄를 지은 자로 갇혀 있었기에 언제든지 처형될 가능성이 많았습니다. 바울은 빌립보교회 성도들을 다시 볼 수 있을지에 대해 확신이 서지 않았습니다. 그래서 그는 편지를 쓰기 시작했습니다. 만일 당신이 하나님의 백성들의 모임에 마지막으로 편지를 쓴다면 무엇을 말하겠습니까? 바울의 관심은 위대한 교회의 표지를 원했습니다. 위대한 교회는 '그리스도인다운 행동이 있는 교회, 천국시민의식이 있는 성도여야 할 것'을 말씀하고 있습니다. 교회가 전도의 문이 활짝 열리려면 먼저 성도들의 삶과 행동이 세상 사람들에게 빛이 되어야 합니다. 말하자면 성도 한 사람 한 사람이 복음에 합당하게 생활하는 것이 곧 복음을 전하는 지름길이기도 합니다.

오늘의 말씀

1. 천국시민다운 행동이 그리스도인의 표지입니다(빌 1:27)

천국민의 시민의식을 가지고 살아야 제대로 된 크리스천입니다. 그리스도인다운 행동을 가져야 합니다. 여기에서 '행동'(*πολιτεύεσθε*: 폴리튜에스데)이라는 말은 의미심장한 단어입니다. 신약성경의 용례를 보면 로버트슨(A. T. Robertson)의 말대로 단 두 번(행 23:1; 빌 1:27) 사용되었습니다. 로마의 식민지 상황에서 빌립보는 소 로마로 잘 알려졌습니다. 로마에 충성과 복종을 맹세한 대가로 로마 식민지나 특별한 지위가 보장되기도 했습니다. 식민지들의 특징은 로마에 대한 광적인 충성이었습니다. 바울이 이 단어를 사용한 이유가 여기에 있습니다. 천국의 시민으로서의 행동, 즉, 위대한 제국 시민으로서의 행동을 뜻합니다. 바로 크리스천은 천국 시민으로서의 행동을 해야 한다는 것입니다. 사랑하는 성도 여러분! 천구 시민으로서 천국의 시민과 깊은 교제를 가지고, 깨끗하고 순결한 말을 하고, 천국시민의 관습을 가지며, 천국시민으로서의 마땅한 일을 하고, 시민다운 옷을 입고, 세상의 오염에서 방지해야 함을 강조하고 있습니다. 천국시민 노릇 제대로 하시기를 바랍니다.

· 함께 읽어요 : 빌립보서 1장 27절

"오직 너희는 그리스도 복음에 합당하게 생활하라 이는 내가 너희를 가보나 떠나 있으나 너희가 일심으로 서서 한 뜻으로 복음의 신앙을 위하여 협력하는 것과"

2. 천국시민으로서의 합당한 삶이 그리스도인의 표지입니다(:1:27)

'합당하다'라는 말은 '맞다' '부합하다' '적합하다' '어울리다'라는 의미입니다. 믿는 자의 행동은 '합당함'을 추구해야 합니다. 천국시민으로서 어떤 합당함을 추구해야 할까요? 그것은 자신이 고백한 복음에 합당해야 하고, 부합되어야 하며, 적합해야 하며, 복음에 어울려야 합니다. 주님은 우리가 이러한 삶을 살기를 원하십니다. 우리의 삶이 주님의 뜻을 외면한다면 천국시민의 합당한 삶이 아닙니다. 우리의 삶을 돌아보아 그리스도인이 지향해야 할 목표(표지)를 향해 전심전력해야 할 것입니다.

· 함께 읽어요 : 디도서 2장 10절

"너희는 이 세대를 본받지 말고 오직 마음을 새롭게 함으로 변화를 받아 하나님의 선하시고 기뻐하시고 온전하신 뜻이 무엇인지 분별하도록 하라."

3. 천국시민은 세상에서도 믿음에 굳게 서야 합니다(:27; 시 90:12)

바울은 감옥에서 사형 받아야 하는 고소에 판결을 기다리고 있었습니다. 그는 날조된 거짓 범죄혐의로 사형선고를 받을 가능성이 있었습니다. 자신이 풀려나리라고 희망은 있었으나 절대적으로 확신하지 못했습니다. 그러므로 그는 교회에 돌아갈 수 있든 없든 교회에 매우 필요한 소중한 권고를 해야 할 필요가 있었습니다.

교회는 '일심으로 서서 한뜻으로' 연합하는 데, 굳게 서야 합니다. 고린도전서 1장 10절에는 "형제들아, 내가 우리 주 예수 그리스도의 이름으로 너희를 권하노니 다 같은 말을 하고 너희 가운데 분쟁이 없이 같은 마음과 같은 뜻으로 온전히 합하라."고 했습니다. 에베소서 4장 3절에는 "평안의 매는 줄로 성령의 하나 되게 하신 것을 힘써 지키라."고 했습니다.

교회는 복음의 신앙을 지키기 위해 굳게 서야 합니다. 교회의 신자들은 복음의 신앙을 지키기 위해 애쓰고, 일하고, 분투하고, 전력을 다 해야 합니다. 고린도전서 15장 58절에 "그러므로 내 사랑하는 형제들아 견고하며 흔들리지 말며 항상 주의 일에 더욱 힘쓰는 자들이 되라 이는 너희 수고가 주 안에서 헛되지 않은 줄을 앎이니라."고 했습니다.

· 함께 읽어요 : 베드로전서 4장 12절

"12 사랑하는 자들아 너희를 시련하려고 오는 불 시험을 이상한 일 당하는 것 같이 이상히 여기지 말고 13 오직 너희가 그리스도의 고난에 참예하는 것으로 즐거워하라 이는 그의 영광을 나타내실 때에 너희로 즐거워하고 기뻐하게 하려 함이라 14 너희가 그리스도의 이름으로 욕을 받으면 복 있는 자로다 영광의 영 곧 하나님의 영이 너희 위에 계심이라.".

정리하는 말

사랑하는 성도 여러분! 여러분은 천국시민으로서의 시민의식을 가지고 살아가십니까? 사람의 만사가 그 사람의 마음먹기에 달렸다고 하지 않습니까? 세상만사가 어렵고 힘들지만 '믿음 안에서' 사람이 마음 한번 먹기에 따라 달라질 수 있다는 사실을 기억하십시오. 여러분들은 천국 시민권을 소유한 사람들입니다. 천국시민답게 깨끗하고 순결한 말을 하도록 하십시오. 무슨 일을 하든지 "나는 자랑스러운 천국시민이다."라는 천국시민으로서 자부심을 가지고 자랑스럽게 행동하시기 바랍니다.

평가와 결심

1. 당신은 천국시민으로서의 첫째 어떻게 행동해야 합니까?
   (빌 1:27, 천국시민으로서 그리스도인다운 행동)
2. 당신은 천국시민으로서의 둘째 어떻게 행동해야 합니까?
   (빌 1:27, 복음에 합당한 삶을 살아야 함)
3. 당신은 천국시민으로서의 셋째 어떻게 행동해야 합니까?
   (빌 1:27, 한뜻으로 연합하여 복음신앙을 지키기 위해 굳게 서야 함)

주간 경건의 시간 <51> · 날마다 말씀과 함께

요일 / 내용	월(Mon)	화(Tue)	수(Wed)	목(Thu)	금(Fri)	토(Sat)
찬송	347/ 382	423/ 213	534/ 324	445/ 502	446/ 500	452/ 505
성경	신 16:	신 17:	신 18:	신 19:	신 20:	신 21:
적용	택하신 곳	여호와 경외하기	여호와가 기업이 됨	증인의 입	평화를 선언하라	주의 백성 이스라엘

"당신이 만일 하나님의 복음 가운데서 좋아하는 것만을 믿고 싫어하는 것을 거절한다면 당신이 믿는 것은 복음이 아니라 당신 자신이다."<어거스틴>

12단원 복음 전파의 달

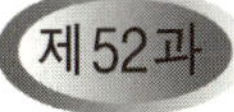

제52과

예수 탄생을 전하자

찬송 / 123, 119, 120/ 통 123, 119, 120

성경 / 마태복음 1:18-25

요절 / 마태복음 1:23

"보라 처녀가 잉태하여 아들을 낳을 것이요 그 이름은 임마누엘이라 하리라 하셨으니 이를 번역한즉 하나님이 우리와 함께 계시다 함이라."

목표/ 복음과 성경의 핵심인 그리스도를 전하는 태도를 기른다.

시작하는 말

일 년의 마지막 달은 성탄절을 지키며 신년을 준비하는 달이기도 합니다. 성경의 핵심은 예수 그리스도입니다. 구약은 오실 예수 그리스도를 전하는 것이고, 신약은 오신 예수 그리스도를 전하는 것입니다. 성탄절 또는 크리스마스는 예수님의 탄생, 단순히 메시야의 탄생을 전하는 것이 아닙니다. 예수 그리스도의 탄생은 곧 하나님이 인간이 되시어 인간 역사 속에 인간을 찾아오셨다고 하는 데서 경이와 감사와 감격을 가지게 되는 것입니다. 22절 말씀은 "이 모든 일의 된 것은 주께서 선지자로 하신 말씀을 이루려 하심이라"고 기록했습니다. 그리스도의 탄생은 구약에 있는 예언의 성취로서 예수가 메시야이심을 알게 하는 것입니다. 그리스도께서 주신 그리스도 탄생의 복음을 전하시기 바랍니다.

오늘의 말씀

1. 그리스도의 탄생은 구약 예언의 성취입니다(사 7:14)

구약 아하스 왕이 하나님의 승리 보장에도 불구하고 불신앙 때문에 두려워 떨자, 하나님은 이사야를 통하여 남왕국 유다의 승리가 확실함을 증거 하는 한 징조를 주십니다. 이 징조에는 이스라엘의 침략에서 유다를 구원하실 것이라는 역사적 사실(사9:8-11)과 사망의 세력으로부터 택한 자를 구원하신다는 구속사적 사실(마 1:21-23)이 이중적으로 예언되어 있습니다. 특히 '처녀가 잉태하리라'는 말씀을 창세기 3장 15절의 '여자의 후손 예언'에 이어 그리스도께서 동정녀의 후손, 즉, 하나님의 능력에 의해 죄가 없으신 분으로 태어나실 것을 보여주는 중요한 예언이 바로 신약 마태복음 1장에서 성취되었던 것입니다. 구약에 예수 그리스도에 대한 구체적인 예언이 456회나 기록되어 있고, 본문 21절 말씀에 '이름을 예수라 하라'에서 '예수'라는 이름의 뜻은 '하나님은 구원이심이라'인 것입니다. 예수님은 이름 그대로 만민을 구원하기 위해서 오신 분이십니다.

· 함께 읽어요 : 마태복음 1장 16절

"22 이 모든 일의 된 것은 주께서 선지자로 하신 말씀을 이루려 하심이니 가라사대 23 보라 처녀가 잉태하여 아들을 낳을 것이요 그 이름은 임마누엘이라 하리라 하셨으니 이를 번역한즉 하나님이 우리와 함께 계시다 함이라."

2. 그리스도의 탄생은 속죄하려 오신 주님을 전하는 것입니다(:21)

예수 그리스도께서 세상에 인간의 몸을 입으시고 오신 것은 육신을 입고 오셔서 인간을 구원하시기 위함이십니다. 주님은 말씀 하시기를 "너희는 가서 내가 긍휼을 원하고 제사를 원치 아니하노라 하신 뜻이 무엇인지 배우라 내가 의인을 부르러 온 것이 아니요 죄인을 부르러 왔노라 하시니라."고 하셨습니다. 구약 레위기에서 희생제물의 피는 곧 신약에서 예수 그리스도께서 십자가에서 흘리신 피를 의미했습니다. 히브리서 9장 13-14절에 "염소와 황소의 피와 및 암송아지의 재로 부정한 자에게 뿌려 그 육체를 정결케 하여 거룩케 하거든, 하물며 영원하신 성령으로 말미암아 흠 없는 자기를 하나님께 드린 그리스도의 피가 어찌 너희 양심으로 죽은 행실에서 깨끗하게 하고 살아계신 하나님을 섬기게 못하겠느뇨?"라고 했습니다. 여러분들의 영혼과 심령을 살리신 '예수 보혈의 성탄'을 세상에 널리 전하시기를 바랍니다.

· 함께 읽어요 : 마 1장 21절
"아들을 낳으리니 이름을 예수라 하라 이는 그가 자기 백성을 저희 죄에서 구원할 자이심이라 하니라."

3. 행위가 아닌 은혜의 복음을 전하시기 바랍니다(:20)

일본에 불교를 믿다가 기독교로 개종하여 목사가 된 서촌(西村) 목사가 말하기를 "나는 죄를 속하기 위하여 참선을 하는데 정좌를 하고 손가락 끝에 촛불을 켜가지고 그 촛불이 다 타고 손끝의 살이 타기까지 하기를 수없이 했다."고 고백합니다. 그래도 자기 죄를 속할 수 없었다는 것입니다. 그리고 오랫동안 부동자세로 참선을 하는 동안 둔부의 살이 썩기까지 하고 왼쪽 눈이 실명을 하기까지 했다고 합니다. 그러나 그렇게 한다고 죄가 없어질 리 만무했습니다. 인간의 어떤 수단도, 어떤 방법도 죄를 속할 수 없는 것입니다. 구원은 인간의 방법이 아닌 하나님의 완전하신 은혜로 되는 것입니다. 그러므로 칼뱅은 구원은 '오직 은혜'(Sola Gratia)라고 했습니다. 인간의 속죄는 오직 그리스도의 십자가의 죽으심으로만 해결되는 것입니다. 바로 '피의 복음'인 것입니다.

사랑하는 성도 여러분! 주님의 성탄은 하나님의 방법에 의한 인간 구원의 방법을 성취하시기 위한 십자가의 대속의 죽음을 전제로 하고 있습니다. 하나님의 은혜로 예수 그리스도의 탄생을 통하여 주신 대속의 피 흘리심을 주님 오시기까지 기쁨으로 전하시기 바랍니다.

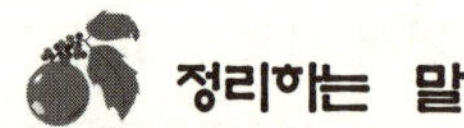

정리하는 말

사랑하는 성도 여러분! 죄와 허물로 죽었던 인생인 우리를 살리시려 그리스도께서 육신을 입으시고 탄생하신 것입니다. 이 소식이 바로 기쁨의 '복음'입니다. 예수 그리스도의 탄생은 철저하게 낮아지신 '비하'(卑下)의 신분이십니다. 겸손의 극치입니다. 성경은 이 사실을 '임마누엘', 곧 '하나님이 우리와 함께 계시다' 함이라고 설명을 하고 있습니다. 찬란한 하늘의 영광을 내려놓으시고, 하나님이신 분이 천하고 연약한 인간의 몸을 입으시고 탄생하신 것입니다. 이 복음을 세계만방에 전하여 하나님이 기뻐하시는 하나님의 구원을 여러분들의 심령과 가정에 이루시기를 간절히 소원합니다.

평가와 결심

1. 구약성경의 예언의 핵심은 무엇입니까?
   (롬 1:16~17, 세상에 오실 그리스도를 전하심)
2. 우리가 전하는 복음의 핵심은 무엇입니까?
   (마 1:21, 죄에서 구원할 자, 예수 그리스도)
3. 바른 복음이 가르치는 속죄의 방법은 무엇입니까?
   (엡 2:8, 오직 은혜로, 믿음으로)

주간 경건의 시간 <52> · 날마다 말씀과 함께

요일 / 내용	월(Mon)	화(Tue)	수(Wed)	목(Thu)	금(Fri)	토(Sat)
찬송	765/ 163	313/ 352	325/ 359	333/ 381	357/ 397	482/ 49
성경	마 2:	마 3:	마 4:	마 5:	마 6:	마 7:
적용	주의 사자 현몽	성령과 불로	모든 병과 약한 것을	원수를 사랑하라	이렇게 기도하라	구하라 찾으라

* 인간의 지식은 의심의 모체이다. (그레빌리경, 1554-1628, 영국 시인)

고난주간

예수님이 지신 십자가

찬송 / 151, 150, 458/ 통 138, 135, 513

성경 / 마태복음 27:31-34

요절 / 마태복음 27:32

"나가다가 시몬이란 구레네 사람을 만나매 그를 억지로 같이 가게 하여 예수의 십자가를 지웠더라."

목표/ 십자가의 의미의 의미와 능력을 알고 십자가를 지는 태도를 배운다.

시작하는 말

구레네 시몬은 유월절을 지키려고 예루살렘에 왔다가 때마침 십자가를 지시고 골고다를 향해 가시는 예수님을 목격했습니다. 예수님은 사형언도를 받으시고, 로마 법률대로 십자가를 지고 로마 군병의 호송을 받아 골고다로 올라가시는 길이었습니다. 그런데 처형을 받으러 가는 예수께서 너무 허약하셔서 십자가를 지고 가시다가 7번이나 쓰러지셨습니다. 때마침 아프리카 북편 해변에 있는 헬라의 한 성 구레네라는 곳에 사는 유대인 시몬이 지나가는 것을 발견하고 로마군병은 건장한 청년을 억지로 잡아 예수의 십자가를 대신 지웠습니다. 구레네 시몬은 원하지도 않았는데 어쩔 수 없이 예수께서 지실 십자가를 대신 지고 골고다까지 올라갔습니다. 사랑하는 성도 여러분! 예수님이 지신 그 십자가가 어떤 의미를 지니고 있습니까?

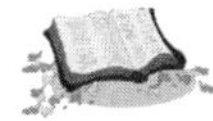

오늘의 말씀

1. 십자가는 우리를 향한 하나님의 사랑입니다(신 21:23; 롬 3:24)

당시 로마에는 3가지의 공식적인 처형 방법이 있었습니다. 그것은 교수형, 참수형, 십자가형인데, 그 중에 가장 혹독하고 악랄한 것이 십자가형이었습니다. 그래서 중범죄나 정치범들에게 대부분 십자가형이 선고되었습니다. 구약성경에서 나무에 달리는 것, 곧 십자가에 못 박히는 것은 저주를 받은 것을 의미했습니다. 예수님께서 십자가에 달려 저주를 받은 것은 전적으로 우리 죄를 위해서입니다. 주님께서 모든 인간들의 죄악을 사하시려 십자가에 달려 돌아가신 것입니다. 그 십자가로 우리의 대속 곧 죄 사함을 주신 것입니다. 인간은 다 죄인이요, 선을 행할 능력이 없기 때문에 예수님께서 대신 십자가를 져 주심으로 악한 우리들은 죄 사함을 받은 것입니다. 이 세상 어느 누구도 예수 그리스도의 십자가의 보혈로 구속함을 받지 않고는 죄 사함을 받을 수 없습니다.

· 함께 읽어요 : 로마서 3장 24절
"그리스도 예수 안에 있는 구속(救贖)으로 말미암아 하나님의 은혜로 값없이 의롭다함을 얻은 자 되었느니라."

2. 십자가는 하나님의 구원의 능력입니다(고전 1:18)

성경은 분명히 그리스도 예수 안에 있는 십자가의 구속으로 말미암아 값없이 의롭다하심을 받아 구원과 생명을 얻게 되었다고 말하고 있습니다. 골고다 산상의 십자가는 구원의 능력이 있습니다(롬 5:8). 우리가 아직 죄인 되었을 때에 그리스도께서 우리를 위하여 십자가에 죽으심으로, 하나님께서는 우리들에 대한 하나님의 사랑을 확증하셨습니다(롬 5:8). 누구든지 주님을 믿기만 하면 구원을 얻게 됩니다(롬 10:13).

십자가는 원수 됨을 소멸합니다(엡 2:16). 우리 인간들은 범죄 함으로 하나님과 원수가 되었습니다. 그 때에는 허물과 죄로 우리 모두는 죽었던 자들이었다고 성경은 말합니다(엡 2:1). 그러나 하나님께서는 인간들의 죄악으로 인한 모든 진노를 십자가에 쏟아 부으셨습니다. 그래서 주님은 하나님의 뜻대로 처절하게 십자가에서 죽으신 것입니다. 예수님은

'엘리 엘리 라마 사박다니'(나의 하나님, 나의 하나님! 어찌하여 나를 버리시나이까?)라고 부르짖으시면서 운명하셨습니다. 우리를 위해 대신 지신 주님의 십자가로 말미암아 하나님께서는 우리를 향한 진노를 멈추신 것입니다. 이로 인해 하나님과 인간과의 원수됨을 소멸했던 것입니다.

마지막으로 십자가는 화해의 능력입니다(골 1:20). 하나님께서는 십자가로 말미암아 화평을 이루셨습니다. 그래서 땅에 있는 것들이나 하늘에 있는 것들, 그리고 우리 인간들까지 하나님과 화목하게 된 것입니다. 이것이 십자가의 능력이요, 십자가를 통해 우리들에게 주어진 최상의 축복입니다.

· 함께 읽어요 : 골로새서 1장 20절
"그의 십자가의 피로 화평을 이루사 만물 곧 땅에 있는 것들이나 하늘에 있는 것들을 그로 말미암아 자기와 화목케 되기를 기뻐하심이라."

3. 우리는 자신에게 주어진 십자가를 져야 합니다(마 10:38)

주님께서는 우리 믿는 자들에게 날마다 자신의 십자가를 지고 주님을 따르라고 하셨습니다. 때문에 우리는 내 자신의 십자가를 져야 합니다.

또한 우리 성도는 십자가를 자랑해야 합니다. 바울은 갈라디아 교인들에게 자신은 주 예수님의 십자가 외에는 자랑할 것이 없다고 공언했습니다(갈 6:14). 성도 여러분! 주님이 지신 십자가는 인류에게 희망을 주고 참된 안식을 주셨습니다. 우리가 십자가를 자랑함으로 자신의 신앙을 점검하고 모든 사람들이 영생과 영적 안위를 얻도록 해야 합니다.

우리는 십자가를 헛되이 해서는 안 됩니다(고전 1:17). 자신의 능력을 의지하거나 자신의 공로로 하나님께 나아가고자 하는 사람은 주님의 십자가를 헛되이 하는 사람입니다. 십자가를 항상 자랑하시기 바랍니다.

· 함께 읽어요 : 골로새서 1장 20절
"그의 십자가의 피로 화평을 이루사 만물 곧 땅에 있는 것들이나 하늘에 있는 것들을 그로 말미암아 자기와 화목케 되기를 기뻐하심이라."

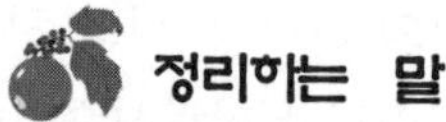

정리하는 말

사랑하는 성도 여러분! 젊은이들은 십자가를 패션의 멋으로 사용합니다. 십자가 목걸이, 귀걸이, 디자인 반지, 책갈피 그림 등, 모두 여기 저기 멋을 위해 달고는 다니지만, 진정한 구원과 고난을 음미하는 십자가에는 관심이 없습니다. 여러분! 신앙생활을 한다는 것은 내 고집대로 내 뜻대로 살아가는 것이 아닙니다. 하나님께서 원하시는 뜻대로 주님께서 우리에게 보여주신 그 본을 따르는 것입니다. 고생이 되더라도 하나님의 영광을 위해 달게 받고, 십자가를 지고, 십자가를 자랑하고, 평화와 안식을 누리시기를 간절히 소원합니다.

평가와 결심

1. 십자가의 의미와 필요성이 무엇입니까?
   (신 21:23, 갈 3:13, 십자가는 저주의 상징으로 우리를 대속하심)
2. 십자가의 능력이 무엇입니까?
   (롬 5:8; 엡 2:16, ① 구원의 능력, ② 원수 됨을 소멸함, ③ 화해 능력)
3. 십자가에 대한 우리의 태도는 무엇입니까?
   (갈 6:14; 고전 1:17, ① 자신이 십자가 져야함, ② 자랑해야 함, ③ 헛되이 해선 안 됨)

주간 경건의 시간 <53> · 날마다 말씀과 함께

요일 / 내용	월(Mon)	화(Tue)	수(Wed)	목(Thu)	금(Fri)	토(Sat)
찬송	151/ 138	150/ 135	154/ 139	147/ 136	146/ 146	143/ 141
성경	마 25:	마 26:	마 26:	마 26:	마 27:	마 27:
적용	비유로 가르치심	향유 옥합	최후의 만찬	겟세마네 기도	빌라도 법정에서	십자가상의 예수

* 복음 서신들이 부활을 설명하는 게 아니다, 부활이 복음 서신들을 설명한다.<존S. 웨일>

부 활 절

부활하신 예수님

찬송 / 159, 161, 167/ 통 149, 159, 157
성경 / 마태복음 28:1-6
요절 / 고린도전서 15:4-6상
"4 장사 지낸 바 되었다가 성경대로 사흘 만에 다시 살아나사 5 게바에게 보이시고 후에 열두 제자에게와 6 그 후에 오백여 형제에게 일시에 보이셨나니"
목표/ 그리스도의 부활을 통해 부활의 산 소망을 가지도록 한다.

시작하는 말

세상의 종교 중에 이슬람교는 호화스러운 마호메트의 무덤을 자랑합니다. 이집트에는 피라미드가 많은데, 그중에 기원전 2700년경에 세워진 키옵스 왕의 대 피라미드는 높이가 현대 건물 42층과 맞먹고, 바닥은 약 52,000m^2에 달하며, 여기에 사용된 돌을 전부 동원한다면 프랑스 전 국경에 3m의 석벽을 쌓을 수 있다고 합니다. 그러나 예수님의 무덤은 비어 있습니다. 그래서 어떤 자유주의 학자는 예수님의 부활 사실을 보고도 기껏 생각해 낸 것이 시체 도난설, 기절설(가사설), 착각설 등, 역사적인 부활 사건에 대하여 부인하려고 했습니다. 그러나 예수의 부활은 지난 2천년 동안 수많은 크리스천이 부활의 산 소망을 안고 죽어갈 수 있도록 만들었습니다. 사랑하는 성도 여러분! 예수님의 부활의 산 소망을 세계 만방에 알리시기 바랍니다.

오늘의 말씀

1. 예수님은 부활 후 많은 사람에게 나타났습니다(마 28:11-15; 고전 15:15)

당시에 예수께서 부활하시자 제일 당황한 것은 제사장을 비롯한 유대인 지도자들이었습니다. 그러나 예수님의 부활은 예수님께서 살아계실 때 직접 말씀하셨습니다. 인류 역사에 예수 그리스도의 부활 사건은 최대의 빅뉴스입니다. 부활이란 말은 이 세상의 개념이 아니라 하나님 나라의 개념입니다. 그렇기 때문에 인간의 지식으로 부활의 사실을 받아들이거나 믿을 수 있는 것이 아닙니다. 오직 하나님이 주시는 믿음으로만 이 사실을 받아들일 수 있는 것입니다(히 11:1). 바울은 죽은 자가 다시 사는 것이 없다면 하나님이 그리스도를 다시 살리시지 아니하였으리라고 말씀했습니다. 주님은 부활의 실체를 수많은 사람들 앞에서 보이셨습니다. 사랑하는 성도 여러분! 죽은 자의 부활은 믿는 자들에게 반드시 일어날 역사적 사건임에 틀림없습니다. 이 사실을 믿으시기 바랍니다.

· 함께 읽어요 : 고린도전서 15장 15절
"만일 죽은 자가 다시 사는 것이 없으면 하나님이 그리스도를 다시 살리시지 아니하였으리라."

2. 예수님의 부활에 수많은 증인이 있었습니다(행 2:36)

보십시오. 군병들의 증언이 있습니다(마 28:13). 많은 목격자들이 있습니다(고전 15:4-8). 베드로, 열 두 제자, 바울에게 보이셨고, 500여 제자들에게 보이셨습니다. 제자들의 변화는 부활의 실체를 명백하게 보여줍니다. 베드로는 예수님을 모른다고 3번이나 부인했습니다. 그러나 부활의 주님을 만나고, 오순절 성령강림을 체험하고는 "하나님 앞에서 너희 말 듣는 것이 하나님 말씀 듣는 것보다 옳은가 판단하라."(행 4:19)고 담대히 설교했습니다. 초대교회의 탄생을 보십시오. 베드로의 오순절의 설교 요지는 예수님께서 부활하셨다는 것이었습니다(행 2:36). 베드로의 목격담과 증언입니다(행 4:10).

로마 군병들의 삼엄한 경계 속에서 너희가 십자가에 못 박아 죽인 예수가 부활하셨다는 증언은 너무도 생생한 증언입니다. 이는 예수 그리스도께서 살아계셔서 성령을 통하여 역사하시는 산 증거이기도 합니다.

· 함께 읽어요 : 사도행전 2장 36절
"그런즉 이스라엘 온 집이 정녕 알지니 너희가 십자가에 못 박은 이 예수를 하나님이 주와 그리스도가 되게 하셨느니라하니라."

3. 예수님의 부활의 의미가 무엇입니까?(고전 15:20)

크리스천은 예수님의 부활을 기정사실로 받아드립니다. 어떤 신학자는 "죽은 자의 부활을 빼면 기독교는 아무 것도 남지 않는다."는 말을 합니다. 왜냐하면 죽은 자의 부활을 부인할 때 예수의 모든 복음을 부인케 되기 때문입니다. 부활의 의미는 무엇입니까? 첫째, 예수께서 주님이 되심입니다(롬 4:36). 베드로는 '너희가 십자가에 못 박은 이 예수를 하나님이 주와 그리스도가 되게 하셨느니라.'(행 2:36)고 했습니다.

둘째, 믿는 자들의 구원이 확증된 것입니다(롬 4:25). 예수님께서 다시 살아나셨기 때문에 우리가 구원받은 것이 분명하게 알게 된 것입니다.

셋째, 신자들의 부활도 확증되었습니다. 예수께서 부활하심으로 주가 되셨고, 또한 잠자는 자들의 첫 열매가 되신 것입니다. 그러므로 부활하신 주님을 구주로 믿는 사람들은 심판의 부활로 살아나지 않고, 영생의 부활로, 승리의 부활로, 영원한 하늘나라의 백성으로 살아나는 것입니다. 사랑하는 성도 여러분! 예수께서 부활하심으로, 죽음과 멸망으로 끝났던 인생들을 믿음으로 새 생명을 얻게 하시고, 영원한 생명으로 영광의 나라에 입성하도록 하신 주님께 모든 정성을 다해 전 인격적으로 찬양과 감사와 영광을 돌리시기 바랍니다. 예수님은 누가 뭐라 해도 우리를 위해 십자가를 지셨으며 분명히 부활하셨습니다. 할렐루야!

· 함께 읽어요 : 고린도전서 15장 19-20절
"19 만일 그리스도 안에서 우리의 바라는 것이 다만 이생뿐이면 모든 사람 가운데 우리가 더욱 불쌍한 자리라 20 그러나 이제 그리스도께서 죽은 자 가운데서 다시 살아 잠자는 자들의 첫 열매가 되셨도다."

정리하는 말

고린도전서 15장에 나오는 사도 바울의 '부활의 찬가'는 영원불멸의 노래이며 찬양입니다. 예수님의 부활하심이야말로 우리의 가장 큰 자랑이고 구원의 근거이며, 또 축복의 근원입니다. 사랑하는 성도 여러분! 이러한 부활신앙 위에 굳게 서시기 바랍니다. 여러분들의 생명이 다하기까지 부활하신 주님을 전파하고, 부활의 주님께 찬양 드리시며, 하나님의 독생자 주 예수 그리스도의 부활하심을 자랑하시기를 바랍니다. 주 예수 그리스도께서 다시 살아나셨습니다. 부활하셨습니다. 할렐루야!

평가와 결심

1. 예수의 부활의 증거가 무엇입니까?(마28:11-15; 고전 15:4-8)
   (① 군병들의 증언, ② 목격자들의 증언, ③ 제자들 목격담, ④ 초대교회의 탄생)
2. 예수 그리스도의 부활의 의미가 무엇입니까?(행2:36; 롬4:25; 요6:40)(① 예수님의 주 되심, ② 믿는 자 구원, ③ 신자들 부활)

주간 경건의 시간 <54> · 날마다 말씀과 함께

요일 / 내용	월(Mon)	화(Tue)	수(Wed)	목(Thu)	금(Fri)	토(Sat)
찬송	165/ 155	166/ 156	167/ 157	170/ 16	172/ 152	164/ 154
성경	눅 21:	눅 22:	눅 22:	눅 23:	눅 23:	눅 24:
적용	구름을 타고	피로 세운 새 언약	아버지의 원대로	너희와 너희 자녀	의로운 요셉	살아 나셨느니라

* 현명한 사람은 야망으로 야망을 치료한다. <장 드 라 부뤼엘, 1645-1696, 프랑스 수필가>

감 사 절

범사에 감사하라

찬송 / 590, 591, 588/ 통 309, 310, 307

성경 / 데살로니가전서 5:16-18

요절 / 데살로니가전서 5:18

"범사에 감사하라 이는 그리스도 예수 안에서 너희를 향하신 하나님의 뜻이니라."

목표/ 성도의 삶속에서 범사에 감사하는 태도를 가지도록 한다.

시작하는 말

사랑하는 성도 여러분! 여러분들이 건강하고 행복하게 살아가는 비결은 바로 즐겁고 기쁘게 살아가는 것입니다. 이것은 매사를 긍정적으로 생각하면서 감사하는 생활을 통해서 가능한 것입니다. 구약성경에서 우리에게 가르쳐 주시는 말씀은 절기를 지키면서 잃었던 감사를 찾으라는 것입니다. 그래서 누룩 없는 떡을 먹으면서 지키는 무교절이 있고, 수고하여 밭에 뿌린 것의 첫 열매를 드리는 맥추절(칠칠절, 초실절, 오순절)이 있으며, 수고하여 추수한 것을 연말에 밭에서부터 거두어 저장하는 수장절(추수감사절)로 나눌 수 있습니다. 구약시대는 주로 농경사회였으니까 곡물을 수확하여 그 결실을 주신 하나님께 감사한 것입니다. 요즈음은 직업과 수입도 다양하지만 감사하는 마음으로 드려야 합니다.

오늘의 말씀

1. 감사는 더 큰 감사와 축복의 원천임을 알아야 합니다(:16-17)

온 우주에 수많은 생물들 중에 마음으로 감사를 표현하도록 지으신 것은 우리 인간뿐인 줄 압니다. 모든 하나님의 창조물들이 존재하는 것으로서도 하나님께 감사하며 영광을 돌리지만 인간만큼은 하나님과의 마음의 교감을 통해서 감사하도록 하신 것입니다. 얼마나 감사한 일입니까? 서양 사람들은 만날 때마다 부딪칠 때마다 '감사 합니다'(Thank you!)를 연발합니다. 사람 중에 미식가처럼 자기 구미에 맞으면 감사하는 그런 사람이 있습니다. 그러나 성경은 우리에게 범사에 감사하라고 했습니다. 그러나 이런 감사는 쉬운 일이 아닙니다. 옷을 입어도, 음식을 먹어도, 초대를 받아도, 차를 타고 가면서도, 대화를 나누면서도, 남을 도와주면서도, 감사하라는 말씀입니다. 왜 그렇습니까? 감사하는 사람에게는 더 크게 감사할 일들이 계속 이어집니다. 그러나 불평을 하는 사람에게는 늘 원하지 않는 사고들이 발생한다는 것이 사실입니다. 여러분의 말과 행동과 모든 삶에서 범사에 감사하므로 하나님께 영광 돌리시기를 바랍니다.

· 함께 읽어요 : 고린도후서 4장 15절

"모든 것을 너희를 위하여 하는 것은 은혜가 많은 사람의 감사함으로 말미암아 더하여 넘쳐서 하나님께 영광을 돌리게 하려 함이라."

2. 범사에 감사하려면 구원의 주님만 바라보아야 합니다(롬 8:28)

우리가 범사에 감사하려고 한다면 다음 몇 가지를 생각해야 합니다. 첫째, 우리는 세상에 아무 것도 가지고 온 것이 없다(딤전 6:7; 욥 1:21)는 것을 기억해야 합니다. 빈손으로 온 것을 기억하시면 감사하게 됩니다. 둘째, 죄인이라는 사실을 기억해야 합니다(행 2:38). 우리가 불평하는 것은 내가 구세주나 되는 것처럼 개선장군이나 되는 것처럼 착각하고 살기 때문입니다. 우리는 허물과 죄로 죽었던 자들입니다(엡 2:1). 셋째, 하나님의 선하심으로 구원 받았다는 사실을 알아야 합니다. 나 자신의 지혜로 살고 있다고 착각하기 때문에 교만과 불평에 빠집니다. 넷째, 모든 것이 하나님께로부터 왔다는 것을 알아야 합니다. 다섯째, 모든 것이 내게 유익한 결과를 주기 때문에 범사에 감사해야 한다는 것입니다. 여섯째, 모든 것이 내게는 과분하기 때문에 감사해야 합니다.

· 함께 읽어요 : 로마서 8장 26절
"우리가 알거니와 하나님을 사랑하는 자 곧 그 뜻대로 부르심을 입은 자들에게는 모든 것이 합력하여 선을 이루느니라."

3. 범사에 감사하는 생활을 하면 엄청난 축복이 임합니다(롬 8:28)

전 세계의 존경을 받는 남아프리카공화국의 대통령 넬슨 만델라는 백인 정부에 의해 26년간 감옥살이를 했습니다. 그가 출옥할 때 사람들은 그가 아주 허약한 상태로 나올 것이라고 생각했는데, 나이가 70세가 넘었는데도 불구하고 아주 건강하고 씩씩하게 걸어 나왔습니다. 다른 사람들은 5년만 감옥살이를 해도 건강을 잃어서 나오는데 어떻게 26년 동안 옥살이를 했는데 그렇게 건강한 상태로 출옥을 할 수 있었냐고 사람들이 질문했습니다. 그는 "나는 감옥에서 하나님께 감사했습니다. 하늘을 보고 감사하고 땅을 보고 감사하고 강제노동을 할 때도 감사하고, 늘 감사했기 때문에 건강을 지킬 수 있었습니다."라고 말했습니다. 그 후 그는 노벨 평화상을 받았고, 대통령에도 당선되었습니다. 범사에 감사하는 자에게는, 모두 축복으로 바꿔주십니다. 건강을 주십니다. 사업에도 성공합니다. 어려운 위기도 극복합니다. 기적을 베풀어주십니다. 날마다 찬송하게 하십니다. 우리가 거하고 있는 곳을 늘 천국으로 만들어 주십니다. 여러분, 감사절에 감사의 참된 의미를 새기며 여러분들의 삶의 현장에서 범사에 감사하심으로 말씀충만, 은혜충만, 성령충만의 역사가 나타나고, 귀한 축복이 현실로 성취되기를 주님의 이름으로 기원합니다.

· 함께 읽어요 : 데살로니가전서 5장 18절
"범사에 감사하라 이는 그리스도 예수 안에서 너희를 향하신 하나님의 뜻이니라."

정리하는 말

사랑하는 성도 여러분! 불평을 쏟아놓는 사람들의 생활을 면밀하게 살펴보십시오. 불평을 쏟아놓는 사람은 계속 불평만 합니다. 그러나 감사하는 사람은 기름칠을 한 기계처럼 잘도 돌아갑니다. 사실 하나님께 기쁘시게 해드리는 것은 많은 예물도 아닙니다. 먼저 감사하는 마음과 감사하는 노래로 찬양드리는 것입니다. 감사의 찬양이 황소를 드림보다 더욱 기쁘시게 함이 될 것이라고(시 69:30-31) 말씀하셨습니다. 하나님은 감사하는 여러분들의 중심을 받으시고 축복하실 것입니다. 따라서 영혼의 깊은 곳에서 우러나오는 진정한 마음과 찬송으로 하나님께 '감사' 드리시기 바랍니다.

평가와 결심

1. 범사에 감사하려면 나 자신 어떤 생각을 해야 합니까?
   (① 빈손으로 왔다, ② 죄인이다, ③하나님은 선하다, ④다 하나님께로부터 왔으며, 합력하여 유익하게 한다. ⑤모든 게 과분하다)
2. 범사에 감사하면 어떤 결과를 가져다줍니까?
   (① 모두 축복해 주심, ② 찬송의 삶, ③ 서있는 곳을 천국이 되게 하심)

주간 경건의 시간 <55> · 날마다 말씀과 함께

요일 / 내용	월(Mon)	화(Tue)	수(Wed)	목(Thu)	금(Fri)	토(Sat)
찬송	587/ 306	588/ 307	590/ 309	589/ 308	591/ 310	592/ 311
성경	민 28:	민 29:	민 30:	민 31:	민 32:	민 33:
적용	매안식일의 번제	나팔을 불날	서원	발람을 칼날로	여호와를 온전히	신들에게 벌을 줌

* 자연은 격렬하게 자기 위치로 돌아가지만 자기 위치를 조용하게 지킨다.
<프랜시스 베이컨, 1561~1626, 영국 법률가, 과학자, 저술가, 철학자>

성 탄 절

제56과

임마누엘 성탄절을 맞이하자

찬송 / 116, 117, 118/ 통 116, 117, 118

성경 / 마태복음 1:18-25

요절 / 마태복음 1:23

"보라 처녀가 잉태하여 아들을 낳을 것이요 그 이름은 임마누엘이라 하리라 하셨으니 이를 번역한즉 하나님이 우리와 함께 계시다 함이라."

목표/ 임마누엘 성탄절의 참된 의미를 깨닫고 바른 태도로 지키도록 한다.

시작하는 말

우리는 매년마다 성탄절을 맞이합니다. 성탄은 우리 구주 예수께서 인간을 구원하시기 위하여 이 땅에 내려오신 역사적인 사건입니다. 우리 주님의 이름은 '임마누엘'입니다. 즉, '하나님이 우리와 함께 계시다'라는 뜻입니다. 그분이 이 땅에 오실 때 하늘에서 천사들의 영광송이 울려 퍼졌습니다. "지극히 높은 곳에서는 하나님께 영광이요 땅에서는 기뻐하심을 입은 사람 중에 평화로다." 예수님이 인간의 구원을 위해 인간의 몸으로 성육신 하신 것입니다. 여기 본문을 통하여 예수 그리스도의 탄생에 나타난 사건과 초림 예수 그리스도의 그 이름에 나타난 의미를 통하여 성탄의 의미를 새겨보겠습니다. 예수 그리스도의 탄생은 지구 역사상 최대의 빅뉴스입니다. 즐거운 성탄입니다. 메리 크리스마스!

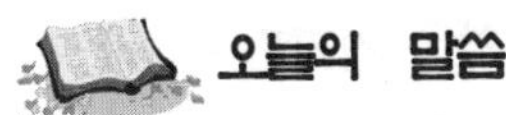

오늘의 말씀

1. 성탄을 이루신 분은 하나님이십니다(마 1:22-)

예수 그리스도의 탄생은 바로 하나님께서 전적으로 역사의 한 중간 시점에 강림케하사 이루신 것입니다. 예수 탄생시의 헤롯은 당시 유대의 분봉 왕이었습니다. 그는 유대인이 아닌 에서의 후손 이두메인이었으나 정치적인 수완을 발휘하여 37년간 유대를 통치했습니다. 그는 잔인한 권력가였으며 여러 극장, 원형 경기장, 각종 기념비, 이방신의 제단들, 성체 등을 건축하고 최고의 권력과 영광을 누리고 있었습니다. 이러한 때에 동방에서 박사들이 찾아와 "유대인의 왕으로 나신 이가 어디 계십니까?"(2절)라고 물었습니다. 이때 헤롯 왕과 온 예루살렘이 듣고 소동했습니다. 그들의 관심은 메시아이신 예수보다 왕인 예수에게 관심이 있었고, 심한 적대감을 가졌습니다. 그는 종교지도자들과 만나 사실을 확인하여 '베들레헴에서 낳으시겠다.'는 말을 듣고, 외관상으로 "나도 가서 경배하리라"(8절)하면서도 속으로는 영아살해계획을 세웠습니다. 그러나 하나님께서는 만세전에 계획하신 뜻을 이루신 것입니다.

· 함께 읽어요 : 마태복음 1장 23절

"보라 처녀가 잉태하여 아들을 낳을 것이요 그 이름은 임마누엘이라 하리라 하셨으니 이를 번역한즉 하나님이 우리와 함께 계시다 함이라."

2. 성탄은 하나님이 인간이 되어 우리와 함께 하심의 확증입니다(마 1:23)

별을 보고 찾아온 동방의 박사들이 '예수 그리스도가 어디서 탄생하겠느냐?'고 물으니 미가서 5장 2절 "또 유대 땅 베들레헴아 너는 유대 고을 중에 가장 작지 아니 하도다 네게서 한 다스리는 자가 나와서 내 백성 이스라엘의 목자가 되리라." 하신 말씀을 금방 인용해 베들레헴에서 나실 것을 가르쳐주었습니다. 그러나 이런 지식을 소유했지만 메시아의 탄생을 기뻐하고 가서 경배할 만큼 이들에게 신앙은 없었습니다. 그러나 그 지경에 밖에서 양을 지키던 목자들은 그 영광스러운 메시아의 탄생의 자리에 초청을 받아 가게 됩니다(눅 2:9). 예루살렘 출신의 시므온(눅 2:25)과 과부 된지 84년이나 된 바누엘의 딸 안나(눅 2:37)는 아기 예수를 영접하는 놀라운 영광을 누리게 됩니다. 당시 종교적인 지도자들인 대제사장들과 서기관들은 성경의 예언을 손바닥에 놓고도 그 성경지식이 메시아를 영접하는 데는 아무런 도움이 되지 못했습니다. 그렇습니다. 오늘날 교회에서 성경공부와 많은 예배참석으로 해박한 지식을 가지고 있는 데도, 진정한 성탄의 기쁨을 누리지 못하고, 그리스도 예수를 영접하지 못하는 성도가 있을 수 있습니다. 사랑하는 성도 여러분! 하나님께서 우리에게 허락하신 만왕의 왕께서 이 땅에 육신의 아기로 오사 구유에 탄생하신 예수 그리스도를 나의 구원이시요, 생명이신 나의 주, 나의 하나님으로 영접하시기 바랍니다.

· 함께 읽어요 : 누가복음 2장 28-32절

"28 시므온이 아기를 안고 하나님을 찬송하여 가로되 29 주재여 이제는 말씀하신대로 종을 평안히 놓아 주시는 도다. 30 내 눈이 주의 구원을 보았사오니 31 이는 만민 앞에 예비하신 것이요 32 이방을 비추는 빛이요 주의 백성 이스라엘의 영광이니 이다하니."

3. 성탄은 누구든지 누릴 수 있는 하나님의 선물입니다(마 2:23)

죄로 인해 하나님과 원수 된 우리, 사탄의 종으로 전락한 우리에게 예수 그리스도가 찾아오신 것입니다. 임마누엘은, 첫째, 하나님과의 화목을 뜻합니다. 하나님께서 당신과 단절된 인간들을 향하여 임마누엘(*Εμμavουήλ*; 하나님이 우리와 함께 계시다) 하나님으로 오셔서 함께 하시고 화평을 이루신 것입니다. 둘째, 모든 삶에 그의 도우심이 보장되었음을 뜻합니다. 우리는 사탄과 싸울 만한 능력이나 지혜가 없습니다. 우리의 고난을 체휼하신 이가 친히 우리와 함께하시매 귀한 능력이 나타나는 것입니다. 셋째, 주님의 함께 하심은 우리의 구원을 위해, 결코 다시는 헤어짐이 없을 것입니다. 이는 우리에게 감격적인 선물이 될 것입니다.

· 함께 읽어요 : 마태복음 1장 23절 하반절

"이를 번역한즉 하나님이 우리와 함께 계시다 함이라."

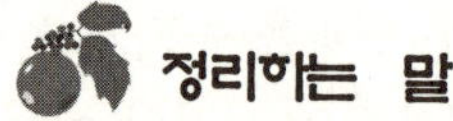

정리하는 말

사도신경에서 우리는 "이는 성령으로 잉태하사 동정녀 마리아에게서 나시고"라고 고백합니다. 구약성경에서 '오리라'하신 예수께서 예언대로 오셨습니다. 그리고 우리를 위해 십자가에 죽으시고 부활 승천하사 '다시 오시리라' 하신대로 다시 오실 것입니다. 여러분! '하나님이 우리와 함께 계시다' 말씀했습니다. 지금 우리와 함께 계시다는 이 사실보다 더 큰 기쁨이 어디 있습니까? 오늘 임마누엘의 기쁨이 여러분들과 함께 하시기를 바랍니다. 동방박사처럼 귀한 예수 그리스도를 몸과 마음과 정성을 다해 기쁨으로 선물을 드리면서 맞이하시기 바랍니다. 그리하여 자손만 대에 하늘의 복과 땅의 복을 충만히, 충만히 누리시기 바랍니다.

평가와 결심

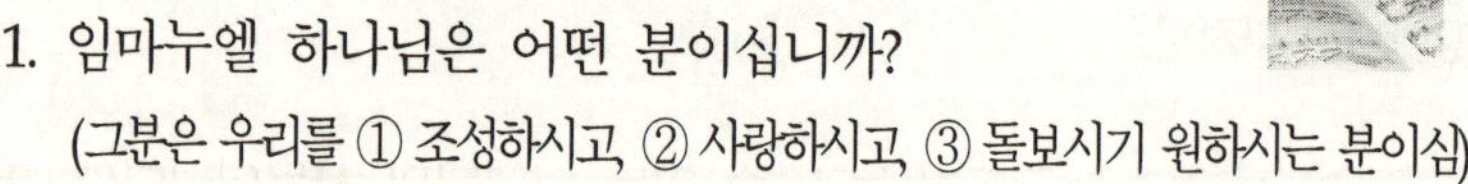

1. 임마누엘 하나님은 어떤 분이십니까?
   (그분은 우리를 ① 조성하시고, ② 사랑하시고, ③ 돌보시기 원하시는 분이심)
2. 임마누엘이란 어떤 의미를 가지고 있습니까? (①하나님과의 화목, ② 그의 도우심이 보장되었음, ③ 그와 함께 하심은 결코 헤어짐이 없으심)
3. 예수님은 어디에서 탄생하셨습니까?
   (마 2:5, 유대 베들레헴 - 베들레헴이란 떡집이란 뜻)

주간 경건의 시간 <56> · 날마다 말씀과 함께

요일 / 내용	월(Mon)	화(Tue)	수(Wed)	목(Thu)	금(Fri)	토(Sat)
찬송	112/ 112	113/ 108	109/ 109	111/ 111	117/ 117	118/ 118
성경	마 2:	눅 1:1-25	눅 1:26-38	눅 1:39-56	눅 1:57-80	눅 2:1-20
적용	땅에는 평화로다	세례 요한 출생	수태 고지	엘리사벳 방문	세례 요한 출생	예수그리스도 탄생

* 새들이 내 무덤에 와서 노래할 수 있는 곳에 나를 묻어주시오.<윌슨, 조류학자>

칭송받는구역

구역부흥은 교회부흥

제 1 학기 출석부

번호	성 명	1월					2월					3월					계	
		1	2	3	4	5	1	2	3	4	5	1	2	3	4	5		
1																		
2																		
3																		
4																		
5																		
6																		
7																		
8																		
9																		
10																		
11																		
12																		
13																		
14																		
15																		
16																		
17																		
18																		
19																		
20																		

제 2 학기 출석부

번호	성 명	4월					5월					6월					계	
		1	2	3	4	5	1	2	3	4	5	1	2	3	4	5		
1																		
2																		
3																		
4																		
5																		
6																		
7																		
8																		
9																		
10																		
11																		
12																		
13																		
14																		
15																		
16																		
17																		
18																		
19																		
20																		

제 3 학기 출석부

번호	성 명	7월					8월					9월					계	
		1	2	3	4	5	1	2	3	4	5	1	2	3	4	5		
1																		
2																		
3																		
4																		
5																		
6																		
7																		
8																		
9																		
10																		
11																		
12																		
13																		
14																		
15																		
16																		
17																		
18																		
19																		
20																		

제 4 학기 출석부

번호	성　명	10월					11월					12월					계	
		1	2	3	4	5	1	2	3	4	5	1	2	3	4	5		
1																		
2																		
3																		
4																		
5																		
6																		
7																		
8																		
9																		
10																		
11																		
12																		
13																		
14																		
15																		
16																		
17																		
18																		
19																		
20																		

창세기 출애굽기

"이 예언의 말씀을 읽는 자와 듣는 자들과…지키는 자들이 복이 있나니"
계 1 : 3

Contents of Bible 김종석(C.S.Kim),1978 신소섭(S.S.Shin),1978 성경 목록가

구역공과를 다루고서

〈각 교회에서 설문지를 그대로 보내주셔도 좋겠고, 통계치만 보내셔도 됩니다〉

1. 구역공과를 다루고 나서 어떤 방법이 가장 좋았는가?
   ( ) 1 기존의 방법대로 구역장이 혼자 가르치는 것이 좋겠다.
   ( ) 2 문답지를 나누어주고 미리 풀어 오도록 하여 토론하는 것이 좋겠다.
   ( ) 3 성경 문제지를 나누어주고 그날 함께 풀어 가는 방법이 좋겠다.
   ( ) 4 문답지를 나누어주고 구역장이 설명해 가는 방법이 좋겠다.
2. 성경 공부 문제지를 다루는데 그 정도가 어떠했는가?
   ( ) 1 문제가 어려워서 손대기가 어려웠다.
   ( ) 2 문제지는 그런대로 쉬웠으나 묵상과 적용이 잘 안되었다.
   ( ) 3 문제지도 어려웠고 묵상과 적용도 어려웠다.
   ( ) 4 문제지는 보통이고 묵상과 적용도 할만했다.
3. 성경 공부 문제의 양이 어떠했는가?
   ( ) 1 문제가 너무 많았다.
   ( ) 2 문제가 너무 적었다.
   ( ) 3 문제가 적당했다.
4. 성경공부 진행 및 내용의 배열은 어떻게 하는 것이 좋겠는가?
   ( ) 1 시작하는 말, 말씀의 전개, 정리하는 말, 평가와 적용의 순서대로가 좋겠다.
   ( ) 2 말씀의 전개, 정리하는 말, 평가와 적용으로 줄였으면 좋겠다.
   ( ) 3 성경본문을 읽고 각자가 느낀 점을 이야기하고 적용하는 방식이 좋겠다.
   ( ) 4 성경 본문만 읽고 중보(합심)기도를 길게 하는 것이 좋겠다.
5. 구역 모임시간에 대하여 어떻게 했으면 좋겠는가?
   ( ) 1 찬송을 많이 불렀으면 좋겠다.
   ( ) 2 성경 공부에 중점을 두었으면 좋겠다.
   ( ) 3 합심기도에 시간을 많이 할애했으면 좋겠다.
   ( ) 4 구역원들 간에 이야기하는 시간을 많이 두어야 좋겠다.
6. 성도의 교제 시간 운영 방안에 좋은 방법은 무엇인가?
   ( ) 1 민속놀이를 했으면 좋겠다(윷놀이 등).
   ( ) 2 음식 나누어 먹기가 좋겠다.
   ( ) 3 가정을 위해 특별기도를 해주는 것이 좋겠다.
   ( ) 4 성경 퀴즈를 했으면 좋겠다.
   * 보기에 없으면 적 으시오( )
7. 구역공과교재나 교재출판위원회에 하고 싶은 이야기를 적으시오.

절 취 선

〈 보내주시는 교회 선물을 받으실 분 〉 (우편번호) 주소는 정확하게, 담임목회자 명	〈 보내 주실 곳〉 156- 094 서울 동작구 사당4동 254-9 도서출판 아가페문화사 교재편찬위원회 앞

세상을 변화시키는 52주 구역공과

칭송받는 구역

2008. 12. 1 초판 인쇄

2008. 12. 5 초판 펴냄

지은이 교재편찬위원회

발행인 김영무

발행처 도서출판 아가페문화사

156-094 서울 동작구 사당4동 254-9

전화 3472-7252, 7253 팩스 523-7254

등록 제3-133호(1987. 12. 11)

보급처 : 아가페문화사

156-094 서울 동작구 사당4동 254-9

전화 3472-7252, 7253 팩스 523-7254

우 체 국 011791-02-004204 (김영무)

값 5,500원

ISBN 978-89-8424-103-9 03230